AF275214

COLEX

Disfrute gratuitamente **DURANTE UN AÑO** del eBook de esta obra

El compliance y la responsabilidad penal de las personas jurídicas. Paso a paso

⊛ Acceda a la página web de la editorial **www.colex.es**

⊛ Identifíquese con su usuario y contraseña. En caso de no disponer de una cuenta regístrese.

⊛ Acceda en el menú de usuario a la pestaña «Mis códigos» e introduzca el que aparece a continuación:

RASCAR PARA VISUALIZAR EL CÓDIGO

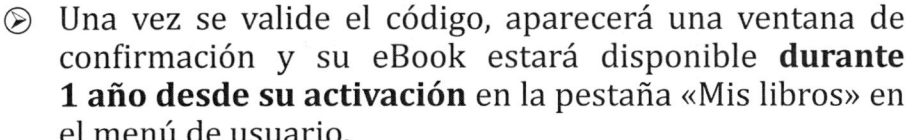

⊛ Una vez se valide el código, aparecerá una ventana de confirmación y su eBook estará disponible **durante 1 año desde su activación** en la pestaña «Mis libros» en el menú de usuario.

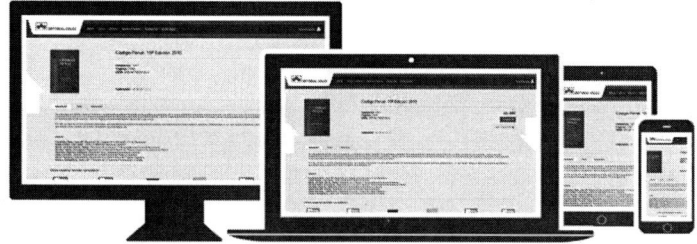

¡Gracias por confiar en Colex!

La obra que acaba de adquirir incluye de forma gratuita la versión electrónica. Acceda a nuestra página web para aprovechar todas las funcionalidades de las que dispone en nuestro lector.

Funcionalidades eBook

Acceso desde cualquier dispositivo

Idéntica visualización a la edición de papel

Navegación intuitiva

Tamaño del texto adaptable

Puede descargar la APP «Editorial Colex» para acceder a sus libros y a todos los códigos básicos actualizados.

Síguenos en: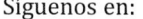

EL COMPLIANCE Y LA RESPONSABILIDAD PENAL DE LAS PERSONAS JURÍDICAS

EL COMPLIANCE Y LA RESPONSABILIDAD PENAL DE LAS PERSONAS JURÍDICAS

Guía práctica sobre la responsabilidad penal de las personas jurídicas y la importancia del *compliance* de cara a evitarla

EDICIÓN 2024

Obra realizada por el Departamento de Documentación de Iberley

COLEX 2024

© Editorial Colex, S.L.
Calle Costa Rica, número 5, 3.º B (local comercial)
A Coruña, 15004, A Coruña (Galicia)
info@colex.es
www.colex.es

I.S.B.N.: 978-84-1194-297-3
Depósito legal: C 216-2024

SUMARIO

ANEXO. FORMULARIOS

1.
CONCEPTO DE *COMPLIANCE*

El *compliance* puede traducirse como «cumplimiento normativo» y es el término empleado para referirse a los **sistemas de detección de infracciones en las empresas**. El **objetivo** del *compliance* es **controlar que la empresa cumple con la legislación vigente**, a través de la adopción de las medidas necesarias para evitar que la compañía pueda incurrir en delitos, sanciones u otras situaciones que puedan repercutir en su reputación.

El *compliance* tiene su origen en el mundo anglosajón cuando el presidente Carter en 1977 firmó la «Foreing Corrupt Practices Acts» (FCPA) con la finalidad de acabar con los pagos y sobornos a funcionarios para recuperar la confianza con el sistema de negocios de los EE.UU. Como consecuencia de este acto nació, en 1985, el «Committee of Sponsoring Organizations of the Treadway Commission» (COSO) cuyo objetivo era el de ser un referente como foro de profesionales centrado en la elaboración de marcos de actuación y proporcionar orientación sobre la gestión empresarial.

En España la reforma del Código Penal llevada a cabo por la Ley Orgánica 5/2010, de 22 de junio, introdujo la **responsabilidad penal de las personas jurídicas**. Para la fijación de esta responsabilidad se optó por establecer una doble vía:

- Imputación de aquellos delitos **cometidos en su nombre o por su cuenta**, y en su provecho por las personas que tienen poder de representación en las mismas.

- Responsabilidad por aquellas infracciones propiciadas por **no haber ejercido la persona jurídica el debido control** sobre sus empleados, naturalmente con la imprescindible consideración de las circunstancias del caso concreto a efectos de evitar una lectura meramente objetiva de esta regla de imputación.

Con la previsión de esta responsabilidad se hace necesario para la empresa adoptar las medidas necesarias para evitar el nacimiento de la misma. Especialmente teniendo en cuenta que con la reforma del Código Penal efectuada por la Ley Orgánica 1/2015, de 30 de marzo, de tal forma que después de la misma el apartado 2 del art. 31 bis del CP recoge la exención de responsabilidad si se cumplen las siguientes condiciones si la empresa cuenta con modelos de organización y gestión que incluyan medidas de vigilancia y control idóneas para prevenir delitos.

RESOLUCIÓN RELEVANTE

Sentencia de la Audiencia Nacional n.º 13/2020, de 29 de septiembre, ECLI:ES:AN:2020:2347

«En definitiva, la falta de debido control o el defecto de organización es el núcleo de la tipicidad penal de la persona jurídica, constituyendo el requisito sin el cual no puede existir tal responsabilidad de la empresa, con independencia de cual fuere el cargo de la persona física en la organización que cometa el delito, al no admitirse la responsabilidad objetiva (S.T.S. 221/2016, de 16 de marzo)

Y profundizando en el cuarto requisito que habíamos adelantado, decir que la probanza de este " defecto de organización" recae en las Acusaciones, por elemental aplicación del principio acusatorio, pues como con toda claridad resalta el Tribunal Supremo en la sentencia a la que nos estamos refiriendo "el análisis de la responsabilidad social de la persona jurídica, manifestada en la no existencia de instrumentos adecuados y eficaces de prevención del delito, es esencial para concluir en su condena y, por ende, si la acusación está lógicamente obligada, para sentar los requisitos fácticos necesarios en orden a calificar a la persona jurídica responsable a afirmar la inexistencia detales controles, no tendría sentido dispensarla de la acreditación de semejante extremo esencial para la prosperabilidad de su pretensión".

Sigue diciendo la indicada sentencia que cualquier pronunciamiento condenatorio de las personas jurídicas deberá ser respetuoso con los principios irrenunciables que informan el derecho penal, como indica la S.T.S. nº 514/15, de 2 de septiembre, por lo que los derechos y garantías constitucionales, como la tutela judicial efectiva, la presunción de inocencia, el derecho a un proceso con todas las garantías y al Juez predeterminado por la ley, etc., amparan también a la persona jurídica, en igual medida que lo hacen en el caso de las personas físicas cuyas conductas son objeto del mismo procedimiento penal, y por ello pueden ser alegados por aquellas como tales y denunciar las posibles vulneraciones».

Dentro de la figura del *compliance* podemos **distinguir** los modelos genéricos y los modelos específicos:

- El **modelo genérico** es aquel que se apoya en el marco de la norma ISO 19600 la cual ha sido publicada como una guía de referencia internacional para dotar a las empresas de un sistema eficaz de gestión de *compliance* y con ello minimizar los riesgos de incumplimiento legal.

- Los **modelos específicos** son aquellos que abordan un área de actuación concreta de la empresa, a modo de ejemplo podemos referirnos:

  - *Compliance* penal: es el programa destinado a garantizar el cumplimiento de las normas penales y con ello evitar la responsabilidad penal de la persona jurídica. En este caso se incluye en la previsión medidas para evitar delitos fiscales, delitos contra los derechos de los trabajadores, delitos contra la propiedad intelectual, etc.

  - *Compliance* medioambiental: se destina a la prevención de delitos medioambientales, aunque su función puede ser más amplia y superar el mero cumplimiento normativo, pudiendo ser una herramienta útil para alcanzar los compromisos climáticos.

- *Compliance* de prevención de riesgos laborales: su finalidad es la de adoptar las medidas necesarias para el cumplimiento de la normativa en materia de prevención de riesgos laborales y evitar con ello la imposición de sanciones o, incluso, la posible existencia de delitos contra los derechos de los trabajadores.

- *Compliance* anticorrupción: el objeto, en este caso, es evitar las posibles situaciones de blanqueo de capitales, corrupción en los negocios...

- *Compliance* tributario: se refiere al conjunto de acciones destinadas a garantizar el cumplimiento de las obligaciones fiscales de acuerdo a la normativa tributaria aplicable.

1.1. La función de *compliance*

Podemos definir la función de *compliance* como la figura de referencia para la implementación y funcionamiento del sistema o programa de *compliance* en la empresa. Esta actividad se desarrolla con el apoyo del órgano de gobierno y de la dirección.

Las tareas de las que está encargada esta figura son las de prevención, detección y gestión de riesgos, las cuales desarrolla por medio de los programas de *compliance*, contribuyendo de esta forma a promover y desarrollar una cultura de cumplimiento. Esta función interna puede desarrollarse tanto en organizaciones públicas como privadas, con o sin ánimo de lucro; pudiendo ser el órgano encargado unipersonal o colegiado.

> **A TENER EN CUENTA.** Cuando la función *compliance* se establece como órgano colegiado debe identificarse a la persona que lo represente en calidad de responsable *compliance* y/o su máximo representante.

Estamos ante una función interna de la organización, pero ello no impide que pueda recurrir al asesoramiento externo o incluso externalizar algunas de las obligaciones que se hayan establecido o deriven de la propia ejecución del programa de *compliance*. En cualquier caso, la responsabilidad última de supervisión de la correcta ejecución del programa le corresponde al órgano de administración de la organización o, en su caso, a las comisiones delegadas que tenga atribuciones para ello.

La función de *compliance* estará dotada de los siguientes caracteres:

- **Autonomía** de tal forma que pueda desarrollar sus cometidos esenciales sin necesidad de que se le señalen mandatos específicos para ello. Para que la función de *compliance* pueda desarrollar sus tareas sin necesidad de órdenes específicas el órgano de administración la dotará de la autoridad y legitimidad suficientes para que pueda acceder a la información y documentos que le resulten necesarios. Así mismo, deberá asignarle recursos, materiales y humanos, suficientes para el cumplimiento de sus obligaciones.

– **Independencia** de modo que su juicio y modo de actuar no estén condicionados, pudiendo desarrollar sus labores esenciales libremente sin temor a represalias. Como garantías de esa independencia podemos señalar:

- El cese del máximo representante deberá fundamentarse por escrito expresando de manera concreta y razonada lo motivos por lo que se toma esa decisión.

- La valoración del desempeño de sus obligaciones no puede condicionarse a la opinión de áreas de la organización que se hayan visto afectadas por sus actuaciones.

- La retribución no podrá condicionarse a objetivos comerciales ni a resultados económicos de la organización, sino que la misma será acorde a la relevancia de sus cometidos.

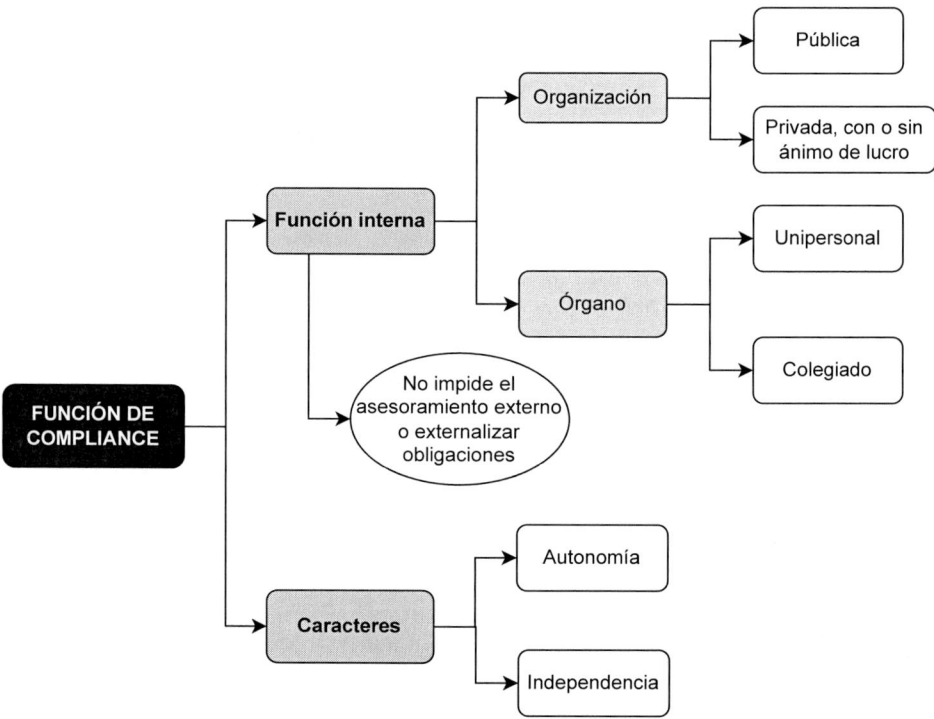

Algunos de los cometidos más destacables de la función de *compliance* tienen que ver con las siguientes materias:

– Obligaciones de *compliance*:

- **Identificarlas.** Constituye una responsabilidad del órgano de administración la identificación de las obligaciones de *compliance*.

- **Actualizarlas.** La función de *compliance* deberá encargarse de que los miembros de la organización tengan un conocimiento actualizado de las obligaciones.

- **Difundirlas.** Deberá facilitarse el acceso a las normas o documentos de los que deriven las responsabilidades.

- **Asignar las responsabilidades.** Todo el personal debe conocer los deberes que se le imponen con relación al cumplimiento de las obligaciones.

- **Integrarlas a los procesos de negocio.**

– **Riesgos de *compliance*:**

- **Identificar los riesgos.** Esto supone conocer los riesgos que supone el incumplimiento de las obligaciones los cuales pueden ser tanto de naturaleza penal, económica o reputacional. Así mismo debe valorarse la probabilidad de que esos riesgos lleguen a producirse.

- **Valoración de los riesgos.** Deberán clasificarse según su relevancia teniendo en cuenta el nivel de amenaza que pueden suponer.

- **Identificar y valorar los controles.** Se trata de precisar las políticas, procedimientos y controles de los que la empresa dispone para prevenir, detectar y gestionar los riesgos, debiendo proponer la incorporación de aquellos otros que se entiendan necesarios para el cumplimiento del programa de *compliance.*

– **Formación y concienciación.** Utilización de recursos para realizar ciclos formativos y de concienciación sobre las materias de *compliance*. Dentro de esta tarea se incluye la de facilitar el acceso por parte del personal y de los terceros vinculados a la organización al código éticos, código de conducta o norma equivalente.

– **Asesoramiento y reporte.** Debe realizarse un asesoramiento ordinario tanto al personal como al órgano de administración o sus comisiones delegadas y a la alta dirección. Así mismo, deben efectuarse reportes de forma periódica en los que se recojan los aspectos relacionados con la ejecución del programa de *compliance*, estos reportes pueden consistir en: reportes operativos, memorias anuales o eventuales comunicaciones urgentes.

– **Canal de denuncias.** Los canales de denuncias deberán ser internos y han de ser fácilmente accesibles, conocidos y confidenciales, garantizando en todo caso los derechos de los titulares de los datos tratados y la no adopción de represalias frente a comunicaciones que se realicen de buena fe.

– **Mantenimiento de documentación.** Registros adecuados del modelo de *compliance* y de su ejecución, además del cuidado de que solo tengan acceso a la misma las personas que estén legitimadas para las cuales el acceso debe ser inmediato.

– **Monitorización.** Verificación periódica de que los elementos de *compliance* funcionan adecuadamente para adaptarlo a las circunstancias internas y externas.

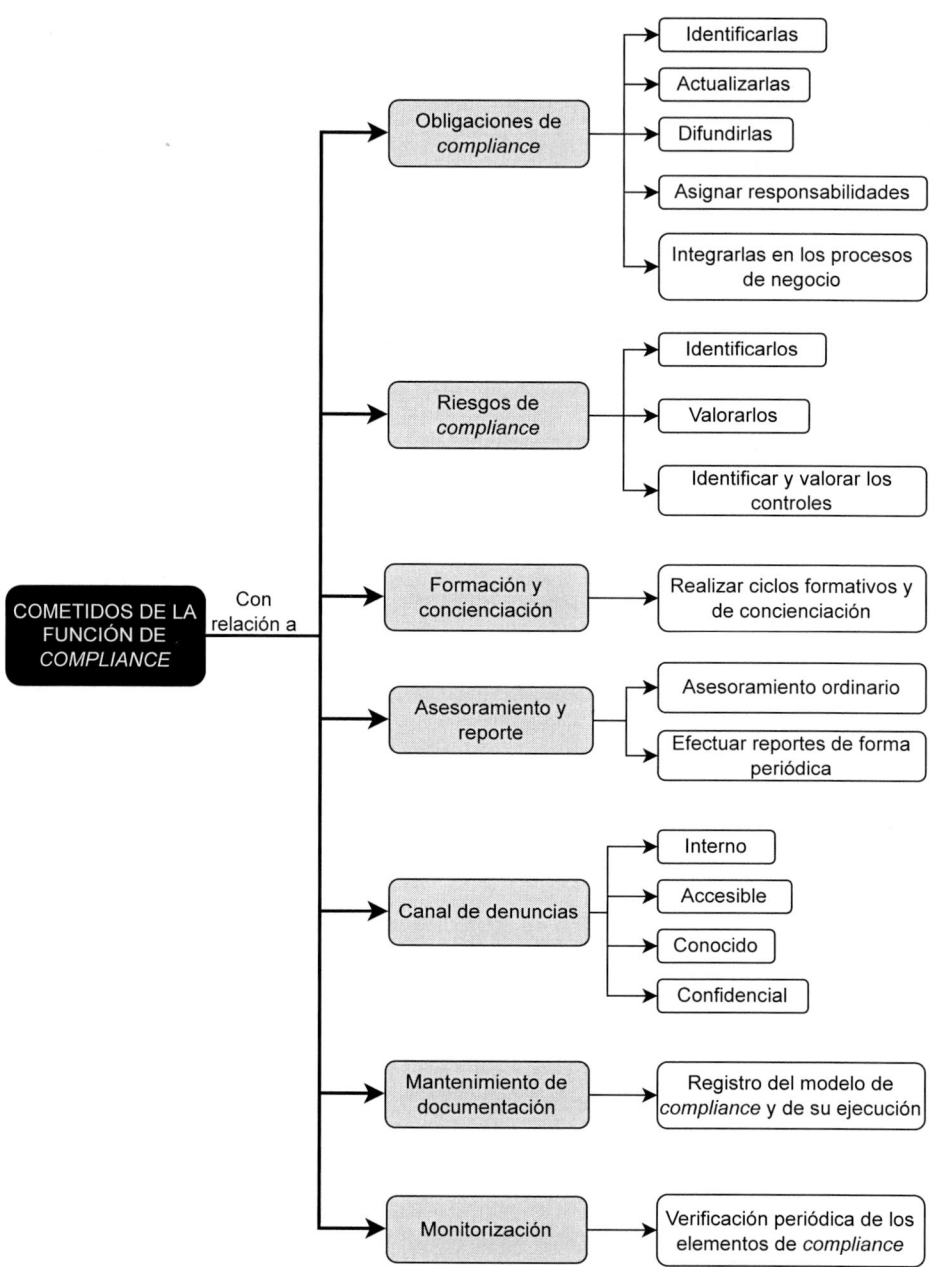

Para una auténtica efectividad de la función de *compliance* es necesario que éste se integre con otros departamentos de la empresa siendo vital la **labor de la alta dirección** la cual debe asumir una serie de funciones:

- Fijar procedimientos y políticas internas con el fin de garantizar el cumplimiento normativo.

- Implantar canales de comunicación e instaurarlos en todos los departamentos, en especial a aquellos que puedan ser más sensibles al incumplimiento normativo como pueden ser los departamentos financieros o de recursos humanos.

- Asegurar que los procedimientos se cumplan debidamente.

- Establecer mecanismos que se activen en el caso de que surja alguna incidencia.

Para dar respuesta a la necesidad de cumplimiento normativo en la empresa nace la figura del *chief compliance officer* o *compliance officer:*

- *Chief compliance officer*: se refiere al encargado del departamento de compliance cuando éste se configura como un órgano colegiado.

- *Compliance officer*: es la persona encargada del compliance de una empresa cuando la función recae sobre un único individuo.

El perfil del *compliance officer* es eminentemente jurídico al ser su función principal asegurar que en la empresa se cumple la normativa vigente, pero también debe tener un conocimiento multidisplicinar. Derivado de las funciones que tiene atribuidas el *compliance officer* debe poseer las siguientes **aptitudes**:

- **Capacidad para relacionarse.** Debiendo poder relacionarse tanto con la alta dirección como con el resto de departamentos de la empresa, estos últimos serán los que le permitan obtener información sobre el cumplimiento normativo. Además, debe estar capacitado para asesorar, formar, realizar recomendaciones y supervisar al resto de personal tanto interno como externo de la empresa.

- **Proporcionalidad y equilibrio.** La inexistencia de riesgo cero obliga a tener sentido de la proporcionalidad y equilibrio que permita fijar las «líneas rojas» que no deben ser sobrepasadas y que le faculten para buscar soluciones alternativas cuando se produzca inconvenientes insalvables para ejecutar una actuación determinada.

- **Integridad y firmeza.** En el ejercicio de esta función es esencial que la persona sea honesta debiendo excluirse a aquellas personas que hayan cometido un delito o participado en malas prácticas. También se requiere una persona firme para comunicar las decisiones y en algunos casos malas noticias. Por otro lado, en este conjunto de aptitudes, derivado de la sensibilidad de determinadas informaciones que puede manejar el *compliance officer,* debemos incluir la discreción.

- **Sentido común.** Podemos decir que esta aptitud supone el resumen de todas las anteriores. El *compliance officer* no debe ser un experto en todas las materias que son objeto de supervisión, pero debe ser capaz de adoptar decisiones en cuestiones complejas para lo que resulta fundamental el sentido común.

1.2. El principio de proporcionalidad en *compliance*

Con la introducción de la responsabilidad penal de las personas jurídicas en el ordenamiento jurídico, han nacido múltiples incertidumbres sobre la gestión de los programas *compliance* para poder evitar la responsabilidad penal. Una de las grandes incertidumbres en este ámbito es la delimitación del principio de proporcionalidad que se establece en el Código Penal y en la Circular de la Fiscalía General del Estado 1/2016, de 22 de enero. Estos textos no definen unos criterios claros para poder determinar el nivel de proporcionalidad que es adecuado en el momento de diseñar e implementar el sistema de *compliance*.

El principio de proporcionalidad permite adaptar el programa de *compliance* a todas las organizaciones, no limitándose esta figura solo a las empresas de gran tamaño. Los estándares internacionales recogen la posibilidad de ajustar sus principios y requisitos a las concretas condiciones de cada empresa. Aunque el tamaño de la organización es un factor determinante para aplicar correctamente el principio de proporcionalidad, también debe tenerse en cuenta otros factores como pueden ser el mercado geográfico, tipo de negocio, terceros con los que se relaciona, etc. Por tanto, la aplicación proporcional del programa de *compliance* no se ve determinado solo por factores internos, sino que depende también de factores externos.

Es importante que cuando se analiza la situación de la empresa debe hacer un análisis completo de todos los aspectos que deban ser valorados para la elaborar el programa de *compliance*. Esto no debe ser confundido con el llamado *cherry picking* o falacia de la prueba incompleta.

CUESTIÓN

¿Qué es el *cherry picking* o falacia de la prueba incompleta?

Esta expresión hace referencia a una conducta de manipulación por la que de todos los datos de los que se dispone, únicamente se escogen los que interesan, ignorando los que no.

La transcendencia del principio de proporcionalidad no es meramente formal, sino que se extiende a la aplicación práctica del programa de *compliance*. La viabilidad del programa que se ha elaborado solo es posible si el modelo de cumplimiento se ha diseñado a la medida de la estructura y recursos, de personal y financieros, de la organización de que se trate.

Un reflejo del principio de proporcionalidad lo encontramos en las pymes con relación al canal interno de denuncia y a la figura del *compliance officer:*

– El canal de denuncias en las pymes es común que consista en la comunicación directa entre los empleados y el responsable del cumplimiento. Mientras que en grandes empresas lo habitual es que el mismo sea mediante medios electrónicos.

– En relación con la figura del *compliance officer* en las pymes esa función suele estar asumida por el propio gerente o propietario. Sin embargo, en grandes empresas el control suele realizarse por un equipo de compliance que se encuentra dirigido por el *chief compliance officer.*

2.
NORMAS EN MATERIA
DE *COMPLIANCE*

Realizaremos una aproximación a algunas de las principales normas en materia de cumplimiento normativo para lo cual diferenciaremos los estándares genéricos, los cuales tratan de estructurar cualquier modelo de *compliance*, y los estándares específicos, que regulan actividades en particular.

De la normativa respecto al *compliance* debemos destacar las normas ISO —siglas de la expresión inglesa *International Organitazion for Standardization*— las cuales son un conjunto de normas, de carácter internacional, orientadas a ordenar la gestión de una empresa en sus distintos ámbitos. Estas normas no son de cumplimiento obligatorio, pero su valor se encuentra en el prestigio de la citada organización, por lo que estas normas, a pesar del carácter voluntario, gozan de un gran reconocimiento y aceptación internacional.

Las normas ISO se componen de estándares y guías relacionados con sistemas y herramientas específicas de gestión aplicables en cualquier tipo de organización. Estas normas se crearon con el fin de ofrecer orientación, coordinación, simplificación y unificación de criterios a las empresas y organizaciones con el objeto de reducir costes y aumentar la efectividad, así como estandarizar las normas de productos y servicios para las organizaciones internacionales.

2.1. Estándares específicos

El *compliance* tuvo una primera aparición por necesidades financieras en los años setenta, fijando el foco en el ámbito de la supervisión de la actividad bancaria. Ante esas necesidades se crea el Comité de Basilea o Comité de Supervisión Bancaria de Basilea (en adelante, CSBB), este organismo es el encargado a nivel mundial de la regulación prudencial de los bancos y, en particular de su solvencia. Creado en 1974 por el «Grupo de los Diez», España entró a formar parte del mismo en 2001.

Los estándares de regulación bancaria que fija este organismo no tienen fuerza vinculante, pero su implantación se basa en el compromiso de sus miembros para adoptarlos. El objetivo fundamental del CSBB es fortalecer la regulación, la supervisión, y las prácticas de los bancos a nivel internacional. Con el fin de lograr una mayor estabilidad financiera mundial mediante la mejora de la solvencia, liquidez, gobernanza y gestión del riesgo, el CSBB desarrolla las siguientes actividades:

- Establece y promueve estándares globales de regulación bancaria y monitorizan su implementación.

- Identifican riesgos asociados mediante el intercambio de información sobre el sector bancario.

- Intercambian experiencias, enfoque y técnicas entre supervisores y bancos centrales.

- Colaboración con otros organismos del sector financiero.

En materia de *compliance* el CSBB ha emitido tres acuerdos, debiendo hacer especial referencia al Basilea III en cuanto sentó las bases sobre la gestión de riesgos y persecución del buen gobierno de las entidades bancarias, que posteriormente sirvió como base para su traslado al resto de entidades empresariales.

Del CSBB se extraen los principios rectores de buen gobierno corporativo que siguen inspirando los planes de cumplimiento y que sirven como guía práctica para activar cualquier sistema de cumplimiento normativo.

Otro de los pilares históricos fundamentales en los que se asienta el *compliance*, ha sido la necesidad de prestar atención a la cada vez más habituales prácticas de corrupción y soborno que se puedan dar en el seno de cualquier actividad. Esta problemática dio lugar a la *Foreign Corruption Practices Act* (en adelante, FCPA) que ha implantado los principios de honestidad corporativa y *«fair play»* empresarial, sin perjuicio de que su ámbito sancionador sólo abarca a funcionarios públicos.

Un tercer momento a destacar en la evolución del *compliance* es la creación del *Comitte of Sponsoring Organizations* conocido como COSO el cual ha promulgado tres documentos que actúan como marco práctico para activar mecanismos de control gestión de riesgos corporativos y prevención del fraude en las entidades empresariales. Esto supone el asentamiento de una base que guía el diseño y la implementación de los controles internos en las entidades y la auditoría del funcionamiento y efectividad de los mismos.

Por último, debemos hacer referencia a la *Bribery Act* (en adelante, BA) la cual fue promulgada en el año 2010 por el Parlamento Británico. En esta se da un paso más allá en el asentamiento de las bases de la corrupción y actos de soborno a un nivel corporativo. Esta norma es relevante en la medida en que por primera vez el delito corporativo, así mismo, en esta norma se plantea la exoneración de responsabilidad de una empresa que haya aplicado las medidas y controles de prevención adecuados para evitar los actos fraudulentos que, en definitiva, es el espíritu principal del *compliance* corporativo.

Norma ISO 37.001:2017 «Sistemas de gestión antisoborno. Requisitos con orientación para su uso»

Tal y como su nombre indica, se trata de un estándar internacional que facilita la sistematización de su «Sistema de gestión antisoborno» mejorando y estableciendo sus controles cuyo fin reside en terminar con las conductas fraudulentas y de soborno a las que puede verse sometida cualquier entidad. Se trata de integrar una serie de procesos, medidas y mecanismos de control adaptados a cada organización para ayudar a combatir el soborno dentro de la organización.

La expresidenta del Consejo Económico y Social de la ONU, Lachezara Stoeva, señaló, durante un encuentro para «aprovechar el poder transformador del Objetivo de Desarrollo Sostenible número 16» celebrado en Nueva York el 2 de mayo de 2023, que *la corrupción se lleva más del 5% del PIB mundial. De los 13 billones de dólares de gasto público mundial, hasta el 25% se pierde a causa de la corrupción*. La ISO 37.001 nace con el fin de ayudar a paliar este problema y supone un catálogo de medidas de seguridad basadas en los siguientes aspectos:

- Establecer una cultura que promueva la integridad, transparencia y *compliance*.
- Adoptar una política clara antisoborno.
- Formación como parte de conseguir los objetivos de integridad y transparencia.
- Evaluación de los riesgos asociados al soborno.
- Establecimiento de procesos de diligencia y controles tanto financieros como comerciales.
- Información e investigación.

El documento ISO 37.001 solo es aplicable para el soborno, el mismo establece los requisitos y proporciona una guía para ayudar a la organización a establecer un sistema de gestión que permita prevenir, detectar y enfrentar las posibles conductas de soborno. Este documento no aborda específicamente el fraude, cárteles y otros delitos antimonopolio y competencia, blanqueo de dinero u otras actividades relacionadas con las prácticas corruptas a pesar de que una organización puede optar por ampliar el alcance del sistema de gestión para incluir estas actividades.

Las reglas señaladas en el documento mentado son genéricas ya que la pretensión es que resulten aplicables a todas las organizaciones con independencia del tipo, tamaño y naturaleza de la actividad ya sea en los sectores público, privado o sin fines de lucro.

Finalmente debemos señalar que esta herramienta está diseñada como una herramienta independiente, evaluable y compatible con otros sistemas de gestión de los que la empresa ya disponga o que tenga previsto implantar debido a la adopción de la estructura de alto nivel. Además, esta norma ISO se encuentra planteada de cara a la posibilidad de certificar el cumplimiento de sus prescripciones normativas.

Norma UNE 19603:2023 «Sistemas de gestión de *compliance* en materia de libre de competencia. Requisitos con orientación para su uso»

Esta norma fue aprobada en noviembre de 2023 por la UNE por lo que tiene aplicación en el ámbito nacional. Esta norma fija unos requisitos y directrices para el establecimiento, implantación, evaluación y mantenimiento de un sistema de cumplimiento en materia de defensa de la libre competencia.

En la misma se establece en primer lugar una serie de obligaciones para la propia empresa y sus órganos de gobierno y alta dirección. Y, en segundo lugar, se centra en la fijación de las obligaciones del personal de la entidad.

La UNE 19603 señala que los grandes bloques de conductas a los que tiene que prestar especial atención un sistema *compliance* en materia de libre competencia son:

- Conductas colusorias. Debe intentar evitar los acuerdos, decisiones o recomendaciones colectivas, o prácticas concertadas o conscientemente paralelas que tengan por objeto o produzcan el efecto de impedir, restringir o falsear la competencia.

- Abuso de posición dominante. Ejemplos de las situaciones que pueden presentarse en este supuesto son la imposición de precios o condiciones comerciales no equitativas, negarse a la prestación de un servicio sin causa de justificación, condicionar la celebración del contrato a prestaciones que no guardan relación con el mismo, etc.

- Falseamiento de la libre competencia. Esta conducta se refiere a aquellos actos en los que una empresa compite faltando a la debida diligencia profesional, como puede ser el supuesto en el que da información falsa sobre los productos de sus competidores.

- Concentraciones económicas no comunicadas o autorizadas. Se refiere a aquellas situaciones en las que una empresa o varias modifican su control mediante la unión de empresas ya sea por fusión, adquisición de una empresa o parte de ella por otra, o por la creación de una empresa en participación. Este tipo de actuaciones deben ser comunicadas a la Comisión Nacional de la Competencia, por lo que el programa de compliance debe contener medidas para evitar que se ejecute sin esa previa comunicación y autorización.

- Ayudas del Estado que sobrepasen límites normativos y/o puedan restringir la libre competencia.

2.2. Estándares genéricos

Norma UNE-ISO 37301:2021 «Sistemas de gestión del *compliance*. Requisitos con orientación para su uso»

En mayo de 2021 la Asociación Española de Normalización (en adelante, UNE) publicó la ISO 37301 que constituye el primer estándar mundial de *compliance* transversal certificable. Esta norma especifica requisitos y proporciona directrices con el fin de establecer, desarrollar, avaluar, mantener y mejorar los sistemas de *compliance* dentro de las empresas. Resulta aplicable a toda clase de organizaciones con independencia de su tipo, tamaño y naturaleza de la actividad.

La primera norma dictada en esta materia —ISO 19600— fue publicada en el año 2014 como la guía de referencia sobre los recursos que debía contener cualquier entidad para dar cumplimiento efectivo al programa de cumplimiento normativo y las obligaciones asociadas. Sin embargo, la evolución del mercado ha hecho necesario una adaptación de la regulación a las nuevas situaciones por lo que la norma ISO 37301 supone un paso más en esta materia.

La principal novedad de esta norma es la posibilidad de certificación por parte de un tercero la cual constituirá una clara evidencia de que en la empresa existe un programa de cumplimiento real y efectivo, lo cual revertirá efectos positivos sobre la organización. Este proceso de certificación permitirá a la entidad auditada alcanzar un doble objetivo:

- La adecuada implantación del programa de *compliance* y su actualización con relación a nuevos riesgos que puedan aparecer.

- La facilidad de acreditar frente a terceros el cumplimiento de las obligaciones por parte de la empresa.

A TENER EN CUENTA. La Fiscalía General del Estado en la circula 1/2016, de 22 de enero, ha señalado que esta certificación no supone una exclusión automática de la responsabilidad, así en la conclusión 19ª.3 señala *«Las certificaciones sobre la idoneidad del modelo expedidas por empresas o asociaciones evaluadoras y certificadoras de cumplimiento de obligaciones, mediante las que se manifiesta que un modelo cumple las condiciones y requisitos legales, podrán apreciarse como un elemento adicional más de la adecuación del modelo pero en modo alguno acreditan su eficacia, ni sustituyen la valoración que de manera exclusiva compete al órgano judicial».*

Otra de las novedades que presenta esta norma es la aportación de una visión actualizada y más madura de la disciplina del *compliance* con una definición mucho más clara de las responsabilidades de la función de *compliance*. Así mismo, esta norma promueve los canales de denuncias al entender que constituyen la herramienta fundamental para el control e implantación de la cultura de cumplimiento en la empresa.

Norma UNE 19601:2017 «Sistemas de gestión de *compliance* penal. Requisitos con orientación para su uso»

Esta norma presenta dos características esenciales:

- Se trata de una norma de aplicación directamente nacional, promulgada por la UNE.

- Se centra en la gestión del *compliance* en materia penal cuyo objeto es evitar que se materialicen delitos en el seno de la empresa.

Por tanto, estamos ante un estándar nacional que reúne las mejores prácticas para prevenir delitos, reducir el riesgo y fomentar una cultura de empresarial ética y de cumplimiento con la ley.

Además, desarrolla requisitos y directrices para la implantación de modelos alineados con las exigencias de la legislación penal con relación a los sistemas de gestión y control para la prevención y detección de delitos.

Debemos señalar que a pesar de que estos sistemas de gestión *compliance* tienen como principal función prevenir la comisión de delitos que puedan comportar la responsabilidad de la persona jurídica, ello no impide que su contenido también resulte de utilidad para prevenir otros tipos de delitos que puedan cometerse en el contexto de la actividad empresarial.

Entre las obligaciones que la norma establece a las organizaciones podemos señalar:

- Identificar, analizar y evaluar los riesgos penales.
- Disponer recursos financieros, adecuados y suficientes para conseguir los objetivos del modelo.
- Usar procedimientos para la puesta en conocimiento de las conductas potencialmente delictivas.
- Adoptar acciones disciplinarias si se producen incumplimientos de los elementos del sistema de gestión.
- Supervisar el sistema por parte del órgano de *compliance* penal.
- Crear una cultura en la que se integra la política y el sistema de gestión de *compliance*.

El cumplimiento de los requisitos señalados por esta norma son certificables por terceras sociedades. En este ámbito debe tenerse en cuenta que la Norma UNE 165019:2018 establece los requisitos para los organismos que realizan la auditoría y la certificación de sistemas de gestión *compliance* penal conforme a la Norma UNE 19601.

> **A TENER EN CUENTA**. La Norma UNE 165019:2018 complementa la Norma ISO/IEC 17021-1:2015.

Norma UNE 19602:2019 «Sistemas de gestión *compliance* tributario. Requisitos con orientación para su uso»

Aprobada en febrero de 2019, la Norma UNE 19602 cuyo objetivo ayudar a las organizaciones a prevenir y gestionar los riesgos tributarios por medio de la implantación en la empresa de una cultura de cumplimiento. Esta norma reporta dos ventajas a la empresa:

- Proporciona las directrices necesarias para establecer un sistema de *compliance* fiscal y tributario, mediante el cual la empresa minimiza los riesgos que en esta materia pueden existir.
- Es una prueba de que la empresa tiene voluntad de cumplir la normativa fiscal y tributaria.

La norma fija términos de referencia para la implantación en las organizaciones de un sistema de gestión de *compliance* tributario en consonancia con la normativa fiscal y tributaria nacional. Entre los requisitos que se establecen encontramos:

- Que los órganos de gobierno aprueben un programa de *compliance* tributario que ayude a minimizar la exposición a riesgos tributarios.

- Formación de todo el personal respecto a los riesgos tributarios y las normas que deben seguir para evitarlos.

- Implantar controles financieros y no financieros tanto a nivel interno como sobre otras entidades.

- Instaurar canales de denuncia ante incumplimientos o sospechas fundadas de incumplimientos, garantizando la protección del informante.

El cumplimiento de esta norma es certificable por una tercera parte independiente lo que supone una garantía de que se está aplicando de manera eficaz. La certificación puede constituir un elemento de prueba fundamental que permite demostrar, ante la Administración o los tribunales, que la empresa cuenta con una cultura de cumplimiento eficiente. Demostrar que el programa de *compliance* se ajusta a estos parámetros favorece la exención de responsabilidad tanto administrativa como penal.

Norma UNE 19604:2023 «Sistemas de gestión de compliance sociolaboral. Requisitos con orientación para su uso»

Esta norma aprobada en julio de 2023 resulta de aplicación en el contexto de sistemas de gestión y control sobre riesgos en el ámbito sociolaboral. El principal objetivo de esta norma es lograr en la empresa una cultura de cumplimiento en materia sociolaboral, la cual supone un escudo de protección frente a cualquier tipo de incumplimiento en el ámbito laboral y refuerza la reputación y sostenibilidad social de las organizaciones.

El *compliance* sociolaboral debe prestar especial atención a los colectivos más vulnerables, especialmente en situaciones de personas con discapacidad adoptando medidas que favorezcan la diversidad e inclusión social.

Esta norma resulta aplicable en los siguientes ámbitos:

- Ejercicio de los derechos constitucionales de igualdad y no discriminación y protección de colectivos vulnerables dentro de la organización.

- Relación individual de trabajo. Salario, tiempo de trabajo, modificación de las condiciones de trabajo, etc.

- Relaciones colectivas de trabajo. Medidas de conflicto colectivo, negociación colectiva, participación de los representantes de los trabajadores, etc.

- Protección social. Prestaciones de la seguridad social, mejoras voluntarias, sistemas de previsión social, etc.

- Cualquier otra obligación socio laboral.

A TENER EN CUENTA. Esta norma no es aplicable a las obligaciones en materia de prevención de riesgos laborales al existir normas específicas que recogen los requisitos correspondientes.

3.
LA CULTURA *COMPLIANCE*: EL OBJETIVO PRINCIPAL DEL *COMPLIANCE*

A pesar de que el *compliance* se orienta a evitar o prevenir que la empresa puede incurrir en responsabilidad penal o en otro tipo de sanciones, debemos señalar que esto no constituye su **objetivo principal**, sino que el mismo será el de **crear una cultura de cumplimiento normativo**. Esto no es una cuestión sin transcendencia ya que el hecho de cumplir las normas con el solo fin de evitar la sanción, sin prestar atención a la gestión del riesgo y a la formación del personal, no tiene efectividad como programa de *compliance*.

Dicho de otro modo, el cumplimiento formal de los programas establecidos en la normativa aplicable a la empresa no es válido si existe la posibilidad de que, al no existir una actitud activa de cumplimiento de todo el personal, se pueda materializar una infracción o un delito penal. En relación a esta necesidad de promover una verdadera cultura ética empresarial se ha referido la Fiscalía General del Estado en la Circular 1/2016, de 22 de enero en la que expone que *«(...) la clave para valorar su verdadera eficacia no radica tanto en la existencia de un programa de prevención sino en la importancia que tiene en la toma de decisiones de sus dirigentes y empleados y en qué medida es una verdadera expresión de su cultura de cumplimiento. Este criterio general presidirá la interpretación por los Sres. Fiscales de los modelos de organización y gestión para determinar si, más allá de su conformidad formal con las condiciones y requisitos que establece el precepto, expresan un compromiso corporativo que realmente disuada de conductas criminales».*

3.1. La cultura de cumplimiento

La cultura en una sociedad se forja a través de las conductas que tolera y las que evita, bajo las que subyacen una serie de valores. Es muy importante en el ámbito de *compliance* toda vez que **una cultura de cumplimiento es necesaria para probar la eficacia del programa y poder acceder, de esta manera, a la exención penal**. La implantación y promoción de una cultura de cumplimiento no es un objetivo que pueda alcanzarse en poco tiempo. Más bien al contrario, es un proceso activo que puede extenderse un largo período de tiempo, de tal forma que hay que cuidarlo dentro de la entidad de modo que, conforme transcurra el tiempo y gracias a la actitud activa de la empresa, se estará más cerca de dotar a la organización de una verdadera cultura de cumplimiento.

Por tanto, es fundamental establecer la estructura principal en torno a la que confeccionar el plan de *compliance*. Para lograr esto es necesario proporcionar a la empresa todos los recursos que sean necesarios para **lograr hacer efectiva la cultura de cumplimiento de tal forma que existan evidencias de la misma,** ya que la exoneración de la responsabilidad de la persona jurídica solo podrá apreciarse en el supuesto de que se aprecien dichas evidencias.

Para no estar ante un cumplimiento simplemente formal debe procurarse que el personal que compone la empresa tenga un amplio nivel de formación. Para ello, es preciso contar con **recursos suficientes** para que las decisiones se adopten por medio de una metodología ética, así como poseer una estructura definida que actúe como **organismo de control y auditoría** del cumplimiento. Es también necesario que la organización cuente con un **catálogo de actuaciones** que se encuentran prohibidas y sujetas a sanción por la propia empresa.

En la creación de una cultura de cumplimiento el primer paso ha de ser el de **identificar y confeccionar un catálogo de normas** que ayude a definir el marco de ética empresarial que debe regir en la empresa. Para comenzar esta tarea es esencial identificar las conductas que serán nocivas para el funcionamiento o para el propio negocio de la empresa identificando las actuaciones que no deben cometerse. En cuanto se hayan identificado los focos negativos deben traducirse en normas de cumplimiento.

Este ejercicio debe ser instado, controlado y promovido por la dirección y administración de la empresa, siendo su implicación en la creación de la cultura de cumplimiento esencial para que el resto de empleados se comprometan con el cumplimiento normativo. La relevancia de instaurar una cultura de cumplimiento descansa en que el personal de la entidad interiorice la misma y en consecuencia la vaya aplicando en la toma de todo tipo de decisiones pues esto supone un indicio muy importante de la existencia de modelos de organización y prevención y, en consecuencia, facilita que la persona jurídica se vea exonerada de los delitos que puedan ser cometidos en nombre o por cuenta de la misma, por sus representantes legales.

3.2. Evidencias de la cultura de cumplimiento

Para poder desprender de la actividad cotidiana que la empresa tiene instaurada una cultura de cumplimiento podemos prestar atención a ciertas evidencias como las que exponemos a continuación:

a) Las decisiones directivas de la empresa, que marcan su rumbo, abrazan en todo momento la idea de cumplimiento normativo.

Nos referimos en este punto al *tone at the top* que se refiere al **conjunto de valores, principios y comportamiento presentes en las decisiones que adopten los altos cargos de la empresa.** El hecho de que los líderes de la empresa tengan una actitud de cumplimiento genera un ambiente dentro de la organización de ética, respeto y cumplimiento normativo y por tanto es más probable que los empleados actúen dentro de los parámetros normativos.

Con relación a este cumplimiento por parte de la dirección de la empresa podemos exponer dos ejemplos:

– Si la empresa tiene previsto comercializar un nuevo producto y la empresa antes de lanzarlo al mercado, un signo de cumplimiento normativo es que valore todo el proceso de ventas y prospección comercial del mismo.

– Otro ejemplo es el caso en que el equipo de marketing quiera lanzar una campaña publicitaria vía *mailing* masivo, antes de llevarla a cabo debe comprobarse que los datos personales que se pretenden emplear para su realización cuentan con el consentimiento necesario.

b) Presencia de un intento constante para evitar las conductas empresariales temerarias.

Una muestra de que desde lo más alto de la jerarquía de la organización se fomenta una cultura de cumplimiento, es que **no se fomente ni se valore positivamente ningún comportamiento que pueda suponer un riesgo,** de tal forma que sea patente que la empresa tiene un régimen interno que no tolera ningún atisbo de conducta que pueda generar algún riesgo.

Podemos ilustrar esta situación a partir de un caso supuesto donde el cliente de una empresa de servicios solicita la portabilidad de sus datos para otra empresa. Uno de los empleados del área de marketing sugiere que se almacenen los datos del cliente para realizar ofertas de productos mediante *mailing* o llamada. En este caso una empresa con cultura de cumplimiento se negaría a realizar dicha actuación, contraria a la normativa de protección de datos, y adoptaría las medidas necesarias para evitar dicha conducta.

c) La empresa dispone de un canal interno de denuncias.

Por este medio la empresa recibe comunicaciones de incumplimientos y puede gestionar la solución a la conducta que ha generado el riesgo. Una empresa con una cultura de cumplimiento cuando **detecta algún tipo de incumplimiento deberá sancionar al personal responsable** del mismo de acuerdo con lo que, en su caso, proceda.

En el ejemplo del apartado anterior la sugerencia del empleado denota que el mismo no está integrado en la cultura de cumplimiento y por tanto es necesario que la dirección empresarial tome las medidas que considere oportunas para reprobar esa actitud.

d) En la empresa se imparten cursos de formación sobre cumplimiento normativo.

El instrumento más eficaz y en que constituye una de las bases de la cultura de cumplimiento es la formación del personal. La **realización por parte**

de la empresa de cursos o jornadas, ya sean *online* o presenciales, sobre los principales problemas que puedan surgir en el desarrollo de su actividad empresarial es una garantía para que el personal pueda cumplir con sus obligaciones normativas. Debemos tener presente que, si los empleados carecen de formación, es muy difícil que no se cometan infracciones o conductas perjudiciales.

e) Se realizan auditorías y controles periódicos sobre la eficacia del plan de cumplimiento.

De poco sirve implantar un sistema *compliance* si dentro de la entidad no se realizan **comprobaciones de su eficacia y se audita o comprueba los mecanismos de control.** Por tanto, es esencial que además de que exista un canal interno de denuncias, se establezca un mecanismo de auditorías del propio canal, así como, del resto de controles de cumplimiento que se hayan incorporado.

Esta función le corresponde al *compliance officer,* pero es también necesario la colaboración del resto de personal, de tal forma que, exista en cada departamento un responsable de localizar focos negativos, riesgos o incumplimientos de los que pueda tener noticia.

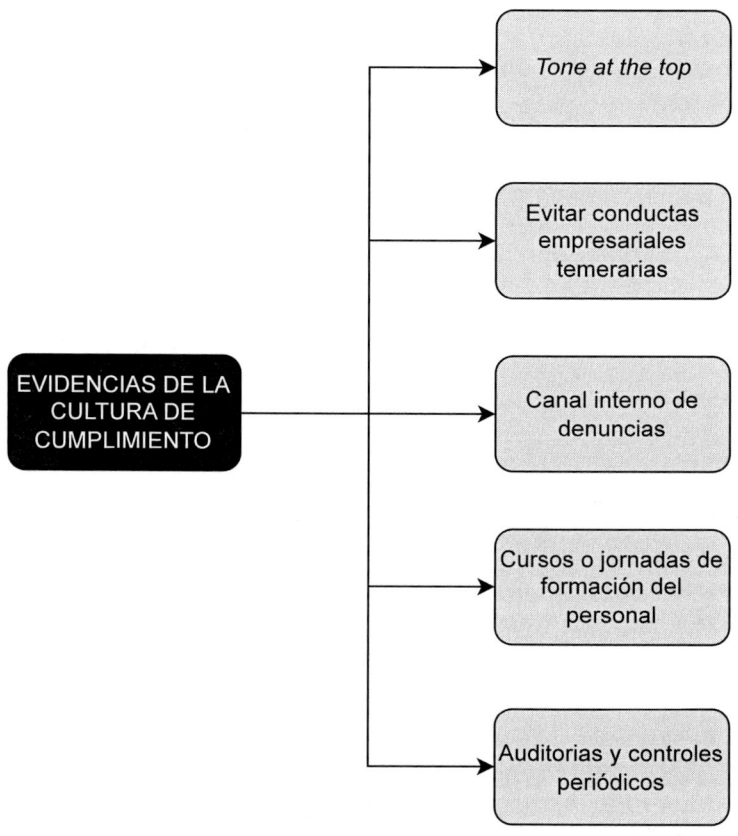

De todo lo expuesto podemos concluir que cualquier conducta que se antoje proactiva o cuya finalidad sea fomentar la cultura de cumplimiento en la empresa, siempre que esto sea evidenciable, se configura como una aportación a esa creación de cultura de cumplimiento. En esta construcción debe tenerse en cuenta las características de la concreta organización, pues cada una tiene su estructura, organización y necesidades, pero ello no resta que todas ellas están sometidas a un marco regulatorio y normativo que no puede vulnerarse.

Entre los **componentes que debe tener la organización para mejorar la cultura de cumplimiento** podemos referir:

– Existencia de una **política** *compliance* que determine la voluntad de organización en cuanto al respeto de las normas (apoyada por la alta dirección).

– La **adecuada definición de las funciones de** *compliance.*

– **Identificar y valorar riesgos** de *compliance*.

– Establecer **mecanismos de diligencia debida** para comprobar que las personas que se vinculan con la organización comparten dichos valores.

– Ocuparse de que las **personas de la organización sean formadas** para que sepan las normas y sepan cómo actuar ante incumplimientos.

– Reconocer los logros de *compliance* de manera explícita a través de **incentivos.**

– Establecer un **sistema sancionador** a través de medidas disciplinarias ante el incumplimiento.

– Política de **remuneración** que consideren el **logro de objetivos** de *compliance.*

La cultura de *compliance* tiene relevancia de cara al crecimiento de la propia empresa, ayudando a la organización que lleve su actividad en el tiempo sin sobresaltos, ayudando a la sostenibilidad de la misma y, en definitiva, supone la **consecución del fin último de la propia función de cumplimiento normativo**.

4.
BENEFICIOS DEL *COMPLIANCE* PARA LAS PYMES

El *compliance* es una **función independiente que identifica, asesora, aler-ta, monitorea y reporta los riesgos de cumplimiento en las organizaciones.** Este riesgo de cumplimiento se puede traducir, en general, como el riesgo de recibir sanciones por incumplimientos legales o normativos, sufrir pérdidas financieras o pérdidas de reputación por faltas de cumplimiento con las leyes aplicables, las regulaciones, los códigos de conducta y los estándares de buenas prácticas empresariales.

Pero no podemos entender el *compliance* únicamente como un medio para evitar sanciones, sino que **un buen programa de *compliance*** permite **posicionar la empresa en un lugar destacado en el mercado** pues favorece la eficiencia frente a otras empresas que carezcan de una política de cumpli-miento realmente asentada.

Contar con un programa de *compliance* no consiste únicamente en cum-plir una serie de formalidades, sino que su implantación reporta a la empresa una serie de beneficios. El *compliance* no solo supone un salvavidas frente a posibles responsabilidades de la empresa, sino que además acarrea una serie de **beneficios reputacionales** posicionando al negocio en un lugar pri-vilegiado. A todo ello se adhieren **ventajas en el ámbito mercantil de la competencia,** desarrollando una ventaja competitiva al dotar de una orga-nización mucho más eficiente frente a otras empresas que no tengan una política de cumplimiento asentada. A continuación, expondremos algunas de las razones por las que el *compliance* se presenta como una **oportunidad empresarial**, más allá de una imposición legal.

Responsabilidad civil

A pesar de que el *compliance* se orienta principalmente al ámbito penal como mecanismo de exoneración de responsabilidades, no es una herramien-ta exclusiva de este ámbito. Lo idóneo es que la empresa incorpore un plan de cumplimiento normativo que abrace todos los ámbitos que puedan tener afectación en las empresas, configurando lo que se conoce como *corporate compliance* **el cual se configura como un sistema de gestión integral.**

Entre los sectores ajenos al ámbito penal que pueden afectar a las entidades empresariales, nos encontramos con los supuestos propios de la jurisdicción civil, en concreto con la **responsabilidad civil,** tal como se dispone en los artículos 1902, 1903 o 1908 del Código Civil. Cabe reparar en que la principal diferencia que se proyectará sobre un *compliance* orientado a la responsabilidad penal es que en el ámbito civil se debe **centrar el sistema en el daño causado por la conducta negligente del empresario,** mientras que en el ámbito penal se basa en la propia infracción o delito que se comente.

Implementar una verdadera **cultura de cumplimiento lleva asociada** una concienciación de cumplimiento de las normas que, **dificulta la comisión de conductas negligentes.** Si una empresa tiene claras cuáles son las actividades o conductas que suponen una actuación negligente que generará una obligación de resarcimiento del daño causado, es más probable que no se acabe cometiendo la negligencia que si no se tuviese ningún tipo de formación y se dejase uno llevar por su intuición o diligencia *per se.*

Esta responsabilidad viene reflejada en la cuarta disposición del artículo 1903 CC, en conexión con el artículo 1902 CC, el cual indica que estarán obligados a reparar el daño causado mediando culpa o negligencia los «*(...) dueños o directores de un establecimiento o empresa respecto de los perjuicios causados por sus dependientes en el servicio de los ramos en que los tuvieran empleados, o con ocasión de sus funciones (...)*». Por tanto, **si en nuestra empresa alguno de los responsables contratados lleva a cabo alguna conducta negligente con un cliente, será el empresario el que deberá responder.**

No obstante, si el empresario cuenta con un programa de *compliance* efectivo instaurado en el seno de la organización, es mucho menos probable que se cometa la conducta de la que deriva dicha responsabilidad.

Daño reputacional

En cuanto al impacto que pueda tener un incumplimiento de la normativa o la comisión de una infracción por parte de la empresa, es claro que esto tendrá un efecto negativo sobre la misma y no contribuye a forjar una buena imagen de la marca que la empresa se vea involucrada en entramados legales de difícil gestión.

En este ámbito se deduce claramente la importancia de contar con un sistema de *compliance*, nadie desea que el nombre de su empresa se vea salpicado en artículos de prensa o, sin llegar a ese nivel de exposición pública, que los clientes comiencen a desaconsejar y criticar los servicios que se ofrezcan. Por esta razón se debe tener en cuenta que un **programa de** *compliance* **puede recoger una gestión integral de la reputación de la empresa a diferentes niveles.** Así, puede darse una situación en la que se ha cometido algún error en la distribución del servicio ofertado o que simplemente algunos clientes no están de acuerdo con el producto vendido. Ante esta situación, si no existe un protocolo de organización y gestión de las quejas de los clientes, que actúe como canalizador para mantener un *feedback* positivo de estos, nuestra empresa está destinada a corromper su imagen comercial y hundirse en el mercado, pues no está sabiendo leer los mensajes que envían los agentes más importantes del mismo. En efecto, si una empresa comienza a proyectar una imagen desorganizada e incluso improvisada a la hora de tomar decisiones que afecten a su línea de negocio, está completamente perdida.

Esta no es una cuestión irrelevante, ya que uno de los principales riesgos a los que se debe hacer frente una organización es la conservación de su reputación y buena imagen, lo cual se asocia inevitablemente a los productos o servicios que comercializa. Por tanto, **debe tomarse el** *compliance* **como una oportunidad de mejora constante en nuestra entidad,** de manera que todo lo que pueda ayudar a forjar una imagen transparente, honesta y de compromiso con la cultura del cumplimiento no hará sino reforzar la fuerza competitiva de nuestra empresa en el mercado.

Contratación pública

El escenario de la contratación pública se ha visto modificada a través de la Ley 9/2017, de 8 de noviembre de Contratos del Sector Público (en adelante, LCSP), la cual ha provocado el acercamiento de la figura *compliance* a este tipo de contrataciones. Puede llegar a suponer que, en caso de no contar con un plan de cumplimiento implantado de manera efectiva, se excluya de los procedimientos de contratación en los que estén en licitación.

Por este motivo resulta lógico **aprovechar la utilidad que tiene un programa de** *compliance* **para proyectarlo sobre las causas de prohibición de contratar** previstas en el art. 71 de la LCSP en las que pueda verse inmersa una empresa a la hora de contratar. El art. 72.5 de la LCSP determina una serie de apreciaciones de la prohibición de contratar, entre las cuales establece que **no procederá declarar la prohibición de contratar** cuando la persona acredite:

- El **pago o compromiso de pago de las multas e indemnizaciones** fijadas por sentencia o resolución administrativa de las que derive la causa de prohibición de contratar, siempre y cuando las citadas personas hayan sido declaradas responsables del pago de la misma en la citada sentencia o resolución.

- La **adopción de medidas técnicas, organizativas y de personal** apropiadas para evitar la comisión de futuras infracciones administrativas, entre las que quedará incluido el acogerse al programa de clemencia en materia de falseamiento de la competencia.

> **A TENER EN CUENTA.** El pago o compromiso de pago y la adopción de medidas técnicas, organizativas y de personal no excluirá la prohibición de contratar cuando se refiera a la prevista en la letra a) del art. 71.1 de la LCSP.

CUESTIÓN

¿Cuándo debe acreditar la persona el cumplimiento de condiciones para que no se declare la prohibición de contratar?

La persona deberá acreditar que cumple alguna de las condiciones para que no se declare la prohibición de contratar en sede del trámite de audiencia del procedimiento correspondiente.

De la exigencia de adopción de medidas técnicas de tipo organizativo y personal apropiadas para evitar la comisión de futuras infracciones administrativas, se deduce que **el legislador ha tenido en cuenta la influencia positiva que puedan tener los programas de cumplimiento** en la facilitación del procedimiento de contratación con el sector público. Si bien no existe una mención expresa a la obligación de tener implantado un programa de *compliance* para poder optar como candidato a un procedimiento de contratación pública. Ahora bien, sí que se **establece un procedimiento de exoneración de posibles irregularidades e infracciones cometidas** si se extrae una voluntad de mejora y cumplimiento de las mismas.

Contratación con terceros

El efecto que proyecta la figura del *compliance* en el mercado se traduce en una **oportunidad de crecimiento, organización y mejora de la calidad del producto o servicio.** Cada vez es más frecuente que las empresas asuman su responsabilidad a la hora de responsabilizarse del cumplimiento normativo a través de un programa de *compliance*, sobre todo en el ámbito del *corporate compliance* y no solo en el ámbito penal.

Es raro encontrar alguna gran empresa que no imponga como requisito para contratar con terceros el contar con un programa de cumplimiento normativo. Por esta razón, lo más común en los tiempos que corren, es que aquellas empresas que deseen entablar algún tipo de negocio o relación comercial con una gran empresa puedan demostrar una cultura de cumplimiento normativo, a través de un programa de *compliance* con pruebas claras de su efectividad e implantación. Por tanto, si una pyme desea entablar relaciones mercantiles con otra empresa debe asumir su evidente necesidad de implantar un programa de cumplimiento, debiendo mantener dicho programa en constante actualización y revisión.

Estas circunstancias **no deben entenderse como una carga de responsabilidad** añadida para la empresa, sino que debe apreciarse que **la implantación de un programa de *compliance* supone una ventaja competitiva fundamental** que debe ponerse sobre la mesa cuando se valoren los costes y oportunidades de implantar dicho programa. En efecto, si no se leen las señales que ofrece el mercado en este sector, muy difícilmente la empresa podrá competir con todas aquellas otras que hagan del *compliance* su seña de identidad y calidad, pues progresivamente podría quedarse sin entidades con las que intercambiar servicios.

Compliance como inversión

De lo que hemos expuesto hasta este momento se puede extraer un denominador común y es que el ***compliance* constituye un plan de inversión y mejora de la competitividad de la empresa.** Recordemos que el *compliance* es una herramienta eficaz de optimización de recursos y prevención de sanciones.

Todos somos conscientes de que las decisiones que se toman en una empresa van ligadas inevitablemente a las cifras en las que se maneje la entidad. De este modo *a priori* podría parecer que la incorporación de una cultura de cumplimiento en la entidad con todos los mecanismos de control que necesita y recursos que puede ocupar, supone un gasto que pocas sociedades podrían estar dispuestas a asumir, no sólo económico sino también operacional.

El *compliance* que se configura en torno a un programa de cumplimiento en sentido integral (*corporate compliance*), que engloba todas las necesidades de la empresa puede llegar con el paso del tiempo a suprimir de raíz todos los focos de riesgos que existan y que puedan dificultar el progreso del negocio, aprovechando para mejorar la logística y organización interna, tanto material como personal.

Una entidad que esté verdaderamente comprometida con el *compliance*, está diferenciándose de su competencia. Aunque pudiese parecer irrelevante, los clientes y el resto de agentes del mercado, prefieren una empresa que se preocupe por la forma en la que hace sus negocios, por la ética a la hora de actuar y por aquella que dé una imagen seria y no improvisada. Así mismo **una empresa que está saneada y organizada puede centrarse en maximizar su beneficio** en mayor medida que otra que tenga que atender a posibles vicisitudes logísticas y conflictos legales.

Esto no quiere decir que una empresa que no tiene implantado un sistema de gestión de *compliance* no cumpla con la normativa vigente, puede cumplir perfectamente, de hecho, implantar el programa es totalmente voluntario para cualquier empresa. No obstante, lo que se intenta defender con estas palabras es que **tener un programa claro, eficaz, idóneo, proporcional e integral genera un coste a corto plazo** (dedicar recursos *a priori*) **pero a largo plazo supone una inversión** pues los beneficios de tenerlo implantado en el seno de la empresa son palpables.

5.
EL PLAN DE CUMPLIMIENTO

¿Qué es el *paper compliance*?

Para ser lo más claro posible entenderemos el término *paper compliance* como **plan de cumplimiento cosmético o meramente formal**. Concretando el término, hablamos de que la empresa no elabora su propio programa *compliance*, sino que copia los programas elaborados por otras empresas, que incluso pueden pertenecer a otro sectores industriales o comerciales, y esto con el fin de reducir los costes.

Si la empresa u organización cuenta con un *paper compliance*, podrá demostrar ante inspectores y clientes (en calidad de interesados) que ha codificado en un dosier documental el conjunto de políticas, protocolos y procedimientos a seguir para la minimización de riesgos y coyunturas negativas que puedan acontecer. Sin embargo, nunca podrá demostrar que los controles técnicos que se necesitan para implementar lo que está recopilado en el dosier son realmente efectivos y están adaptados a las necesidades de la empresa. Se necesitan evidencias reales que conecten lo estipulado por escrito frente a lo que se debe realizar.

El caldo de cultivo para ocasionar que una empresa opte por el modelo «barato y sencillo» de un programa de *compliance* meramente cosmético, es la conducta reactiva por la cual la empresa no toma con demasiada simpatía las obligaciones en cuanto al control y análisis del riesgo de su actividad. Es muy común encontrarse a organizaciones que lo único que desean es que se les elabore un dosier técnico con la documentación que sea necesaria y de esta forma cumplir con el formalismo y evitar sanciones. Este tipo de dosieres normalmente se obtienen mediante la copia de alguna otra entidad que ha hecho el esfuerzo de confeccionar un buen programa de cumplimiento o, en la mayoría de los casos, de otras entidades que también han optado por el *paper compliance.*

La Fiscalía General del Estado en la Circular 1/2016, de 22 de enero, ya alertó sobre esta práctica señalando al respecto *«No es infrecuente en la práctica de otros países que, para reducir costes y evitar que el programa se aleje de los estándares de la industria de los compliance, las compañías se limiten a copiar los programas elaborados por otras, incluso pertenecientes a sectores industriales o comerciales diferentes. Esta práctica suscita serias reservas sobre la propia idoneidad del modelo adoptado y el verdadero compromiso de la empresa en la prevención de conductas delictivas».*

Este tipo de actuaciones motivaron al Parlamento Europeo a señalar que de nada servirá la adopción de una actitud formalista o reactiva a la hora de confeccionar la política de tratamiento de datos. Si la empresa tiene un dosier documental en el que indican las medidas de seguridad para la protección de datos personales de nada sirve si al trabajador no se le proporciona la formación adecuada.

En los casos de las empresas que recurren al *paper compliance* podrá demostrar ante los inspectores y clientes que ha codificado un dosier documental el conjunto de políticas, protocolos y procedimientos a seguir para la minimización de riesgos y coyunturas negativas que puedan acontecer. Sin embargo, nunca podrá demostrar que los controles técnicos que se necesitan para implementar lo que está recopilado en el dosier son realmente efectivos y están adaptados a las necesidades de la empresa. Se necesitan evidencias reales que conecten lo estipulado por escrito frente a lo que se debe realizar.

Como puede deducirse de lo expuesto, el decantarse por el *paper compliance* como plan de cumplimiento rápido, sencillo y fácilmente demostrable no tiene futuro a largo plazo en cualquier empresa. No tiene futuro porque no obedece al deber de proactividad ni genera o promociona ningún tipo de cultura de complimiento. Puede afirmarse que los *paper compliance* son los mayores *anticompliance* que puedan existir.

Entre todos los escenarios posibles, es posible citar como **supuestos de paper** *compliance* los siguientes:

- Copia-pega de otra organización.
- Aportar otro tipo de documentos como si fueran manuales de cumplimiento.
- Aportar planes que tienen una fecha divergente respecto a la alegada.
- Programa que carece de complementos necesarios.
- Programa que no se ha adaptado a las circunstancias actuales de la empresa.
- Copia-pega del Código Penal.
- Programas que son excesivamente amplios que diluyen la atención de lo importante.

6.
EL *COMPLIANCE* PENAL. RESPONSABILIDAD PENAL DE LAS PERSONAS JURÍDICAS

Introducción a la responsabilidad penal de las personas jurídicas

Por persona jurídica podemos entender aquella institución dotada de personalidad propia e independiente y plena capacidad para el cumplimiento de sus fines, ya sea creada por las leyes o bien conforme a lo establecido en las mismas (*DEJ RAE*).

Por su parte el Código Civil nos da una definición de persona jurídica en el art. 35, que dispone:

«Son personas jurídicas:
1.º Las corporaciones, asociaciones y fundaciones de interés público reconocidas por la ley.
Su personalidad empieza desde el instante mismo en que, con arreglo a derecho, hubiesen quedado válidamente constituidas.
2.º Las asociaciones de interés particular, sean civiles, mercantiles o industriales, a las que la ley conceda personalidad propia, independiente de la de cada uno de los asociados».

La Ley Orgánica 5/2010, de 22 de junio, por la que se modifica la Ley Orgánica 10/1995, de 23 de noviembre, del Código Penal, que entró en vigor el 23 de diciembre de 2010, introdujo en la legislación penal española una de las modificaciones más sustanciales en el derecho penal empresarial desde la aprobación del Código Penal de 1995. Esta modificación consistió **en la abolición de nuestro ordenamiento jurídico penal, del viejo aforismo romano** *societas delinquere non potest*, según el cual, «una persona jurídica no podía cometer delitos».

De esta manera, las personas jurídicas se **convierten en penalmente responsables de los delitos** cometidos (en su nombre o por su cuenta) por sus representantes legales y administradores. Pero también, por aquellas personas que estando sometidos a su autoridad hayan podido realizar los hechos constitutivos de un ilícito penal **por no haberse ejercido sobre ellos el debido control.**

Con esta reforma una empresa no solo debía enfrentarse a las sanciones, generalmente de gran importancia económica, que las distintas regulaciones sectoriales establecen, sino que también debía enfrentarse a la responsabilidad por un delito.

No obstante, la remodelación del régimen de responsabilidad penal de las personas jurídicas fue operado en virtud de la **Ley Orgánica 1/2015, de 30 marzo** por la que se modifica la Ley Orgánica 10/1995, de 23 de noviembre, del Código Penal, la cual radica en la **regulación expresa de los programas de cumplimiento.** Esta reforma lo que modificó fundamentalmente fue el artículo 31 bis del Código Penal, además de incluir los artículos 31 ter y 31 quater, sobre circunstancias atenuantes aplicables a estos casos, así como el artículo 31 quinquies, sobre excepción de aplicación de esta normativa y sus casos.

> **CUESTIÓN**
>
> **¿Cuál es el fundamento de la responsabilidad penal de la persona jurídica?**
>
> Tal y como se recoge en la sentencia de la Audiencia Provincial de Barcelona, recurso 61/2021, de 12 de diciembre de 2022, ECLI:ES:APB:2022:12154: «(...) *el defecto estructural en los modelos de gestión, vigilancia y supervisión constituye el fundamento de la responsabilidad del delito corporativo* (...)».

Por su parte, conforme a la reforma operada por la LO 1/2015, de 30 de marzo, la Fiscalía General del Estado publicó la **Circular FGE 1/2016, sobre la responsabilidad penal de las personas jurídicas**, tratándose de un documento a través del cual se imparten instrucciones a los fiscales para valorar la eficacia de los planes de cumplimiento normativo o *compliance* en las empresas que, tras la reforma, se configuran como una **eximente de la responsabilidad penal.**

En este sentido, podemos citar aquí la **sentencia del Tribunal Supremo n.º 534/2020, de 22 de octubre, ECLI:ES:TS:2020:3430**, que sobre la responsabilidad penal de las personas jurídicas y su evolución normativa nos dice que:

«Por último, hemos dicho en la STS 234/2019, 8 de mayo, que ‹Las dudas sobre la naturaleza de la responsabilidad penal de las personas jurídicas han quedado resueltas por la doctrina de esta Sala de la que es exponente la STS 221/2016, de 16 de marzo, entre otras, en la que se establece que **la sanción penal de la persona jurídico tiene su fundamento en la responsabilidad de la propia empresa por un defecto estructural en los mecanismos de prevención frente a sus administradores y empleados en los delitos susceptibles de ser cometidos en el ámbito de actuación de la propia persona jurídica**. La sentencia citada lo proclama con singular claridad en los siguientes términos: '[...] Que la persona jurídica es titular del derecho a la presunción de inocencia está fuera de dudas.

Antes de la entrada en vigor de la Ley Orgánica 5/2010 la sanción penal de la persona jurídica, limitada al pago directo y solidario de la multa impuesta al administrador o representante, se imponía de modo objetivo ya que solo había que acreditar la relación jurídica del sancionado con la persona jurídica. A partir de la ley citada y de forma aún más incuestionable, a partir de la Ley Orgánica 1/2015, la responsabilidad penal de la persona jurídica se justifica en el principio de auto responsabilidad y debe ser respetuosa con el principio de presunción de inocencia, lo que tiene innegables consecuencias en el régimen de prueba, así como en las garantías procesales que deben ser observadas para llegar a un pronunciamiento de condena. Desde esta perspectiva, la norma actual es más beneficiosa, no ya porque establece garantías procesales que no se han cumplido en este caso, sino porque sólo es posible la declaración de responsabilidad penal con fundamento en principios de auto responsabilidad que en este caso no podían ser tomados en consideración. El sistema actual es incompatible con la normativa derogada, de ahí que resulta improcedente su aplicación. Con similares resultados se ha pronunciado la reciente STS 704/2018, de 15 de enero.'».

6.1. Análisis del artículo 31 bis del Código Penal

El art. 31 bis del Código Penal y el reconocimiento de la persona jurídica como penalmente responsable

El art. 31 bis del Código Penal fue añadido por la Ley Orgánica 5/2010, de 22 de junio, y modificada posteriormente por la Ley Orgánica 1/2015, de 30 de marzo. En el primer apartado del mismo aparecen regulados los casos en los que las personas jurídicas serán consideradas como penalmente responsables en los supuestos que así se prevean en el CP, enumerando dos tipos de delitos de los que responderán penalmente:

– Serán responsables de los delitos cometidos en nombre o por cuenta de las mismas, y en beneficio directo o indirecto, por sus representantes legales o por aquellos que actuando individualmente o como integrantes de un órgano de la persona jurídica, están autorizados para tomar decisiones en nombre de la persona jurídica u ostentan facultades de organización y control dentro de la misma.

– También serán responsables de los delitos cometidos por quienes, estando sometidos a la autoridad de las personas físicas mencionadas en el punto anterior, y en el ejercicio de actividades sociales y por cuenta y en beneficio directo o indirecto de las mismas, hayan podido realizar los hechos por haberse incumplido gravemente por aquéllos los deberes de supervisión, vigilancia y control de su actividad atendidas las concretas circunstancias del caso.

CUESTIÓN

1. ¿Qué se entiende por beneficio a estos efectos?

La STS n.° 89/2023, de 10 de febrero, ECLI:ES:TS:2023:441 nos da una definición de beneficio en el ámbito del art. 31 bis del CP en los siguientes términos: «(...) *ese término de "provecho" (o "beneficio") hace alusión a cualquier clase de ventaja, incluso de simple expectativa o referida a aspectos tales como la mejora*

> *de posición respecto de otros competidores, etc., provechosa para el lucro o para la mera subsistencia de la persona jurídica en cuyo seno el delito de su representante, administrador o subordinado jerárquico, se comete».*
>
> **2. ¿A qué se refiere el art. 31 bis cuando habla de «los supuestos previstos en este Código»?**
>
> Tal y como se recoge en la **sentencia de la Audiencia Provincial de Sevilla n.º 42/2023, de 27 de enero, ECLI:ES:APSE:2023:1460**: «(...) *cuando el citado artículo marca como punto de partida de la responsabilidad penal de las personas jurídicas, que esta es exigible "En los supuestos previstos en este Código ", lo que está diciendo es que no todos los delitos pueden dar lugar a este tipo de responsabilidad penal, sino que solo se exigirá esa responsabilidad en aquellos casos en los que se haya cometido un delito que, con arreglo al Código Penal, tenga previsto este tipo de responsabilidad solo en los delitos en los que se establece la cláusula de extensión de responsabilidad a las personas jurídicas, cabe este tipo de responsabilidad».*

Es decir, el artículo 31 bis del Código Penal diferencia dos supuestos de responsabilidad de la persona jurídica:

– La responsabilidad por actuaciones de la dirección de la empresa.

– La responsabilidad por actuaciones del personal subordinado.

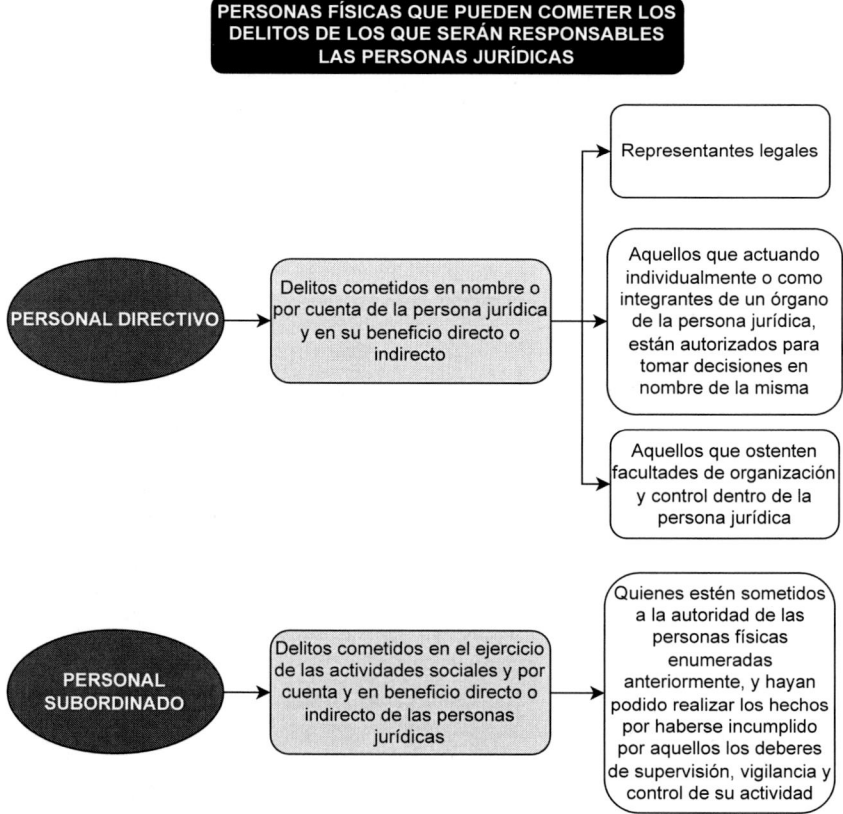

La **sentencia de la Audiencia Nacional n.º 18/2023, de 16 de octubre, ECLI:ES:AN:2023:5004**, analiza las diferencias entre estos dos supuestos en los siguientes términos:

> «(...) cuando define la tipicidad del delito corporativo en función de quien sea la persona física que cometa el delito presupuesto de la persona jurídica establece dos tipos de delito corporativo diferentes: a. para los delitos cometidos por las personas físicas de la letra a), **los que mandan o representan a la sociedad**, describe como elementos del tipo:- que se dé un delito cometido en nombre o por cuenta de esta, - en su beneficio directo o indirecto, - cometido por sus representantes legales o por aquellos que actuando individualmente o como integrantes de un órgano de la persona jurídica, están autorizados para tomar decisiones en nombre de la persona jurídica u ostentan facultades de organización y control dentro de la misma. b. Para los delitos cometidos por las personas físicas de la letra b), **las subordinadas**, se describe como elementos del tipo: - que se dé un delito cometido en el ejercicio de actividades sociales y por cuenta y en beneficio directo o indirecto de las mismas; - cometido por quienes están sometidos a la autoridad de las personas físicas mencionadas en el párrafo anterior, esto es, los que mandan, representan u ostentan facultades de organización y control dentro de la misma; - han podido realizar los hechos por haberse incumplido gravemente por aquéllos los deberes de supervisión, vigilancia y control de su actividad atendidas las concretas circunstancias del caso(...)».

El Tribunal Supremo, en su **sentencia n.º 89/2023, de 10 de febrero, ECLI:ES:TS:2023:441**, aclara que para que se considere que la persona jurídica tiene responsabilidad penal lo que la norma exige no es que se haya obtenido un beneficio real, sino que se **haya actuado para obtener un beneficio** para la misma:

> «En realidad, lo que el artículo 31 bis del Código Penal exige, como elemento indispensable para que pueda asentarse la responsabilidad penal de la persona jurídica, no es que la misma haya obtenido como consecuencia de los delitos cometidos en su nombre o por su cuenta un beneficio real, directo o indirecto, sino que aquellos hechos delictivos se cometieran «en beneficio» de la misma. Dicha exigencia se ha venido justificando desde perspectivas doctrinales muy diversas. En algún caso, su fundamento ha querido vincularse al propósito de restringir el conjunto de comportamientos con relación a los cuáles la persona jurídica tendría el deber de extremar sus controles internos de prevención. Se considera de este modo, que la organización no puede controlar cualquier acontecimiento que tenga lugar en el desarrollo de su actividad, entendiéndose como un razonable límite exigir únicamente que lo haga con respecto a las conductas que le son estructuralmente beneficiosas, quedando excluidas las que ningún beneficio podrían reportarle. Desde otras perspectivas, se ha venido entendiendo que la empresa tenderá a relajar sus controles con relación, precisamente, a aquellos comportamientos que pudieran reportarle beneficios, siendo precisamente ahí donde dichas prevenciones resultarán más necesarias. Y, en fin, también se han invocado consideraciones relativas a la teoría de la pena, observando que donde las conductas delictivas

producidas en el seno de la organización se realizan "en beneficio o en interés" de ésta, es donde tendrá más sentido atribuirle responsabilidad penal, compensando de ese modo el enriquecimiento pretendido.

Sea cual fuere su justificación última, lo indiscutible es que la responsabilidad penal de la persona jurídica deberá asentarse, en el supuesto previsto en el artículo 31 bis a) del Código Penal, en la existencia de un delito cometido por quien, actuando en su nombre o por su cuenta, y manteniendo con ella los vínculos de representación o capacidad para tomar decisiones en su nombre, hubieran actuado en su beneficio. Pero ello no significa, naturalmente, frente a lo que parece pretender quien aquí recurre, que dicho beneficio haya de ser efectivamente obtenido y, mucho menos aún, que, descubierto el delito o como consecuencia final del mismo, los beneficios o aprovechamientos que se perseguían no puedan finalmente frustrarse o, incluso, situar a la propia persona jurídica en una posición desfavorable, también en términos económicos, con relación a la que tuviera antes de cometerse la infracción(...)»".

Tal y como se recoge en la Circular emitida por la Fiscalía (Circular 1/2016, de 22 de enero) existen dos escenarios esenciales que permiten sustentar la responsabilidad penal de una persona jurídica:

- El primer escenario que atribuye esa responsabilidad penal entendiendo que esta se manifiesta a través de la **actuación de una persona física que la compromete con su previa actuación delictiva**, siempre que se evidencia un hecho de conexión (sino estaríamos ante una responsabilidad objetiva), lo que se llama una responsabilidad por transferencia, indirecta o vicarial de la persona jurídica (tal y como establece el apartado 1 del artículo 31 bis del Código Penal).

- El segundo escenario se refiere a un sistema de imputación propio de la persona jurídica, de tal modo que **es el ente colectivo el que comete el delito**, tratándose de una responsabilidad directa o autónoma de la persona jurídica (culpabilidad por defecto de organización, cuando se omiten la adopción de las medidas de precaución que le son exigibles para garantizar un desarrollo ordenado y no delictivo de la actividad profesional).

Nuestro ordenamiento jurídico parece que ha optado por la primera de las opciones y el artículo 31 bis del Código Penal no dice que las personas jurídicas cometen el delito, lo que dice es que **las personas jurídicas «serán penalmente responsables de los delitos cometidos por persona físicas»**. Es decir, en el apartado primero del art. 31 bis se recogería un modelo de responsabilidad por transferencia, a pesar de que en los siguientes apartados y en los arts. 31 ter y 31 quater se recogen elementos propios de una responsabilidad autónoma de la empresa, como pueden ser, por ejemplo:

- La responsabilidad de la persona jurídica no depende de la previa declaración de la responsabilidad penal de la persona física.

- La no identificación del autor del delito, o la imposibilidad de dirigir el procedimiento contra él, no excluye la responsabilidad de la persona jurídica (apartado 1 del artículo 31 ter del CP).

- Las agravantes y atenuantes relativas a la culpabilidad de la persona física no son trasladables a la persona jurídica (apartado 2 del artículo 31 ter del CP).
- La persona jurídica tiene unas circunstancias modificativas de la responsabilidad criminal específicas y un sistema propio de penas con reglas particulares de aplicación (artículo 31 quater del CP y artículo 66 bis del CP).
- La autonomía de la responsabilidad de la persona jurídica se refuerza con el valor de la eximente otorgado a los programas de organización.

En la **sentencia del Tribunal Supremo n.º 894/2022, de 11 de noviembre, ECLI:ES:TS:2022:4116,** citando la **STS n.º 747/2022, de 27 de julio, ECLI:ES:TS:2022:4116,** se hace alusión a la responsabilidad de las personas jurídicas entendiendo que se puede hablar de «autorresponsabilidad»:

> «Se dice que la sanción a la persona jurídica se funda en la ausencia de un sistema interno de prevención eficaz. Eso ha permitido hablar a la jurisprudencia de un delito corporativo y establecer un fundamento diferenciado de la sanción, así como hablar de autorresponsabilidad».

RESOLUCIÓN RELEVANTE

Sentencia de la Audiencia Provincial de Barcelona n.º 41/2023, de 26 de enero, ECLI:ES:APB:2023:2853

«(...) la sentencia de la Sala Segunda del Tribunal Supremo número 534/2020, 22 de Octubre de 2020 declara en su fundamento de derecho 3.2. que «En cuanto a la responsabilidad penal de las personas jurídicas, en la STS nº 154/2016, de 29 de febrero, decíamos que «el sistema de responsabilidad penal de la persona jurídica se basa, sobre la previa constatación de la comisión del delito por parte de la persona física integrante de la organización como presupuesto inicial de la referida responsabilidad, en la exigencia del establecimiento y correcta aplicación de medidas de control eficaces que prevengan e intenten evitar, en lo posible, la comisión de infracciones delictivas por quienes integran la organización».

Y, más adelante, se señalaba que "la determinación del actuar de la persona jurídica, relevante a efectos de la afirmación de su responsabilidad penal (incluido el supuesto del anterior art. 31 bis.1 parr. 1º CP y hoy de forma definitiva a tenor del nuevo art. 31 bis. 1 a) y 2 CP, tras la reforma operada por la LO 1/2015), ha de establecerse a partir del análisis acerca de si el delito cometido por la persona física en el seno de aquella ha sido posible, o facilitado, por la ausencia de una cultura de respeto al Derecho, como fuente de inspiración de la actuación de su estructura organizativa e independiente de la de cada una de las personas físicas que la integran, que habría de manifestarse en alguna clase de formas concretas de vigilancia y control del comportamiento de sus directivos y subordinados jerárquicos, tendentes a la evitación de la comisión por éstos de los delitos enumerados en el Libro II del Código Penal como posibles antecedentes de esa responsabilidad de la persona jurídica".

En nuestra STS 668/2017, de 11 de octubre, afirmábamos que "La confirmación de la línea jurisprudencial favorable a la autorresponsabilidad tuvo un exponente más próximo en la STS 516/2016, 13 de junio. En ella se señala que «... en el diseño de esta imputación a título de autor del delito a la persona jurídica, el legislador ha optado por un sistema de autorresponsabilidad (cfr. auto de aclaración), siendo independiente la responsabilidad penal de la persona física y de la jurídica (art. 31 ter CP), respondiendo cada una de ellas de su propia responsabilidad». (...)

> *Hemos negado la existencia de un extravagante litis consorcio pasivo necesario entre la persona jurídica y la persona física, recordando la autonomía de la responsabilidad de la persona jurídica frente a la que es predicable del directivo o empleado que comete el delito de referencia (STS 455/2017, 21 de junio)."»*

Nuestro Alto Tribunal en su **STS n.º 221/2016, de 16 de marzo, ECLI:ES:TS:2016:966**, se pronuncia sobre esta diferencia a la hora de entender la naturaleza y fundamento de la responsabilidad y entiende que independientemente de que se considere que estamos ante una responsabilidad por transferencia o directa deberá probarse que ha habido un defecto en los mecanismos de prevención exigibles a toda persona física:

> «(...) En efecto, desde la perspectiva del derecho a la **presunción de inocencia** a la que se refiere el motivo, **el juicio de autoría de la persona jurídica exigirá a la acusación probar la comisión de un hecho delictivo por alguna de las personas físicas a que se refiere el apartado primero del art. 31 bis del CP , pero el desafío probatorio del Fiscal no puede detenerse ahí.** Lo impide nuestro sistema constitucional. Habrá de acreditar además que ese delito cometido por la persona física y fundamento de su responsabilidad individual*,* **ha sido realidad por la concurrencia de un delito corporativo, por un defecto estructural en los mecanismos de prevención exigibles a toda persona jurídica***,* de forma mucho más precisa, a partir de la reforma de 2015.
>
> La Sala no puede identificarse -insistimos, **con independencia del criterio que en el plano dogmático se suscriba respecto del carácter vicarial o de responsabilidad por el hecho propio de la persona jurídica-** con la tesis de que, una vez acreditado el hecho de conexión, esto es, el particular delito cometido por la persona física, existiría una presunción iuris tantum de que ha existido un defecto organizativo. Y para alcanzar esa conclusión no es necesario abrazar el criterio de que el fundamento de la responsabilidad corporativa no puede explicarse desde la acción individual de otro. Basta con reparar en algo tan elemental como que esa responsabilidad se está exigiendo en un proceso penal, las sanciones impuestas son de naturaleza penal y la acreditación del presupuesto del que derivan aquéllas no puede sustraerse al entendimiento constitucional del derecho a la presunción de inocencia. Sería contrario a nuestra concepción sobre ese principio estructural del proceso penal admitir la existencia de dos categorías de sujetos de la imputación. Una referida a las personas físicas, en la que el reto probatorio del Fiscal alcanzaría la máxima exigencia, y otra ligada a las personas colectivas, cuya singular naturaleza actuaría como excusa para rebajar el estándar constitucional que protege a toda persona, física o jurídica, frente a la que se hace valer el ius puniendi del Estado».

Resulta también destacable la **sentencia de la Audiencia Provincial de Sevilla n.º 69/2023, de 17 de febrero, ECLI:ES:APSE:2023:1393**, que tras analizar distintas sentencias del Tribunal Supremo, concluye que:

> «Resumiendo lo expuesto podemos concluir citando la reciente sentencia del Tribunal Supremo de 13 de diciembre de 2022, que cita a su vez las sentencias de 2 de septiembre de 2015, de 29 de febrero de 2016 y de 8 de

mayo de 2019, que establece que, conforme a lo dispuesto en el artículo 31 bis del Código Penal, los presupuestos que deben concurrir para la declaración de la responsabilidad penal de la persona jurídica son:

"a) es exigible un juicio de culpabilidad específico sobre la actuación de la persona jurídica, basado en el **principio de autorresponsabilidad;**

b) **el fundamento de la responsabilidad penal no es objetiva** sino que ha de tener su soporte en la propia conducta de la persona jurídica

c) **el principio de presunción de inocencia** se aplica a la persona jurídica y es autónomo respecto del de la persona física, y

d) la persona jurídica actúa sin disponer un sistema de control de sus administradores y empleados dirigidos a controlar la observancia de la norma, del ordenamiento jurídico o no controla las fuentes de peligro de la actividad a la que se dedica. En definitiva, **no observa las exigencias de control a las que está obligada**.

La doctrina de esta Sala estima que la sanción penal de la persona jurídica debe venir justificada por la ausencia de medidas de control adecuadas para la evitación de la comisión de delitos en la empresa o, como dice la STS 221/2016, de 16 de marzo , el fundamento de la responsabilidad penal de la persona jurídica reside en "aquellos elementos organizativo-estructurales que han posibilitado un déficit de los mecanismos de control y gestión, con influencia decisiva en la relajación de los sistemas preventivos llamados a evitar la criminalidad de la empresa».

6.1.1. La responsabilidad de las personas jurídicas por actuaciones de la dirección de la empresa

Tal y como dispone el art. 31 bis.1.a) del Código Penal las personas jurídicas serán penalmente responsables «*De los delitos cometidos en nombre o por cuenta de las mismas, y en su beneficio directo o indirecto, por sus representantes legales o por aquellos que actuando individualmente o como integrantes de un órgano de la persona jurídica, están autorizados para tomar decisiones en nombre de la persona jurídica u ostentan facultades de organización y control dentro de la misma*».

Podemos diferenciar, por tanto, dos aspectos fundamentales a tener en cuenta para el nacimiento de la responsabilidad penal de la empresa:

- El beneficio directo o indirecto a favor de la persona jurídica.

- Que la conducta sea realizada por los cargos directivos de la empresa especificados en el artículo.

|| El beneficio directo o indirecto de la persona jurídica

Tal y como se recoge en el artículo 31 bis 1.a), estos delitos deben llevarse a cabo en beneficio directo o indirecto de la persona jurídica. Este término (beneficio directo o indirecto) permite extender la responsabilidad de la persona jurídica a aquellas entidades cuyo objeto social no persigue intereses estrictamente económicos, así como incluir los beneficios obtenidos a través de un tercero interpuesto (cadenas de sociedades, por ejemplo), los consistentes en un ahorro de costes y en general, todo tipo de beneficios estratégicos, intangibles o reputacionales.

Esta expresión mantiene la naturaleza objetiva, como acción tendente a conseguir un beneficio, sin necesidad de que este se produzca, resultando suficiente que la actuación de la persona física se dirija de manera directa o indirecta a beneficiar a la entidad. Aun cuando la persona física haya actuado en su exclusivo beneficio o interés o en el de terceros ajenos también se cumple la exigencia típica siempre que el beneficio pueda alcanzar a esta, debiendo valorarse la idoneidad de la conducta para que la persona jurídica obtenga alguna clase de ventaja asociada a aquella.

Tan solo quedan excluidas aquellas conductas que, al amparo de la estructura societaria, sean realizadas por la persona física en su exclusivo y propio beneficio o en el de terceros y que resulten no idóneas para reportar beneficio ni directo ni indirecto.

> **CUESTIÓN**
>
> **¿Puede cometerse un delito imprudente en beneficio directo o indirecto de una persona jurídica?**
>
> La Circular de la Fiscalía 1/2016, de 22 de enero, sobre la responsabilidad penal de las personas jurídicas conforme a la reforma del Código Penal efectuada por Ley Orgánica 1/2015 nos da la respuesta a esta cuestión y entiende que existe una *«(...) difícil compatibilidad de la fórmula "en beneficio directo o indirecto" con la estructura del delito imprudente, aun descartando que con ella se defina un elemento subjetivo. Por otra parte, las previsiones de política criminal tampoco buscan, en principio, sancionar al ente colectivo por la imprudencia de sus dirigentes o de los subordinados de estos defectuosamente controlados. Sin embargo, toda vez que el art. 31 bis no describe la conducta concreta de la persona física, es en los correspondientes preceptos de la Parte Especial donde se ha de examinar la previsión de su comisión culposa».* Y concluye que, si bien los delitos para los que está prevista la responsabilidad de la persona jurídica describen en su mayoría comportamiento exclusivamente dolosos, existen 4 grupos de conductas imprudentes capaces de generar un reproche penal a la persona jurídica: las insolvencias punibles, los delitos contra recursos naturales y medio ambiente, el blanqueo de capitales y los delitos de financiación del terrorismo.

Sobre este beneficio directo o indirecto que debe darse para que nazca la responsabilidad penal de las personas jurídicas se ha pronunciado el Tribunal Supremo en su **STS n.º 89/2023, de 10 de febrero, ECLI:ES:TS:2023:441**, en la que realiza un **importante análisis** en los siguientes términos:

> «(...) en nuestro sistema legal la responsabilidad penal de las personas jurídicas demanda como exigencia ineludible que la actuación delictiva protagonizada por la persona física se hubiera realizado en beneficio, directo o indirecto, de aquélla. Sin duda, en el marco del entramado organizativo que se gestiona en el seno de una persona jurídica se generan riesgos de muy diversa naturaleza. Entre ellos destacan, por lo que ahora

importa, los relativos a que las personas que actúan en su representación o por su cuenta puedan cometer hechos delictivos con el correspondiente perjuicio para terceros o para el interés público. Nuestro legislador penal ha resuelto que, de entre los referidos riesgos, **las personas jurídicas únicamente respondan penalmente en los casos en los que dichos riesgos estén asociados a comportamientos aptos para beneficiarla**, riesgos con relación a los cuales se ha entendido reforzado, particularmente exigible, su deber general de prevenirlos.

(…)

También se ha destacado en el ámbito de la doctrina científica que la necesidad de que la persona jurídica responda únicamente cuando las actuaciones delictivas se llevan a término "en su beneficio directo o indirecto" puede plantear particulares dificultades en relación con aquellos ilícitos cuya comisión no produzca por su propia naturaleza incidencia mensurable en términos económicos (ya fuera de enriquecimiento, ya de ahorro), proponiéndose, en cualquier caso, como adecuada interpretación del precepto, la necesidad de excluir la responsabilidad penal de la persona jurídica cuando se trate de hechos cometidos en contra de sus propios intereses y/o en beneficio exclusivo de las personas físicas que los protagonizan.

5.- Queda sentado, por tanto, que **no es preciso** para que pueda predicarse la responsabilidad penal de la persona jurídica, colmadas todas las demás exigencias para ello, **que los hechos delictivos hubieran producido efectivamente un beneficio para ésta**. Pero sí debe ser exigido, a partir del texto legal vigente, que la conducta delictiva imputable a las personas físicas que actúan en representación o por cuenta de aquéllas, se realice en beneficio directo o indirecto de las mismas. Resulta indispensable así que la conducta delictiva resulte beneficiosa, contemplada ex ante y enmarcada en el proyecto delictivo de su autor, directa o indirectamente, para la persona jurídica, con independencia de que dicho beneficio llegue o no a materializarse».

‖ Los sujetos recogidos en el art. 31 bis 1.a)

El segundo condicionante para que nazca la responsabilidad penal de la persona jurídica es que el delito sea realizado por aquellos sujetos mencionados en el apartado primero del art. 31 bis. Podemos establecer que los sujetos capacitados para **transferir la responsabilidad penal a la empresa según el art. 31 bis.1.a)**, están divididos en tres grupos, que son:

1°.- Los representantes legales, ya sea representación orgánica o voluntaria.

2°.- Quienes actuando voluntariamente o como integrantes de un órgano de la persona jurídica, están autorizados para tomar decisiones en su nombre.

3°.- Quienes ostentan facultades de organización y control (cargos y mandos intermedios que tengan atribuidas tales facultades, entre ellas medidas de vigilancia y control para prevenir delitos), lo que permite incluir en la letra a) del artículo 31 bis del Código Penal al propio oficial de cumplimiento (*compliance officier*).

Sin embargo, aun cuando el delito haya sido cometido por estas personas, **la persona jurídica quedará exenta de responsabilidad cuando se cumplan una serie de condiciones** recogidas en art. 31 bis 2 del CP:

– Que, antes de la comisión del delito, el órgano de administración haya adoptado y ejecutado con eficacia modelos de organización y gestión (programa de *compliance*) que incluyan las medidas de vigilancia y control idóneas para prevenir delitos de la misma naturaleza o para reducir de forma significativa el riesgo de su comisión.

Estos modelos de organización y gestión deberán cumplir los siguientes requisitos:

– Identificarán las actividades en cuyo ámbito puedan cometerse los delitos que deban ser prevenidos.

– Establecerán los protocolos o procedimientos que concreten el proceso de formación de la voluntad de la persona jurídica, de adopción de decisiones y de ejecución de las mismas.

– Dispondrán de modelos de gestión de los recursos financieros adecuados para impedir la comisión de los delitos que deben ser prevenidos.

– Impondrán la obligación de informar al organismo encargado de vigilar el funcionamiento y observancia del modelo de prevención, de posibles riesgos e incumplimientos.

– Establecerán un sistema disciplinario que sancione adecuadamente el incumplimiento de las medidas que establezca el modelo.

– Realizarán una verificación periódica del modelo y de su eventual modificación cuando se pongan de manifiesto infracciones relevantes de sus disposiciones, o cuando se produzcan cambios en la organización, en la estructura de control o en la actividad desarrollada que los hagan necesarios.

– Que la supervisión del funcionamiento y del cumplimiento del modelo de prevención implantado haya sido confiada a un órgano de la persona jurídica con poderes autónomos de iniciativa y de control o que tenga encomendada legalmente la función de supervisar la eficacia de los controles internos de la persona jurídica.

– Que los autores individuales han cometido el delito eludiendo fraudulentamente los modelos de *compliance* de la empresa.

– Y que no haya producido una omisión o un ejercicio insuficiente de sus funciones de supervisión, vigilancia y control por parte del órgano al que se refiere la condición 2.ª.

El Tribunal Supremo se ha pronunciado en distintas ocasiones sobre la importancia de aplicar medidas de control eficaces para prevenir o evitar la comisión de infracciones delictivas por parte de las personas que ostentan cargos directivos, y de ello deja constancia la **sentencia de** la Audiencia Provincial de Madrid n.º 584/2022, de 15 de noviembre, ECLI:ES:APM:2022:17095, que parafraseando a nuestro Alto Tribunal recoge que:

> « (...) el sistema de responsabilidad penal de la persona jurídica se basa, sobre la previa constatación de la comisión del delito por parte de la persona física integrante de la organización como presupuesto inicial de la referida responsabilidad, en la exigencia del establecimiento y correcta aplicación de medidas de control eficaces que prevengan e intenten evitar, en lo posible, la comisión de infracciones delictivas por quienes integran la organización. [...] Así, la determinación del actuar de la persona jurídica, relevante a efectos de la afirmación de su responsabilidad penal (incluido el supuesto del anterior art. 31 bis.1 pár. 1º CP y hoy de forma definitiva a tenor del nuevo art. 31 bis. 1 a) y 2 CP , tras la reforma operada por la LO 1/2015), ha de establecerse a partir del análisis acerca de si el delito cometido por la persona física en el seno de aquella ha sido posible, o facilitado, por la ausencia de una cultura de respeto al Derecho, como fuente de inspiración de la actuación de su estructura organizativa e independiente de la de cada una de las personas físicas que la integran,que habría de manifestarse en alguna clase de formas concretas de vigilancia y control del comportamiento de sus directivos y subordinados jerárquicos, tendentes a la evitación de la comisión por éstos de los delitos enumerados en el Libro II del Código Penal como posibles antecedentes de esa responsabilidad de la persona jurídica».

|| La problemática del *non bis in idem*

El régimen de responsabilidad penal de las personas jurídicas plantea un problema de doble penalidad cuando el delito es cometido por el administrador único de la persona jurídica, que valiéndose precisamente de su posición realiza la conducta punible.

Hay que partir de que cuando se impone una condena a la persona jurídica quién realmente va a sufrir las consecuencias son las personas físicas titulares de la misma. Esto conlleva que, si la persona jurídica tiene un único titular, y este es condenado por la conducta realizada, si se condenase también a la persona jurídica como tal, la persona física sería condenada dos veces por el mismo hecho, lo que contradice los principios del derecho penal, que prohíben la doble pena por el mismo delito (*non bis in idem*).

Esta cuestión es analizada en detalle por la **sentencia del Tribunal Supremo n.º 747/2022, de 27 de julio, ECLI:ES:TS:2022:3236**, que plantea el problema en los siguientes términos:

> «El régimen de responsabilidad penal de personas jurídicas exige una mínima alteridad de la persona jurídica respecto de la persona física penalmente responsable. Cuando el condenado penalmente como persona física es titular exclusivo de la sociedad, no resulta factible imponer dos penalidades sin erosionar, no ya solo el principio del non bis in ídem,sino la misma racionalidad de las cosas.

El sistema de responsabilidad penal de personas jurídicas encierra inevitablemente ciertas dosis de ficción. Las penas impuestas a la persona jurídica no las sufren materialmente los entes morales, incapaces de padecer. Acaban inexorablemente recayendo en personas físicas (pocas o muchas, y más o menos diluidas). Cuando la persona jurídica se identifica con una persona física, es ésta la que sufre íntegramente la sanción. Si es penalmente responsable de la conducta por la que ha de responder la persona jurídica se le estará imponiendo una doble sanción por una única conducta: el delito cometido por él que arrastra, además, a la condena de la persona jurídica de su exclusiva titularidad.

Esa dualidad no es coherente con la filosofía que inspira el régimen de responsabilidad penal de personas jurídicas en perspectiva asumida por la jurisprudencia dominante. Se dice que la sanción a la persona jurídica se funda en la ausencia de un sistema interno de prevención eficaz. Eso ha permitido hablar a la jurisprudencia de un delito corporativo y establecer un fundamento diferenciado de la sanción, así como hablar de autorresponsabilidad.

Pues bien, resulta absurdo imponer a la persona física titular única de la mercantil dos penas: una por la comisión del delito: y otra ¡por no haber establecido mecanismos de prevención de sus propios delitos! Opera el principio de consunción: al castigar al responsable penal del delito se está contemplando y sancionando también su desidia e indiferencia (¡!) por no prevenir sus propios delitos; su, digamos en la nomenclatura extendida, falta de cultura de respeto a las normas

No es concebible en esos supuestos que hubiese responsabilidad penal de la persona física administrador, y no de la Sociedad (por existir un programa de cumplimiento implantado por el propio responsable penal). El delito corporativo se diluye en el delito individual tradicional».

Para acabar concluyendo que la solución al problema estaría en previsiones penales o extrapenales que permitiesen lo que se conoce como el «levantamiento del velo», ya que para poder exigir responsabilidad penal a la persona jurídica debe existir alteridad respecto del autor principal:

«(...) se produce un *bis in idem* si quien padece las dos penas es materialmente el mismo individuo, aunque formalmente sean dos sujetos jurídicos diferenciados: el administrador responsable penal es a la vez socio único de la mercantil.

No habrá cuestión cuando se sanciona tanto a la persona jurídica como a su administrador no siendo éste el único socio (entre muchas otras y dentro de la jurisprudencia europea en casos específicos de sanciones tributarias, STJUE de 5 de abril de 2017 -asunto Massimo Orsi y otros-y SSTEDH Kiiveri c. Finlandia-, de 10 de febrero de 2015 , Pirttimäki c. Finlancia, de 20 de mayo de 2014 y Heinanen c. Finlandia, de 6 de enero de 2015 , apartado 37-).

La exclusión en esos casos del castigo independiente a la persona jurídica, amén de ser lo dogmáticamente correcto, arrastra benéficas repercusiones en el ámbito procesal. (...)

(...)

> Resulta más coherente y acorde con los principios que inspiran el derecho penal, -un derecho realista, poco amigo de las meras apariencias que trata de guiarse por la realidad material- **levantar el velo para evidenciar que no hubo dos responsables (la persona física y la persona jurídica) sino un único autor que se valió de un instrumento que no es nadie diferente a él mismo**».

6.1.2. La responsabilidad de las personas jurídicas por actuaciones del personal subordinado

El art. 31 bis, en la letra b) de su primer apartado, recoge el supuesto de que el delito sea cometido por el personal subordinado de los representantes legales de la empresa, o de quienes tengan atribuidas facultades de organización y control dentro de la misma, es decir, regula el caso en el que el delito es cometido por un empleado de la empresa. En concreto dispone que las personas jurídicas serán penalmente responsables:

> «b) De los delitos cometidos, en el ejercicio de actividades sociales y por cuenta y en beneficio directo o indirecto de las mismas, por quienes, estando sometidos a la autoridad de las personas físicas mencionadas en el párrafo anterior, han podido realizar los hechos por haberse incumplido gravemente por aquéllos los deberes de supervisión, vigilancia y control de su actividad atendidas las concretas circunstancias del caso».

Del mentado artículo podemos extraer tres condicionantes necesarios para que nazca la responsabilidad penal de la persona jurídica:

– Debe existir un beneficio directo o indirecto para la persona jurídica.

– El autor del delito debe estar sometido a la autoridad de un superior. En este sentido la Fiscalía, en su Circular 1/2016, de 22 de enero, concluye que no es necesario que se establezca una vinculación directa con la empresa, sino que también quedarían incluidos autónomos, trabajadores subcontratados y empleados de empresas filiales, siempre que se encuentren integrados en el perímetro de su dominio social.

– El superior jerárquico debe haber incumplido gravemente los deberes de supervisión, vigilancia y control que tenga atribuidos. La importancia de este requisito queda patente, por ejemplo, en la **STS n.º 949/2022, de 13 de diciembre, ECLI:ES:TS:2022:4493**, en la que se recoge que no el hecho de actuar bajo la autoridad de las personas que ejercen cargos de dirección no es suficiente para que nazca la responsabilidad penal, si no que «(...) *para el caso de que el delito hubiere sido cometido por dependientes, es necesario que se declarara, en atención al resultado de la prueba, el incumplimiento grave de los deberes de supervisión en función de las concretas circunstancias del caso* (...)».

La utilización del **término «gravemente» supondrá dejar fuera del ámbito penal aquellos incumplimientos de poca entidad.** Cuando la infracción del deber de control no se haya producido o haya sido leve, siempre cabe la posibilidad de la declaración de responsabilidad civil subsidiaria de la persona jurídica de conformidad con el art. 120.4 (culpa *in vigilando* o *in eligendo*), que dispone que serán civilmente responsables las personas jurídicas dedicadas a la industria o al comercio, por los delitos que hayan cometido sus empleados o dependientes, representantes o gestores en el desempeño de sus obligaciones o servicios.

El art. 31 bis, también regula en su apartado cuarto el supuesto en que la persona jurídica puede quedar exonerada de la responsabilidad penal, al señalar que, en estos casos en que los delitos sean cometidos por el personal subordinado «(...) *la persona jurídica quedará exenta de responsabilidad si, antes de la comisión del delito, ha adoptado y ejecutado eficazmente un modelo de organización y gestión que resulte adecuado para prevenir delitos de la naturaleza del que fue cometido o para reducir de forma significativa el riesgo de su comisión*».

La Circular de la Fiscalía 1/2016, de 22 de enero, ya recogía que: «(...) *la responsabilidad de la sociedad no puede ser la misma si el delito lo comete uno de sus administradores o un alto directivo que si lo comete un empleado. El primer supuesto revela un menor compromiso ético de la sociedad y pone en entredicho la seriedad del programa, de tal modo que los Sres. Fiscales presumirán que el programa no es eficaz si un alto responsable de la compañía participó, consintió o toleró el delito*».

En este caso resultará igualmente aplicable la atenuación prevista en el párrafo segundo del apartado 2 de este artículo.

|| Las especificaciones del artículo 31 ter del Código Penal

Continuando con la regulación de la responsabilidad penal de las personas jurídicas el art. 31 ter del CP dispone lo siguiente:

«1. La responsabilidad penal de las personas jurídicas será exigible siempre que se constate la comisión de un delito que haya tenido que cometerse por quien ostente los cargos o funciones aludidas en el artículo anterior, aun cuando la concreta persona física responsable no haya sido individualizada o no haya sido posible dirigir el procedimiento contra ella. Cuando como consecuencia de los mismos hechos se impusiere a ambas la pena de multa, los jueces o tribunales modularán las respectivas cuantías, de modo que la suma resultante no sea desproporcionada en relación con la gravedad de aquéllos.

2. La concurrencia, en las personas que materialmente hayan realizado los hechos o en las que los hubiesen hecho posibles por no haber ejercido

el debido control, de circunstancias que afecten a la culpabilidad del acusado o agraven su responsabilidad, o el hecho de que dichas personas hayan fallecido o se hubieren sustraído a la acción de la justicia, no excluirá ni modificará la responsabilidad penal de las personas jurídicas, sin perjuicio de lo que se dispone en el artículo siguiente».

Es decir, el CP en este artículo incide en la premisa de que la responsabilidad penal de las personas jurídicas es independiente de la responsabilidad penal de la persona física, al recalcar que la misma será exigible siempre que se constate la comisión de un delito que haya tenido que cometerse por quien ostente los cargos o funciones mencionados en el art. 31 bis del CP, aun cuando la concreta persona física responsable no haya sido individualizada o no haya sido posible dirigir el procedimiento contra ella.

El Tribunal Supremo, en su **STS n.º 949/2022, de 13 de diciembre, ECLI:ES:TS:2022:4493**, ha interpretado el alcance del art. 31 ter del CP en el siguiente sentido:

> «Siendo cierto que el artículo 31 ter CP permite la condena de la persona jurídica aun cuando no haya sido declarada la responsabilidad penal de las personas físicas y cuando se afirme que los eventuales autores son necesariamente algunas de las personas por cuya actuación ha de responder la persona jurídica, también lo es que esa condena no exime del deber de acreditar y declarar la concurrencia de todos los elementos típicos establecidos en el artículo 31 bis y siguientes del Código Penal.
>
> La simple condición de ejercer facultades de dirección o de gestión dentro de la empresa o de actuar bajo la autoridad de éstas no es suficiente para hacer responsable a la persona jurídica de los actos de tales personas. La ley penal exige un conjunto de elementos típicos adicionales sobre los que la sentencia nada dice. Por citar uno de estos elementos, para el caso de que el delito hubiere sido cometido por dependientes, es necesario que se declarara, en atención al resultado de la prueba, el incumplimiento grave de los deberes de supervisión en función de las concretas circunstancias del caso, y no consta que tal cuestión fuera objeto controversia y prueba durante el plenario y en los hechos probados ninguna referencia se hace de la misma».

6.2. La posición de la fiscalía sobre la responsabilidad penal de las personas jurídicas

Circular 1/2016

Tras la reforma llevada a cabo por la Ley Orgánica 1/2015, la Fiscalía General del Estado emitió una circular interpretando el alcance de la normativa: Circular 1/2016, de 22 de enero, sobre la responsabilidad penal de las personas jurídicas conforme a la reforma del Código Penal efectuada por Ley Orgánica 1/2015.

Además de analizar el modelo de responsabilidad de la persona jurídica tras la reforma del art. 31 bis del CP, también se pronuncia sobre las personas jurídicas imputables e inimputables, las exentas de responsabilidad y sobre los modelos de organización y gestión.

Centrándonos en las 20 conclusiones que contiene podemos destacar que:

1. Se mantiene el fundamento esencial de atribución de la responsabilidad penal a la persona jurídica de tipo vicarial o por representación, a pesar de que la reforma avanza en el reconocimiento de la responsabilidad autónoma de la persona jurídica, atribuyendo a los programas de organización y gestión un valor eximente en determinadas circunstancias.

2. Se amplía el número de sujetos que pueden dar lugar al nacimiento de la responsabilidad penal de la empresa jurídica, incluyendo a los que, sin ser propiamente administradores o representantes legales de la sociedad, forman parte de órganos sociales con capacidad para tomar decisiones, además de los mandos intermedios, apoderados singulares y otras personas en las que hayan delegado determinadas funciones (por ejemplo, el oficial de cumplimiento).

3. La expresión de «en beneficio directo o indirecto» mantiene la naturaleza objetiva con la que ya contaba el art. 31 bis del CP antes de la reforma, cuando utilizaba «en su provecho». Esto conlleva que para el nacimiento de la responsabilidad penal de la persona jurídica es suficiente con que la actuación de la persona física se dirija de manera directa o indirecta a beneficiar a la entidad, aunque no llegue a materializarse dicho beneficio. Solo se excluirían las conductas realizadas por la persona física en su exclusivo y propio beneficio o en el de terceros, siendo estas conductas inidóneas para beneficiar a la entidad.

4. Solo existen cuatro conductas imprudentes que pueden implicar un reproche penal a la persona jurídica, y son las relacionadas con:

   • Insolvencias punibles.

   • Con los recursos naturales y el medio ambiente.

   • El blanqueo de capitales.

   • La financiación del terrorismo.

5. El hecho de poner como requisito que se hayan incumplido gravemente los deberes de supervisión, vigilancia y control permite dejar fuera del ámbito penal los incumplimientos con menor gravedad, o de escasa entidad, en los que solo cabrán las sanciones administrativas o mercantiles.

6. En el caso que la conducta la realice quién está sometido a la autoridad de los representantes legales o de aquellos que actuando individualmente o como integrantes de un órgano de la persona jurídica, están autorizados para tomar decisiones en nombre de la persona

jurídica u ostentan facultades de organización y control dentro de la misma, es decir, el personal subordinado, es necesario un incumplimiento de los deberes de supervisión, vigilancia y control de carácter grave por parte de alguno de ellos.

7. La exigencia de un incumplimiento grave del deber de control, puede suponer que, además de transferirse la responsabilidad a la persona jurídica del delito cometido por un subordinado, el propio sujeto omitente del control también deba responder por el delito, lo que conllevaría la atribución de responsabilidad por la actuación de los cargos directivos de la persona jurídica, fijando como criterio para los fiscales que se mantengan ambos títulos de imputación.

8. Cuando se trate delitos cometidos por el personal subordinado, el hecho de que deban operar en el ámbito de dirección, supervisión, vigilancia o control de los representantes legales o de aquellos que actuando individualmente o como integrantes de un órgano de la persona jurídica, están autorizados para tomar decisiones en nombre de la persona jurídica u ostentan facultades de organización y control dentro de la misma, implica que no es necesario una vinculación directa con la empresa, sino que pueden incluirse autónomos, trabajadores subcontratados y empleados de empresas filiales, cuando se hallen integrados en el perímetro de su dominio social.

9. Cuando en el art. 31 bis del CP se alude a que el incumplimiento grave de los deberes de supervisión, vigilancia y control ha de valorarse atendiendo a las concretas circunstancias del caso, hay que entender que se está remitiendo a los programas de organización y gestión, que deberán ser objeto de una valoración inicial en relación con este criterio de imputación para evaluar tanto el alcance, como el contenido real del mandato del que son titulares las personas que incumplieron gravemente tales deberes.

10. Es importante recordar que cuando no se haya infringido el deber de supervisión, vigilancia y control, cuando la infracción haya sido leve, o cuando la persona jurídica no haya obtenido ningún beneficio, sería posible declarar la responsabilidad civil subsidiaria, en vía penal, conforme al art. 120.4.° del CP.

11. La imputabilidad de la persona jurídica exige que esta tenga un sustrato material suficiente. Esto permite distinguir tres casos:

    • Son penalmente imputables las corporaciones que operan con normalidad en el mercado y a las que exclusivamente se dirigen las disposiciones sobre los modelos de organización y gestión de los apartados 2 a 5 del art. 31 bis.

    • Son también imputables las sociedades que desarrollan una actividad, en su mayor parte ilegal, que son utilizadas instrumentalmente para la comisión de ilícitos penales.

    • Son inimputables las sociedades cuya actividad ilegal supera ampliamente a la legal, que sería meramente residual y aparente para los propios propósitos delictivos.

12. La responsabilidad penal de los partidos políticos y de los sindicatos presenta 3 particularidades:

   • Su responsabilidad se extiende a las fundaciones y entidades con personalidad jurídica vinculadas a ellos.

   • Los partidos políticos deben establecer programas de prevención de manera obligatoria, a diferencia de lo establecido para otras personas jurídicas.

   • Debe de tenerse en cuenta lo dispuesto en el capítulo III de la Ley Orgánica 6/2002, de 27 de junio, de Partidos Políticos, en cuanto a las penas de disolución y suspensión judicial.

13. Las fundaciones públicas, incluidas en el sector público fundacional, y sometidas al derecho administrativo, deben considerarse exentas de responsabilidad penal.

14. La mención que se realiza en el art. 31 quinquies del CP al ejercicio de potestades públicas de soberanía o administrativas debe entenderse de aplicación solo a las administraciones públicas, y no a los entes de naturaleza asociativa privada, como, por ejemplo, los colegios profesionales, que serán considerados como personas jurídicas penalmente responsables.

15. Los modelos de organización y gestión ni definen la culpabilidad de la empresa ni constituyen el fundamento de su imputación. El objeto del proceso penal debe extenderse también a valorar la idoneidad del modelo que se haya adoptado por la corporación, dado que estos modelos pueden eximir de responsabilidad a la empresa en determinadas circunstancias.

16. Aun existiendo un doble régimen de exención de la responsabilidad de la persona jurídica, uno para los delitos cometidos por los administradores o dirigentes, y otro para los cometidos por sus subordinados, ambos son sustancialmente idénticos, diferenciándose únicamente en el tercer condicionante referido al supuesto en el que los autores cometan el delito eludiendo los modelos de organización y prevención fraudulentamente, ya que esta se aplica solo a los delitos cometidos por administradores o dirigentes.

17. Los fiscales deben interpretar los modelos de organización y gestión siguiendo las pautas establecidas en la circular, de las que podemos destacar:

   • Los programas deben ser claros, precisos y eficaces y, redactados por escrito.

   • Deben ser adecuados para prevenir el delito concreto que se ha cometido, debiendo realizarse un juicio de idoneidad entre el programa y la infracción.

   • Deben identificar y gestionar adecuadamente los riesgos, y establecer medidas para neutralizarlos.

- Los protocolos y procedimientos de formación de la voluntad de la persona jurídica, de adopción y de ejecución de decisiones deben garantizar altos estándares éticos, particularmente en la contratación de directivos, y en el nombramiento de los miembros de los órganos de administración.

- El hecho de que se haya cometido un delito no convierte automáticamente el programa en inefectivo.

- La existencia de unos canales de denuncia de incumplimientos internos o de actividades ilícitas de la empresa es uno de los elementos clave de los modelos de prevención, resultando imprescindible que la empresa cuente con una regulación protectora específica del denunciante *(whistleblower)*.

- Debe establecerse un sistema disciplinario adecuado que sancione el incumplimiento de las medidas adoptadas, lo que conlleva la existencia de un código de conducta que contenga las obligaciones de directivos y empleados.

- La eficacia del modelo debe verificarse periódicamente.

- Es importante tener en cuenta que aun cuando se cumplan todas las condiciones examinadas, la persona jurídica solo quedará exenta de responsabilidad cuando los autores del delito lo cometieran eludiendo fraudulentamente los modelos de organización y control, regulándose la posibilidad de atenuar la pena cuando las anteriores circunstancias solo se puedan acreditar de forma parcial.

CUESTIÓN

¿Qué se entiende por acreditación parcial?

Tal y como se recoge en la Circular 1/2016, de la Fiscalía: «*La referencia a la "acreditación parcial" no significa que la existencia y aplicación de los mecanismos de control solo se haya probado parcialmente sino que no concurren todos los elementos y requisitos que indica el apartado, a la manera en que se ordena en la atenuante 1.ª del art. 21 CP. Dicho de otro modo, la acreditación parcial no implica una rebaja de las exigencias probatorias sino sustantivas, esto es, que el modelo presenta algunos defectos o que solo se ha acreditado que hubo cierta preocupación por el control, un control algo menos intenso del exigido para la exención plena de responsabilidad penal, pero suficiente para atenuar la pena*».

- La supervisión del modelo de prevención de delitos debe estar atribuida a un órgano específico de la persona jurídica, con poderes autónomos de iniciativa y de control, creado específicamente para asumir esta función. Se exceptúan las empresas en las que por ley ya se encuentre previsto un órgano para verificar la eficacia de los controles internos de riesgos.

- El oficial de cumplimiento debe ser un órgano de la persona jurídica, pero podrá delegar tareas a otros órganos distintos.

- Para garantizar la mayor independencia posible del oficial de cumplimiento, deben preverse en los modelos de control, los mecanismos para la adecuada gestión de cualquier conflicto de interés que pudiera ocasionar el desarrollo de sus funciones, garantizando la separación entre el órgano de administración y los integrantes del órgano de control.

18. Dadas las menores exigencias que las personas jurídicas de pequeñas dimensiones tienen desde un punto de vista contable, mercantil y fiscal, también podrán demostrar su compromiso ético mediante una razonable adaptación a su propia dimensión de los requisitos formales fijados en apartado 5 del art. 31 bis del CP para los modelos de organización y gestión.

   En estos casos los fiscales deberán extremar la prudencia a la hora de realizar su imputación, evitando la quiebra del principio penal del *non bis in idem*.

19. Los fiscales deben observar las siguientes pautas a la hora de valorar la eficacia de los modelos de organización y gestión:

   • La regulación de los modelos de organización y gestión se interpretará de modo que el régimen de responsabilidad penal de la persona jurídica no quede vacío de contenido y sea de imposible apreciación práctica.

   • Debe tenerse en cuenta que el objeto de los modelos de organización y gestión no es evitar la sanción penal de la empresa, sino promover una verdadera cultura ética corporativa, y los fiscales analizarán si los programas de prevención establecidos expresan un compromiso corporativo que disuada de conductas criminales.

   • Cuando existan certificaciones sobre la idoneidad del modelo expedidas por empresas o asociaciones evaluadoras y certificadoras del cumplimiento de obligaciones, serán tenidas en cuenta como un elemento adicional más de la adecuación del modelo, pero no acreditan su eficacia por si solas, ya que la valoración compete en exclusiva al órgano judicial.

   • Los fiscales presumirán que el programa no es eficaz cuando sean los principales responsables de la entidad quienes incumplan el modelo, o quienes recompensen o incentiven a los empleados que lo incumplan.

   • La responsabilidad corporativa tiene que ser más exigente cuando la conducta delictiva beneficia principalmente a la sociedad, que cuando el beneficio es secundario. En estos casos debe exigirse que la contratación del individuó que delinquió se adecuara a unos protocolos y procedimientos que garanticen altos estándares éticos en la contratación y promoción de directivos y empleados.

   • Cuando sea la propia persona jurídica la que descubra y denuncie el delito, los fiscales solicitarán la exención de la pena de la misma.

   • Aunque la comisión de un delito no supone la invalidez automática del modelo de prevención, sí que puede quedar en entredicho a tenor de:

      – La gravedad de la conducta delictiva.

- La extensión de la conducta en la corporación.
- El alto número de empleados implicados.
- La baja intensidad del fraude empleado para eludir el modelo.
- La frecuencia y duración de la actividad criminal.

- Los fiscales tendrán en cuenta el comportamiento de la corporación en el pasado, valorando positivamente la firmeza en la respuesta a situaciones precedentes, y valorando negativamente la existencia de procedimientos penales anteriores o en trámite.

- Las medidas que adopte la persona jurídica tras el delito pueden servir para acreditar el compromiso con el programa de cumplimiento.

20. Con relación a la cláusula de exención de la responsabilidad de la persona jurídica del apartado 3 del art. 31 bis del CP, que recoge como condición eximente que se haya confiado a un órgano de la persona jurídica con poderes autónomos de iniciativa y control, o que tenga legalmente encomendada la función de supervisar la eficacia de los controles internos de la persona jurídica la supervisión del funcionamiento y del cumplimiento del modelo, establece la última conclusión de la Circular 1/2016, que se trata de una causa de exclusión de la punibilidad, a modo de excusa absolutoria, cuya carga probatoria incumbe a la persona jurídica.

6.3. Penas que se pueden imponer a las personas jurídicas por la comisión de delitos

El Código Penal dedica el apartado 7 del artículo 33 a las penas que se pueden imponer a una persona jurídica, estableciendo que son las siguientes:

a) Multa por cuotas o proporcional

La pena de multa consistirá en la imposición al condenado de una sanción pecuniaria.

En el caso de las personas jurídicas **podrá ser fraccionado el pago de la multa impuesta a una persona jurídica, durante un período de hasta cinco años**, cuando su cuantía ponga probadamente en peligro la supervivencia de aquella o el mantenimiento de los puestos de trabajo existentes en la misma, o cuando lo aconseje el interés general. Si la persona jurídica condenada no satisficiere, voluntariamente o por vía de apremio, la multa impuesta en el plazo que se hubiere señalado, el tribunal podrá acordar su intervención hasta el pago total de la misma (art. 53.5 del CP).

La pena de multa se impondrá por el **sistema de días-multa**, salvo que la ley disponga otra cosa.

CUESTIONES

1. En el caso de las personas jurídicas, ¿cuál será la cuota diaria?

De acuerdo con el artículo 50.4 del Código Penal será un mínimo de 30 euros y un máximo de 5.000 euros y, a efectos del cómputo, cuando se fije la duración por meses o por años, se entenderá que los meses son de 30 días y los años de 360 días.

2. ¿Y cuál será su extensión?

Tendrá una extensión máxima de 5 años.

En cuanto a la **rebaja**, hay que tener en cuenta que cuando **se aplica la misma no se hará sobre la cuota diaria de la multa**, ya que la rebaja se aplica solo a las penas y, en caso de multa, **la pena impuesta es la multa y no su cuota diaria**, en este sentido se pronuncia el **Tribunal Supremo en su sentencia n.º 315/2021, de 15 de abril, ECLI:ES:TS:2021:1381.**

En los casos en los que el Código Penal prevea una pena de multa para las personas jurídicas y esta sea en proporción al beneficio obtenido o facilitado, al perjuicio causado, al valor del objeto o a la cantidad defraudada o indebidamente obtenida, pero aun así no sea posible su cálculo se sustituirá por (art. 52.4 del CP):

MULTA DE 2 A 5 AÑOS	El delito cometido por la persona física tiene prevista una pena de prisión de más de 5 años.
MULTA DE 1 A 3 AÑOS	El delito cometido por la persona física tiene prevista una pena de prisión de más de 2 años, distinta de la anterior.
MULTA DE 6 MESES A 2 AÑOS	En el resto de los casos.

Es importante tener en cuenta que el **artículo 31 ter del CP**, en su apartado primero, recoge la facultad del juez de **modular las cuantías de las multas** cuando las mismas se impongan tanto a las personas físicas como a las jurídicas, y en este sentido establece que «(...) *Cuando como consecuencia de los mismos hechos se impusiere a ambas la pena de multa, los jueces o tribunales modularán las respectivas cuantías, de modo que la suma resultante no sea desproporcionada en relación con la gravedad de aquéllos*».

Con respecto a esta posibilidad de modulación se ha pronunciado la **Audiencia Provincial de Madrid, en su sentencia n.º 588/2022, de 15 de noviembre, ECLI:ES:APM:2022:16818**, afirmando que:

«La STS 118/2020, de 12 de marzo, dice lo siguiente al hilo de la doble penalidad que se podría imponer en el caso de coincidencia entre personas físicas y la persona jurídica: ‹Cuando hay una persona jurídica condenada junto a la persona física autora, que a su vez es administradora, se vislumbra en efecto un problema de proporcionalidad. No es exclusivo de esa situación: aparece de forma análoga en los casos de codelincuencia y multas proporcionales. Pero el legislador lo aborda en este supuesto con una solución un tanto rudimentaria y simple. A ella hay que estar en todo caso.

El art. 31 ter dice que, en esos casos de concurrencia de condenas de la persona física y jurídica, 'se modulará' la pena de multa.

En una primera aproximación interpretativa no parece que el mandato de 'modulación' autorice ni para cancelar respecto de uno de los sujetos la multa (suprimir es mucho más que modular); y, ni siquiera, para rebasar por debajo los mínimos establecidos. **El tope de la 'modulación' será imponer el mínimo.** No es posible forzar el sentido del precepto hasta el punto de consentir un vaciamiento de la penalidad de la persona jurídica o de la persona física. Siempre que el administrador sea condenado a una pena de multa, habría que admitir, de optarse por otro entendimiento -también incluso cuando el administrador no sea ni siquiera socio de la persona jurídica y, por tanto, para nada le afecte la pena que se imponga a ésta-, que la ley permite reducir la pena de multa hasta llegar a la cifra de un euro (¡!). Es más, esa exégesis supondría admitir que en esos casos el Código habilita para imponer al administrador responsable penal y a la persona jurídica sendas multas de un euro. A un nivel puramente conceptual no es asumible que a partir de la palabra modular se pueda alcanzar la conclusión de que el mínimo legal de la pena de multa es ¡un euro!

El verbo modular no sería compatible ni con la pura y simple supresión como hizo el Jugado de lo Penal, ni tampoco con reducciones por debajo del mínimo legal».

b) Disolución de la persona jurídica

Supone la pérdida definitiva de su personalidad jurídica, de su capacidad de actuar, así como de llevar a cabo cualquier clase de actividad, aunque sea lícita. La **sentencia del Tribunal Supremo n.º 154/2016, de 29 de febrero, ECLI:ES:TS:2016:613,** señala que el hecho de que la estructura y cometido lícito de la persona jurídica fueren utilizados por la persona física integrante de la misma para cometer la infracción de la que es autora no significa obligadamente, así como tampoco la carencia absoluta de medidas de prevención del delito, que la misma deba de disolverse, sino que se requerirá, cuando menos, motivar adecuadamente el criterio de ponderación entre la relevancia diferente de su actividad legal y el delito cometido en su seno, en busca de una respuesta proporcionada tanto a la gravedad de su actuar culpable como a los intereses de terceros afectados y ajenos a cualquier clase de responsabilidad.

En el mismo sentido la **sentencia de la Audiencia Provincial de Madrid n.º 491/2018, de 9 de julio, ECLI:ES:APM:2018:10866,** que concluye que:

«(...) no justificado suficientemente que sea más relevante la actividad ilícita detectada que la legal y continuada de la sociedad, no procede su disolución, debiendo bastar con la imposición de la pena de multa».

c) Suspensión de sus actividades por un plazo que no podrá exceder de 5 años.

d) Clausura de sus locales y establecimientos por un plazo que no podrá exceder de 5 años.

e) Prohibición de realizar en el futuro las actividades en cuyo ejercicio se haya cometido, favorecido o encubierto el delito. Esta prohibición podrá ser temporal, en cuyo caso no podrá exceder de 15 años, o definitiva.

f) Inhabilitación para obtener subvenciones y ayudas públicas, para contratar con el sector público y para gozar de beneficios e incentivos fiscales o de la Seguridad Social, por un plazo que no podrá exceder de 15 años.

g) Intervención judicial para salvaguardar los derechos de los trabajadores o de los acreedores por el tiempo que se estime necesario, que no podrá exceder de 5 años.

La intervención podrá afectar a la totalidad de la organización o limitarse a alguna de sus instalaciones, secciones o unidades de negocio. El juez o tribunal, en la sentencia o, posteriormente, mediante auto, determinará exactamente el contenido de la intervención y determinará quién se hará cargo de la intervención y en qué plazos deberá realizar informes de seguimiento para el órgano judicial. La intervención se podrá modificar o suspender en todo momento, previo informe del interventor y del Ministerio Fiscal. El interventor tendrá derecho a acceder a todas las instalaciones y locales de la empresa o persona jurídica y a recibir cuanta información estime necesaria para el ejercicio de sus funciones. Reglamentariamente se determinarán los aspectos relacionados con el ejercicio de la función de interventor, como la retribución o la cualificación necesaria.

CUESTIÓN

¿Estas medidas pueden acordarse también como medidas cautelares?

El último párrafo del art. 33.7 del CP dispone podrán ser acordadas por el juez instructor como medida cautelar:

- La clausura temporal de los locales o establecimientos.

- La suspensión de las actividades sociales.

- La intervención judicial.

Y en este sentido podemos traer a colación el **auto de la Audiencia Provincial de Cantabria n.º 479/2021, de 27 de octubre, ECLI:ES:APS:2021:1440A**, que recoge que: «(...) y dado que el artículo 33.7 del Código penal, referido a las penas que pueden acordarse cuando el delincuente es una persona jurídica, dispone en su último párrafo que " ... la clausura temporal de los locales o establecimientos, la suspensión de las actividades sociales y la intervención judicial podrán ser también acordadas por el Juez Instructor como medida cautelar durante la instrucción de la causa... ", y teniendo además en cuenta que el artículo 129, apartado 3º del Código penal también permite dicha clausura temporal y suspensión de actividades sociales; la sala entiende que la medida cautelar adoptada resulta necesaria y conveniente para poner fin a dicha actividad delictiva, ello por cuanto los indicios que enumera el Juez a quo no aparecen desvirtuados por las alegaciones contenidas en el recurso (...), tratándose de medidas necesarias a la vista de la gravedad de los hechos investigados así como del peligro de que se siga utilizando la Asociación para delinquir».

¿Cómo se aplicarán las penas impuestas a las personas jurídicas?

Por su parte, el artículo 66 bis del Código Penal señala que en la aplicación de las penas impuestas a las personas jurídicas **se tendrán en cuenta las reglas 1ª a 4ª y 6ª a 8ª del artículo 66.1 del Código Penal y, además,** las siguientes:

– Para la imposición y extensión de las penas previstas en las letras b) a g) del artículo 33.7 del Código Penal —todas menos la multa— se tendrá en cuenta:

  • Su necesidad para prevenir la continuidad de la actividad delictiva o de sus efectos.

  • Sus consecuencias económicas y sociales, y especialmente los efectos para los trabajadores.

  • El puesto que en la estructura de la persona jurídica ocupa la persona física u órgano que incumplió el deber de control.

– Cuando las penas previstas en las letras c) a g) del artículo 33.7 del Código Penal se impongan con una duración limitada, esta no podrá exceder la duración máxima de la pena privativa de libertad prevista para el caso de que el delito fuera cometido por persona física; pero, cuando las citadas penas —todas menos la multa y la disolución— se impongan por un plazo superior a dos años será necesario que se dé alguna de las dos circunstancias siguientes:

  • Que la persona jurídica sea reincidente.

  • O que la misma se utilice instrumentalmente para la comisión de ilícitos penales. Se entenderá que la persona jurídica se utiliza instrumentalmente para cometer ilícitos penales cuando la actividad legal de la misma sea menos relevante que su actividad ilegal.

– Cuando la responsabilidad de la persona jurídica, en los casos previstos en la letra b) del artículo 31 bis.1 del Código Penal (aquellos delitos cometidos, en el ejercicio de actividades sociales y por cuenta y en beneficio directo o indirecto de las mismas, por quienes, estando sometidos a la autoridad de las personas físicas mencionadas en el párrafo anterior, han podido realizar los hechos por haberse incumplido gravemente por aquéllos los deberes de supervisión, vigilancia y control de su actividad atendidas las concretas circunstancias del caso.), derive de un incumplimiento de los deberes de supervisión, vigilancia y control que no tenga carácter grave, estas penas tendrán en todo caso una duración máxima de dos años.

– Para la imposición con carácter permanente de las sanciones previstas en las letras b) —disolución— y e) —prohibición de realizar actividades—, y para la imposición por un plazo superior a cinco años de las previstas en las letras e) y f) —inhabilitación para obtener subvenciones y ayudas públicas— del artículo 33.7 del Código Penal, será necesario que se dé alguna de las dos circunstancias siguientes:

  • Que la persona jurídica hubiera sido condenada ejecutoriamente, al menos, por tres delitos comprendidos en el mismo título del Código Penal, siempre que sean de la misma naturaleza.

- O, que la misma se utilice instrumentalmente para la comisión de ilícitos penales.

Responsabilidad penal de los entes sin personalidad

Sin embargo, **en los entes sin personalidad jurídica no surge la responsabilidad penal** (artículo 129.1 del CP), pero el juez o tribunal podrá imponer motivadamente una o varias consecuencias accesorias a la pena que corresponda al autor del delito, con el contenido previsto en las letras c) a g) del artículo 33.7 del Código Penal (suspensión de sus actividades, clausura de sus locales, prohibición de realizar en el futuro actividades, inhabilitación para obtener subvenciones y ayudas públicas, e intervención judicial), pudiendo acordar también la prohibición definitiva de llevar a cabo cualquier actividad, aunque sea lícita.

Estas consecuencias accesorias se aplican a los delitos antes vistos previstos para las personas jurídicas (artículo 129.2 del CP) y, además, en los relativos a la manipulación genética (artículo 162 del CP), alteración de precios en concursos y subastas públicas (artículo 262 del CP), negativa a actuaciones inspectoras (artículo 294 del CP), delitos contra los derechos de los trabajadores (artículo 318 del CP), falsificación de moneda (artículo 386.4 del CP), asociación ilícita (artículo 520 del CP) y organización y grupos criminales y organizaciones y grupos terroristas (artículo 570 quater del CP).

RESOLUCIÓN RELEVANTE

Sentencia de la Audiencia Nacional n.º 6/2017, de 10 de marzo, ECLI:ES:AN:2017:2543

«El artículo 129 del Código Penal , en redacción dada por L.O. 5/2010, de 22 de junio, y que se mantiene, con algunas modificaciones en la L.O. 1/2015, de 30 de marzo, las mismas, quedan reservadas a "empresas, organizaciones, grupos o cualquier otra clase de entidades o agrupaciones de personas que, por carecer de personalidad jurídica, no estén comprendidas en el artículo 31 bis......", al haber incorporado el legislador a nuestro Código Penal por L.O. 5/2010, la responsabilidad penal de las personas jurídicas. Por tanto, si bien es cierto que, se han modificado los presupuestos objetivos de aplicación de este tipo de consecuencias accesorias, lo cierto es que, el precepto no ha desaparecido y sigue vigente, aunque con las modificaciones pertinentes. Por ello, si como es el caso, se impone la penalidad que corresponde a las personas físicas, según el tenor literal del Código Penal vigente en el momento de la realización de los hechos, por ser más favorables para ellos, no cabe sino imponer asimismo las consecuencias accesorias del delito, que llevaban aparejadas en aquellos momentos dado que debe llevarse a cabo una aplicación normativa en bloque, y no fraccionada de las normas penales que resulten aplicables en cada momento, pues lo contrario, podría vulnerar el principio de legalidad penal y el principio de seguridad jurídica(…).

(…) Es cierto que, la vigente redacción del artículo 129 del Código Penal , excluye la disolución por remisión a las penas contempladas en los apartados c) a g) del artículo 33.7 del Código Penal que recoge las penas susceptibles de imposición a las personas jurídicas, como por otro lado no podía ser de otra forma, al quedar restringida aquellas a los entes sin personalidad jurídica, excluidos del sistema responsabilidad penal incorporado al artículo 31 bis, ya que mal se podrá disolver un ente colectivo que carece de personalidad jurídica desde su creación, y que por ende, tampoco dispone de un patrimonio propio, distinto de los miembros que la componen(…)».

6.4. Circunstancias atenuantes en la responsabilidad penal de las personas jurídicas

El artículo 31 quater del Código Penal establece un catálogo de circunstancias atenuantes de la responsabilidad penal de las personas jurídicas. En él se recogen 4 posibles atenuantes, que serán las únicas que podrán apreciarse en el caso de personas jurídicas, ya que el uso del adverbio «solo», les otorga carácter excluyente:

> «1. Solo podrán considerarse circunstancias atenuantes de la responsabilidad penal de las personas jurídicas haber realizado, con posterioridad a la comisión del delito y a través de sus representantes legales, las siguientes actividades:
>
> a) Haber procedido, antes de conocer que el procedimiento judicial se dirige contra ella, a **confesar la infracción a las autoridades.**
>
> b) **Haber colaborado en la investigación** del hecho aportando pruebas, en cualquier momento del proceso, que fueran nuevas y decisivas para esclarecer las responsabilidades penales dimanantes de los hechos.
>
> c) Haber procedido en cualquier momento del procedimiento y con anterioridad al juicio oral a **reparar o disminuir el daño causado por el delito.**
>
> d) **Haber establecido, antes del comienzo del juicio oral, medidas eficaces para prevenir y descubrir los delitos** que en el futuro pudieran cometerse con los medios o bajo la cobertura de la persona jurídica».

La utilización del adverbio indica que las personas jurídicas no podrán beneficiarse de las atenuantes genéricas reguladas en el artículo 21 del Código Penal, por ejemplo, no podrán acogerse a la atenuante de dilaciones indebidas ni a las de análoga significación. Un ejemplo de esta taxatividad de las atenuantes de las personas jurídicas lo encontramos en la **sentencia de la Audiencia Provincial de Albacete n.° 327/2020, de 14 de febrero, ECLI:ES:APAB:2020:873**, en la cual la atenuante de dilaciones indebidas se aplica a la persona física, pero no a la jurídica: «(...) *conforme a lo dispuesto en el art. 31 ter 2 C.P. las circunstancias que afecten a la culpabilidad del acusado o agraven su responsabilidad, no excluirá ni modificará la responsabilidad penal de las personas jurídicas, respecto de las cuales el art. 31 quater del C.P. establece expresamente cuales son las circunstancias atenuantes de la responsabilidad penal de las personas jurídicas. Ello sin perjuicio de que los retrasos apuntados deban ser tomados en consideración a efectos de graduar la pena*».

Con relación a la tercera de las atenuantes establecidas, esto es, la **reparación del daño**, podemos citar la **sentencia de la Audiencia Provincial de Madrid n.° 545/2018, de 16 de julio, ECLI:ES:APM:2018:14343**, en la que se reconoce que la misma no exige el pago por la propia persona jurídica, si no que podría llevarse a cabo por un tercero:

> «Tal atenuante es de carácter objetivo y se comunica al resto de los acusados, comunicación que procede igualmente si se tiene en cuenta que en

nuestro ordenamiento es plenamente eficaz el pago por tercero y además la responsabilidad civil se les exige con carácter solidario».

También conviene destacar que, con relación a la cuarta de las atenuantes reguladas, es decir, el haber adoptado medidas eficaces para prevenir y descubrir los delitos en el futuro, los *corporate compliance* implementados antes de la comisión del delito exoneran de responsabilidad penal a las personas jurídicas, mientras que los implementados antes del comienzo del juicio oral atenúan la responsabilidad.

CUESTIÓN

¿Cuáles son las principales diferencias entre la atenuante de colaboración en la investigación y la del establecimiento de un plan de *compliance*?

Podemos hallar la respuesta a esta cuestión en el **auto de la Audiencia Nacional n.º 179/2022, de 14 de marzo, ECLI:ES:AN:2022:2118A,** en la que con relación a estas dos atenuantes establece que: «*Si bien se trata de dos circunstancias distintas, no cabe duda, que la idoneidad de un programa de cumplimiento no depende de observar unos requisitos, sino de su idoneidad para promover una cultura corporativa como la que se espera de las organizaciones empresariales. Por tanto, la atenuante de colaboración, exige que los programas vayan más allá de la vigilancia para eximir de responsabilidad. Además, la atenuación es una facultad potestativa del órgano jurisdiccional, no imperativa, ya que además, el concepto de "pruebas nuevas y decisivas" debe ser objeto de una correcta interpretación (datos aptos para el esclarecimiento de los hechos)*».

6.5. La sucesión en la responsabilidad penal de las personas jurídicas

Traslado de la responsabilidad penal de las personas jurídicas

En el ámbito penal, el principio de personalidad se aplica exclusivamente a las personas físicas, pues la **Ley Orgánica 5/2010, de 22 de junio,** que reforma el Código Penal, ha venido a confirmar la responsabilidad de los sucesores en los supuestos de reestructuración empresarial o liquidación encubierta, ya que la única forma de hacer efectiva la responsabilidad penal de las personas jurídicas es mediante la posibilidad de transmitir las penas, como señala el **artículo 130, apartado 2, del Código Penal,** con el siguiente tenor literal:

«La transformación, fusión, absorción o escisión de una persona jurídica no extingue su responsabilidad penal, que se trasladará a la entidad o entidades en que se transforme, quede fusionada o absorbida y se extenderá a la entidad o entidades que resulten de la escisión. El Juez o Tribunal podrá moderar el traslado de la pena a la persona jurídica en función de la proporción que la persona jurídica originariamente responsable del delito guarde con ella.

No extingue la responsabilidad penal la disolución encubierta o meramente aparente de la persona jurídica. Se considerará en todo caso que existe disolución encubierta o meramente aparente de la persona jurídica cuando se continúe su actividad económica y se mantenga la identidad sustancial de clientes, proveedores y empleados, o de la parte más relevante de todos ellos».

CUESTIÓN

¿Cuál es la finalidad del mentado apartado 2 del artículo 130 del Código Penal?

Tal y como se recoge en el auto de la Audiencia Nacional n.º 267/2023, de 26 de mayo, ECLI:ES:AN:2023:5969A, que parafrasea el preámbulo de la Ley Orgánica 5/2010, de 22 de junio, la finalidad de esta previsión es «(...) *evitar que la responsabilidad penal de las personas jurídicas pueda ser burlada por una disolución encubierta o aparente o por su transformación, fusión, absorción o escisión, se contienen previsiones específicas donde se presume que existe la referida disolución aparente o encubierta cuando aquélla continúe con su actividad económica y se mantenga la identidad sustancial de clientes, proveedores y empleados, trasladándose en aquellos casos la responsabilidad penal a la entidad o entidades en que se transforme, quede fusionada o absorbida y extendiéndose a la entidad o entidades a que dé lugar la escisión».*

El citado precepto efectúa dos precisiones:

- El juez o tribunal podrá moderar el traslado de la pena a la persona jurídica en función de la proporción que la persona jurídica originariamente responsable del delito guarde con ella.

- No extingue la responsabilidad penal la disolución encubierta o meramente aparente de la persona jurídica. Se considerará en todo caso que existe disolución encubierta o meramente aparente de la persona jurídica cuando se continúe su actividad económica y se mantenga la identidad sustancial de clientes, proveedores y empleados, o de la parte más relevante de todos ellos.

El Tribunal Supremo en su **STS n.º 109/2020, de 11 de marzo, ECLI:ES:TS:2020:1934**, resume el mentado artículo en los siguientes términos: «*Existe, pues, una directa traslación de la responsabilidad penal a la sociedad en que se transforme, quede fusionada o absorbida. Y ello, para evitar el fraude de la transmisión de empresas que están sometidas a un proceso penal con extinción de la investigada y traslación del patrimonio a una nueva, que en base a este art. 130.2 CP asume la "responsabilidad penal de la transmitente", lo que no deja de ser curioso, aunque entra de lleno en la propia especialidad del campo de la responsabilidad penal de las personas jurídicas, y para evitar el referido fraude*».

Por su parte, la **STS n.º 530/2019, de 31 de octubre, ECLI:ES:TS:2019:3515**, analiza el tema de la transmisibilidad de la responsabilidad civil de las personas jurídicas en los siguientes términos:

«Este tema de la transmisibilidad de la responsabilidad civil en supuestos de cesión, o cualesquiera de las formas que prevé la Ley 3/2009 nos lleva a considerar, incluso, que **este régimen de transmisión se plasma hasta en la responsabilidad penal** en su caso, ya que el art. 130.2 CP señala que:

2. La transformación, fusión, absorción o escisión de una persona jurídica no extingue su responsabilidad penal, que se trasladará a la entidad o enti-

dades en que se transforme, quede fusionada o absorbida y se extenderá a la entidad o entidades que resulten de la escisión. El Juez o Tribunal podrá moderar el traslado de la pena a la persona jurídica en función de la proporción que la persona jurídica originariamente responsable del delito guarde con ella.

Y aunque la Ley 3/2009 señale en su art. 1 que La presente Ley tiene por objeto la regulación de las modificaciones estructurales de las sociedades mercantiles, consistentes en la transformación, fusión, escisión o cesión global de activo y pasivo, incluido el traslado internacional del domicilio social, la mención del art. 130.2 CP debe referirse a todos los supuestos de la Ley 3/2009. Con ello, el régimen de la responsabilidad penal de las personas jurídicas, incluso, no solo en materia de responsabilidad civil pretende, lo que es clave en el tema que tratamos, y es que se huya de que en un supuesto de transformación societaria se busquen mecanismos para 'escapar' de un régimen de imposición de penas a la empresa que se transmite, para que la adquirente asuma activo, pasivo y hasta 'la pena' impuesta en el régimen de responsabilidad penal ex art. 31 bis CP.

Si no se produjera la transmisión de la responsabilidad penal y civil en los supuestos de modificación estructural de las sociedades mercantiles podrían admitirse supuestos de fraude en estas transmisiones para dejar sin cumplir la pena, o escapar de los regímenes de la responsabilidad subsidiaria del art. 120 CP en la modalidad de los n° 2 o 3 CP, dejando a las víctimas y perjudicados sin percibir sus indemnizaciones ante una transmisión societaria de transformación de su estructura y denominación social.

La propia Circular de la FGE 1/2011 relativa a la responsabilidad penal de las personas jurídicas conforme a la reforma del código penal efectuada por Ley Orgánica número 5/2010 señala sobre este punto que' El precepto trata de evitar la elusión de la responsabilidad penal por medio de operaciones de transformación, fusión, absorción o escisión'.

Con ello, vemos que existe un régimen de evitación de la extinción de la responsabilidad penal y civil en supuestos de reordenación empresarial y transmisión de activos y pasivos, en cuanto se asume por el adquirente el activo y el pasivo con la contraprestación que se haya pactado en el contrato de cualquiera de las modalidades del art. 1 de la Ley 3/2009, y entre ellas la de cesión prevista en los arts. 81 y ss. Ley 3/2009. Y, en cualquier caso, las vicisitudes que operen entre cedente y cesionario no perjudicarían a la responsabilidad civil subsidiaria del art. 120 CP por delito cometido por empleado de entidad bancaria del cedente, ya que se transmite a quien asume el activo y el pasivo sin exclusión posible».

RESOLUCIÓN RELEVANTE

Sentencia de la Audiencia Nacional, rec. 1530/2019, de 13 de julio de 2022, ECLI:ES:AN:2022:3388

«La aplicación del artículo 130.2 del Código Penal al ámbito administrativo sancionador ha sido admitida por el Tribunal Supremo en la sentencia de 23 de noviembre de 2016, citada en el apartado anterior, pero precisando que, en el caso allí analizado, «Banco Santander, absorbió por fusión a Banesto, luego no hay personalidades jurídicas distintas. A diferencia de la sucesión en materia de personas físicas, en que rige el principio de personalidad en la culpabilidad, en materia de sucesión

de personas jurídicas la sucesora universal asume la totalidad de la organización de la anterior, y sus consecuencias jurídicas. Para que la responsabilidad infractora de una persona jurídica se extinga por su extinción requiere su liquidación, es decir la desaparición intelectual de su centro de imputación de responsabilidad. En una fusión de sociedades se opera una continuidad intelectual de su comportamiento que se manifiesta en que para conseguir la fusión se produce un voluntario acuerdo de voluntades de ambas sociedades, no forzoso. Y, en consecuencia, se traduce en la incorporación de la totalidad de las relaciones jurídicas entre una sociedad y otra»».

6.6. Cuestiones procesales sobre la responsabilidad penal de las personas jurídicas

La Ley 37/2011, de 10 de octubre, de medidas de agilización procesal, incorporó determinados artículos a la Ley de Enjuiciamiento Criminal para regular las especialidades procesales que afectan a la responsabilidad criminal de las personas jurídicas. En particular, se regulan cuestiones relativas al régimen de la competencia de los tribunales, derecho de defensa de las personas jurídicas, intervención en el juicio oral y conformidad, así como su rebeldía.

¿Cuál es la competencia territorial?

La competencia territorial se determina aplicando la regla general, esto es, **será competente el juez de instrucción del partido en que el delito se haya cometido que generalmente será el domicilio fiscal, social o cualquier otro donde ejerza la actividad la persona jurídica**, si bien la competencia para el enjuiciamiento se regula en el artículo 14 bis de la Ley de Enjuiciamiento Criminal, del siguiente tenor:

«Cuando de acuerdo con lo dispuesto en el artículo anterior el conocimiento y fallo de una causa por delito dependa de la gravedad de la pena señalada a este por la ley se atenderá en todo caso a la pena legalmente prevista para la persona física, aun cuando el procedimiento se dirija exclusivamente contra una persona jurídica».

A este respecto podemos citar la **sentencia de la Audiencia Provincial de Ciudad Real n.º 11/2018, de 10 de abril, ECLI:ES:APCR:2018:358**, en la que se recoge que:

«La acusación dirigida contra la mercantil, persona jurídica, no altera ni el procedimiento ni la competencia, sea cual sea la pena que pueda corresponderá a ésta, ya que el art. 14 bis LECr . dispone que « Cuando de acuerdo con lo dispuesto en el artículo anterior el conocimiento y fallo de una causa por delito dependa de la gravedad de la pena señalada a éste por la ley se atenderá en todo caso a la pena legalmente prevista para la persona física, aun cuando el procedimiento se dirija exclusivamente contra una persona jurídica». En definitiva, la pena señalada al delito es la prevista para los autores individuales (...)».

Citación y comparecencia en juicio

El artículo 119 de la LECrim señala que cuando de acuerdo con lo dispuesto en el artículo 118 de la LECrim, haya de procederse a la imputación de una persona jurídica, se practicará con esta la comparecencia prevista en el artículo 775 de la LECrim (información de derechos, traslado de imputación y acto de declaración), con las siguientes particularidades:

a) La citación se hará en el domicilio social de la persona jurídica, requiriendo a la entidad que proceda a la designación de un representante, así como abogado y procurador para ese procedimiento, con la advertencia de que, en caso de no hacerlo, se procederá a la designación de oficio de estos dos últimos. La falta de designación del representante no impedirá la sustanciación del procedimiento con el abogado y procurador designado. No dice la ley qué órgano de la sociedad nombrará al representante, en principio, será el consejo de administración, y en caso de conflicto, la junta general de socios.

> **JURISPRUDENCIA**
>
> **Sentencia del Tribunal Supremo n.° 154/2016, de 29 de febrero, ECLI:ES:TS:2016:613**
>
> **El representante no debe tener ningún conflicto de interés con la entidad.**
>
> *«Sin embargo nada impediría, sino todo lo contrario, el que, en un caso en el cual efectivamente se apreciase en concreto la posible conculcación efectiva del derecho de defensa de la persona jurídica al haber sido representada en juicio, y a lo largo de todo el procedimiento, por una persona física objeto ella misma de acusación y con intereses distintos y contrapuestos a los de aquella, se pudiera proceder a la estimación de un motivo en la línea del presente, disponiendo la repetición, cuando menos, del juicio oral, en lo que al enjuiciamiento de la persona jurídica se refiere, a fin de que la misma fuera representada, con las amplias funciones ya descritas, por alguien ajeno a cualquier posible conflicto de intereses procesales con los de la entidad, que debería en este caso ser designado, si ello fuera posible, por los órganos de representación, sin intervención en tal decisión de quienes fueran a ser juzgados en las mismas actuaciones.*
>
> *(...)*
>
> *En estos casos, dejar en manos de quien se sabe autor del delito originario, la posibilidad de llevar a cabo actuaciones como las de buscar una rápida conformidad de la persona jurídica, proceder a la indemnización con cargo a esta de los eventuales perjudicados y, obviamente, no colaborar con las autoridades para el completo esclarecimiento de los hechos, supondría una intolerable limitación del ejercicio de su derecho de defensa para su representada, con el único objetivo de ocultar la propia responsabilidad del representante o, cuando menos, de desincentivar el interés en proseguir las complejas diligencias dirigidas a averiguar la identidad del autor físico de la infracción inicial, incluso para los propios perjudicados por el delito una vez que han visto ya satisfecho su derecho a la reparación».*

b) La comparecencia se practicará con el representante especialmente designado de la persona jurídica imputada acompañada del abogado de la misma. La inasistencia al acto de dicho representante determinará la práctica del mismo con el abogado de la entidad.

c) El juez informará al representante de la persona jurídica imputada o, en su caso, al abogado, de los hechos que se imputan a esta. Esta información se facilitará por escrito o mediante entrega de una copia de la denuncia o querella presentada.

d) La designación del procurador sustituirá a la indicación del domicilio a efectos de notificaciones, practicándose con el procurador designado todos los actos de comunicación posteriores, incluidos aquellos a los que esta ley asigna carácter personal. Si el procurador ha sido nombrado de oficio se comunicará su identidad a la persona jurídica imputada.

Diligencias de investigación y prueba anticipada

El artículo 120.1 de la LECrim señala que:

> «Las disposiciones de esta Ley que requieren o autorizan la presencia del investigado en la práctica de diligencias de investigación o de prueba anticipada se entenderán siempre referidas al representante especialmente designado por la entidad, que podrá asistir acompañado del letrado encargado de la defensa de ésta».

Y en el apartado 2 del citado precepto añade:

> «La incomparecencia de la persona especialmente designada no impedirá la celebración del acto de investigación o de prueba anticipada que se sustanciará con el Abogado defensor».

Declaración del representante de la persona jurídica

El artículo 409 bis de la LECrim dispone:

> «Cuando se haya procedido a la imputación de una persona jurídica, se tomará declaración al representante especialmente designado por ella, asistido de su Abogado. La declaración irá dirigida a la averiguación de los hechos y a la participación en ellos de la entidad imputada y de las demás personas que hubieran también podido intervenir en su realización. A dicha declaración le será de aplicación lo dispuesto en los preceptos del presente capítulo en lo que no sea incompatible con su especial naturaleza, incluidos los derechos a guardar silencio, a no declarar contra sí misma y a no confesarse culpable.
>
> No obstante, la incomparecencia de la persona especialmente designada por la persona jurídica para su representación determinará que se tenga por celebrado este acto, entendiéndose que se acoge a su derecho a no declarar».

Así, pues, el representante especialmente designado será quien conteste a las preguntas de las otras partes, de su abogado y, en caso de incomparecencia se entenderá que se acoge a su derecho a no declarar.

¿Qué se entiende por domicilio de la persona jurídica?

Se reputan domicilio, a los efectos de la entrada y registro, tratándose de personas jurídicas imputadas, el espacio físico que constituya el cen-

tro de dirección de las mismas, ya se trate de su domicilio social o de un establecimiento dependiente, o aquellos otros lugares en que se custodien documentos u otros soportes de su vida diaria que quedan reservados al conocimiento de terceros (artículo 554.4.º de la LECrim).

En este sentido, la **sentencia del Tribunal Supremo n.º 39/2022, de 20 de enero, ECLI:ES:TS:2022:38**, aclara:

«El restaurante donde fue practicado el registro en horas nocturnas no constituye domicilio de un particular con arreglo a lo dispuesto en el art. 554 LECrim, ya que no estaba destinado principalmente, ni en todo ni en parte, a la habitación de cualquier español o extranjero residente en España y de su familia.

El Tribunal Constitucional ha declarado que no considera domicilio los locales destinados a almacén de mercancías *(STC 228/1997, de 16* de diciembre, FJ 7), **un bar y un almacén** (STC 283/2000, de 27 de noviembre, FJ 2), **unas oficinas de una empresa** (ATC 171/1989, de 3 de abril), **los locales abiertos al público o de negocios** (ATC 58/1992, de 2 de marzo).

Conforme indicábamos en la sentencia 915/2000, de 25 de mayo, 'es claro que los locales comerciales entran dentro de la definición extensiva de 'lugares públicos' que el núm. 3.º del art. 547 LECrim, establece a efectos de lo prevenido en el Tít. VIII, del Libro II de dicha Ley. Como tales caen fuera de la tutela del art. 18.2 CE, que protege el derecho del individuo a disponer de un núcleo de absoluta reserva en la santidad del domicilio u hogar donde se desarrolla su existencia y actividad humana (ver p. ej. Sentencia de 5 junio 1993), de tal modo que otros lugares en que se desenvuelven actividades comerciales o de recreo, solamente están tuteladas por las normas que protegen la libertad de actuación o la propiedad y que, por lo mismo, no les son tampoco aplicables las reglas procesales que la LECrim prevé para los registros domiciliarios (Sentencias de 10 mayo; 16 septiembre; 22 octubre y 27 noviembre 1993). Y como dice la Sentencia de esta Sala de 21 de febrero de 1994, no se ha podido dar una vulneración constitucional que contaminara la diligencia, haciendo aplicable a ella el art. 11.1LOPJ, contaminación extensible a todo el proceso, al no existir norma constitucional que ampara la inviolabilidad de los locales comerciales. En igual sentido, la de 9 de julio de 1993, y más recientemente, la Sentencia de 1 de marzo de 1999, declara que el artículo 557 de la Ley de Enjuiciamiento Criminal establece que los locales asimilables a tabernas, casas de comidas, posadas y fondas no se reputarán domicilio. Esta enumeración no es sino ejemplificativa dado que es claro que el principio que informa dicha disposición se deriva exclusivamente del hecho de que los lugares públicos no amparan la intimidad que protege el domicilio y quienes se encuentran en ellos no tienen una pretensión de privacidad, que el lugar no les puede proporcionar (Sentencia de 8 de mayo de 1997). De ahí que la doctrina de esta Sala reiteradamente venga diciendo que para el registro de los locales de recreo tales como pubs, bares o restaurantes no sea precisa una previa resolución que lo autorice (Sentencias de 9 de diciembre de 1993, 10 de abril de 1995, 18 de mayo de 1995) ni la asistencia de Secretario Judicial (Sentencia de 6 de abril de 1994), ya que no constituyen domicilios y no se afecta en ellos el derecho a la intimidad, salvo que exista, además de la parte destinada al público, otra reservada a morada de los titulares del negocio, en cuyo caso esta última y no la primera, tendrá la consideración de domicilio (Sentencia de 10 de diciembre de 1994)'».

Procedimiento abreviado

Por lo que se refiere a la intervención en juicio, el apartado 1 del artículo 786 bis de la LECrim dispone:

> «Cuando el acusado sea una persona jurídica, esta podrá estar representada para un mejor ejercicio del derecho de defensa por una persona que especialmente designe, debiendo ocupar en la Sala el lugar reservado a los acusados. Dicha persona podrá declarar en nombre de la persona jurídica si se hubiera propuesto y admitido esa prueba, sin perjuicio del derecho a guardar silencio, a no declarar contra sí mismo y a no confesarse culpable, así como ejercer el derecho a la última palabra al finalizar el acto del juicio.
>
> No se podrá designar a estos efectos a quien haya de declarar en el juicio como testigo».

El apartado 2 del citado precepto añade:

> «No obstante lo anterior, la incomparecencia de la persona especialmente designada por la persona jurídica para su representación no impedirá en ningún caso la celebración de la vista, que se llevará a cabo con la presencia del abogado y el procurador de esta».

En lo atinente a la conformidad, el artículo 787.8 de la LECrim señala:

> «Cuando el acusado sea una persona jurídica, la conformidad deberá prestarla su representante especialmente designado, siempre que cuente con poder especial. Dicha conformidad, que se sujetará a los requisitos enunciados en los apartados anteriores, podrá realizarse con independencia de la posición que adopten los demás acusados, y su contenido no vinculará en el juicio que se celebre en relación con estos».

CUESTIÓN

Una persona jurídica que ostenta la condición de acusada por las actuaciones de alguno de sus directivos, ¿puede personarse también como perjudicada?

No, y un reflejo de esta negativa lo encontramos en la **sentencia de la Audiencia Nacional n.° 14/2020, de 6 de octubre, ECLI:ES:AN:2020:2351**, que en un supuesto en el que se planteaba esta cuestión recoge que:

> *«En relación a esta acusada, como se recordará antes del inicio del plenario, se presentó un escrito de su representación legal solicitando del tribunal la posibilidad de ostentar no sólo por ministerio de la Ley, la condición de acusada por ser el principal acusado el presidente ejecutivo de la entidad, sino la condición procesal opuesta, es decir, la de perjudicada por las actuaciones ejercitadas por su representante legal en nombre de la entidad que en su momento no fueron conocidas.*

*La respuesta del tribunal de conformidad con lo dispuesto en el artículo 31 del código penal no podía ser otra diferente a la de **impedir su personación como perjudicada de las decisiones delictivas cometidas**, pero aun así, el tribunal ha comprendido la razón de ser de tal petición y, aun conociendo que la referida entidad no pudo hacer uso ni de los supuestos previstos en los párrafos 1° y 3° del artículo transcrito, es decir, confesar a las autoridades una infracción, por cuanto quienes ahora representan a Pescanova desconocían las actividades llevadas a cabo por su representante legal o, reparando los daños que terceros sufrieron, al haber quedado totalmente arruinada, sí se ha hecho merecedora de las otras dos modalidades de la indicada atenuante de confesión, es decir, la de colaborar con la administración de justicia para aclarar cuantos extremos estaban a su alcance, tal como se ha constatado durante las actuaciones y, adoptar las medidas de prevención del delito en lo sucesivo, como también se ha acreditado documentalmente al objeto de que actos como el ahora enjuiciado no puedan volver a cometerse».*

Rebeldía de la persona jurídica

Como paso previo a la declaración de rebeldía es necesario que se dé una situación de ausencia y, como consecuencia de ella, que se le convoque al proceso a través de una requisitoria. El artículo 839 bis de la LECrim dispone:

- **La persona jurídica imputada únicamente será llamada mediante requisitoria cuando no haya sido posible su citación para el acto de primera comparecencia** por falta de un domicilio social conocido.

- **En la requisitoria de la persona jurídica se harán constar los datos identificativos de la entidad, el delito que se le imputa y su obligación de comparecer en el plazo que se haya fijado,** con abogado y procurador, ante el juez que conoce de la causa.

- **La requisitoria de la persona jurídica se publicará en el Boletín Oficial del Estado y,** en su caso, en el Boletín Oficial del Registro Mercantil o en cualquier otro periódico o diario oficial relacionado con la naturaleza, el objeto social o las actividades del ente imputado.

Transcurrido el plazo fijado sin haber comparecido la persona jurídica, se la declarará rebelde, continuando los trámites procesales hasta su conclusión.

Medidas cautelares

Los principios esenciales que rigen está materia son los de:

- **Jurisdiccionalidad**: la medida debe ser decretada por el juez instructor.

- **Instrumentalidad**: la justicia cautelar no constituye una finalidad en sí misma, sino que está dirigida a asegurar la eficacia de la sentencia, debiendo fundamentarse en la concurrencia de los tradicionales *fumus boni iuris-fumus commissi delicti*, en el ámbito penal y *periculum in mora*, el primero, constituido por la existencia de indicios racionales de responsabilidad penal de la persona jurídica, y el segundo, tendente a evitar que las pretensiones que se debaten en el proceso se vean frustradas por el retraso asociado al mismo.

- **Proporcionalidad**: debe entenderse en el triple sentido de idoneidad, necesidad (art. 726 de la LEC) y proporcionalidad en sentido estricto, esto es, ponderando los intereses en conflicto, de forma que la injerencia es solo admisible si el interés público predomina sobre el interés de la persona jurídica y de terceros afectados, entre los que hay que citar a trabajadores, clientes y proveedores.

- **Homogeneidad**: las medidas cautelares que se pretenden solicitar y acordar deben ser necesariamente las mismas que se asocien como penas de las personas jurídicas para los delitos de que se trate.

- **Temporalidad**: la medida en ningún caso podrá exceder de 5 años.

El artículo 544 quater.1 de la LECrim establece que:

> «1. Cuando se haya procedido a la imputación de una persona jurídica, las medidas cautelares que podrán imponérsele son las expresamente previstas en la Ley orgánica 10/1995, de 23 de noviembre, del Código penal».

Por lo que, además de las cautelares previstas para asegurar tanto la responsabilidad civil como la pena de multa, durante la instrucción de la causa, el juez instructor podrá acordar, por un plazo que no podrá exceder de la pena que pueda corresponder en caso de ser declarada responsable la persona jurídica, la suspensión de actividades, la clausura temporal de los locales o establecimientos y la intervención judicial, si bien respecto de esta última medida tendente a salvaguardar los derechos de trabajadores y acreedores el artículo 33.7 del Código Penal dispone:

> «La intervención podrá afectar a la totalidad de la organización o limitarse a alguna de sus instalaciones, secciones o unidades de negocio. El Juez o Tribunal, en la sentencia o, posteriormente, mediante auto, determinará exactamente el contenido de la intervención y determinará quién se hará cargo de la intervención y en qué plazos deberá realizar informes de seguimiento para el órgano judicial. La intervención se podrá modificar o suspender en todo momento previo informe del interventor y del Ministerio Fiscal. El interventor tendrá derecho a acceder a todas las instalaciones y locales de la empresa o persona jurídica y a recibir cuanta información estime necesaria para el ejercicio de sus funciones. Reglamentariamente se determinarán los aspectos relacionados con el ejercicio de la función de interventor, como la retribución o la cualificación necesaria».

Respecto de las cuestiones procedimentales el artículo 544 quater. 2 de la LECrim dispone:

> «La medida se acordará previa petición de parte y celebración de vista, a la que se citará a todas las partes personadas. El auto que decida sobre la medida cautelar será recurrible en apelación, cuya tramitación tendrá carácter preferente».

No obstante, **las medidas cautelares están sometidas al principio *rebus sic stantibus*, de forma que pueden ser revisadas a lo largo de todo el proceso**, instando su modificación, sustitución o suspensión.

Cabe citar aquí el **auto de la Audiencia Provincial de Barcelona n.º 821/2016, de 24 de noviembre, ECLI:ES:APB:2016:2904A**, en el que, con relación a las medidas cautelares, se señala que:

> «Dicho lo anterior y en relación a la cuestión de fondo, en tanto que estamos frente a medidas restrictivas de derechos con carácter cautelar, que **han de ser aplicadas de forma excepcional**, dos son los presupuestos o condiciones necesarias que emanan de la teoría general de las medidas cautelares, sin perjuicio de que no se haga alusión a las mismas ni en el artículo 129.3, ni en el artículo 33.7 del Código Penal ; **Fumus boni iuris** que en el procedimiento penal se identifica con el « fumus delicti comissi », o lo que es igual, la existencia de indicios de la comisión de hechos delictivos y **periculum in mora** que se traduciría en la necesidad de que la medida cautelar a adoptar sirva para evitar o reducir un riesgo, sirviendo así a un fin, constitucionalmente, legítimo, como lo puede serla realización de la Justicia y la tutela judicial efectiva, la prevención de determinados delitos».

6.7. Responsabilidad civil de personas jurídicas

Como punto de partida podemos afirmar que la responsabilidad civil de las personas jurídicas puede ser directa, derivada de su responsabilidad penal (art. 116.3 del CP), o bien subsidiaria en los supuestos regulados en el art. 120 del CP.

Antes de la entrada en vigor de la Ley Orgánica 5/2010 para la reforma del Código Penal, regía el principio general *«societas delinquere non postest»*, brocardo latino cuya traducción literal es que las personas jurídicas no podían cometer delitos dado que carecían de capacidad suficiente tanto de acción como de culpabilidad.

Así las cosas, hasta ese momento, si al administrador de una persona jurídica se le imponía una pena de multa, la sociedad respondía de la misma de manera directa y solidaria, al margen de las posibles consecuencias accesorias reguladas en el artículo 129 del CP de aquel momento.

En el año 2010 fue aprobada la Ley Orgánica 5/2010 de 22 de junio, por la que se modificaba el Código Penal, y entre otras novedades introdujo la responsabilidad penal de las personas jurídicas. Es por ello que, el **artículo 116 apartado 3 del CP,** pasó a tener la siguiente redacción:

> «La responsabilidad penal de una persona jurídica llevará consigo su responsabilidad civil en los términos establecidos en el artículo 110 de este código de forma solidaria con las personas físicas que fueren condenadas por los mismos hechos».

Por tanto, las personas jurídicas como responsables civiles *ex delicto*, pueden ser condenadas a:

- La restitución.
- La reparación del daño.

– La indemnización de perjuicios materiales y morales.

Las sociedades mercantiles no pueden cometer delitos, pero responden penal y civilmente de los cometidos por sus principales, siempre que los ilícitos se ejecuten por cuenta de la sociedad y en su beneficio directo o indirecto.

Con relación a esta responsabilidad civil directa señala la Audiencia Provincial de Huesca en su **sentencia n.º 141/2017, de 20 de noviembre, ECLI:ES:APHU:2017:307**, que:

«En cuanto a la responsabilidad civil, dispone el art. 116 del Código Penal que todo responsable criminalmente lo es también civilmente. De este modo, y al no resultar condenada ninguna persona física, las dos empresas cuya responsabilidad penal se declara ahora deberán asumir la indemnización como responsables civiles directas (...)».

Pero, además, el **art. 120 el CP** dispone que:

«Son también responsables civilmente, en defecto de los que lo sean criminalmente:

1.º Los curadores con facultades de representación plena que convivan con la persona a quien prestan apoyo, siempre que haya por su parte culpa o negligencia.

2.º Las personas naturales o jurídicas titulares de editoriales, periódicos, revistas, estaciones de radio o televisión o de cualquier otro medio de difusión escrita, hablada o visual, por los delitos cometidos utilizando los medios de los que sean titulares, dejando a salvo lo dispuesto en el artículo 212.

3.º Las personas naturales o jurídicas, en los casos de delitos cometidos en los establecimientos de los que sean titulares, cuando por parte de los que los dirijan o administren, o de sus dependientes o empleados, se hayan infringido los reglamentos de policía o las disposiciones de la autoridad que estén relacionados con el hecho punible cometido, de modo que éste no se hubiera producido sin dicha infracción.

4.º Las personas naturales o jurídicas dedicadas a cualquier género de industria o comercio, por los delitos que hayan cometido sus empleados o dependientes, representantes o gestores en el desempeño de sus obligaciones o servicios.

5.º Las personas naturales o jurídicas titulares de vehículos susceptibles de crear riesgos para terceros, por los delitos cometidos en la utilización de aquellos por sus dependientes o representantes o personas autorizadas».

La responsabilidad civil de las personas jurídicas es **directa y solidaria** con el resto de los autores. Ahora bien, cuando la persona jurídica responde de los delitos cometidos por sus principales, debe ser traída al proceso como responsable civil directo y subsidiario, pues si es absuelta, la víctima podrá resarcirse vía **responsabilidad subsidiaria**.

El Tribunal Supremo en su **STS n.º 737/2018, de 5 de febrero, ECLI:ES:TS:2019:330** señala que:

«(...) A partir de la introducción de un sistema de responsabilidad penal de personas jurídicas, esos Corporate Compliance, en la terminología anglosajona, pueden operar como causas exoneradoras de la responsabilidad penal de

> la persona jurídica; pero no pueden afectar en principio ni a las responsabilidades civiles; ni menos aún a la responsabilidad penal de las personas físicas responsables de delitos dolosos cometidos en el seno de una empresa».

Añadiendo:

> «(...) Que exista alguna culpa por parte del sujeto pasivo del delito no merma las responsabilidades del tercero responsable civil, como ha dicho en alguna ocasión la jurisprudencia.
>
> La concurrencia de algún grado de negligencia por parte de la perjudicada ni excluye la responsabilidad civil del tercero ni la disminuye».

Cabe destacar que «(...) *dicha responsabilidad ha de estar anclada en los principios de culpa 'in vigilando' y culpa 'in eligendo', que se exigen en fundamentos jurídicos como base de tal responsabilidad, haciendo notar que esos criterios han derivado a formas más objetivas encaminadas a la protección de las víctimas, vinculando la responsabilidad civil subsidiaria a aquellas personas o entidades que con la actividad del infractor obtienen un beneficio a costa de crear una situación de riesgo (teoría del riesgo) conforme al principio de 'qui sentit commodum, debet sentire incommodum'»,* y así lo vemos reflejado por ejemplo, en la **STS n.º 525/2022, de 27 de mayo, ECLI:ES:TS:2022:2226.**

Es decir, la responsabilidad civil subsidiaria viene justificada no solamente en los clásicos principios de la culpa *in eligendo* o *in vigilando*, sino en la responsabilidad objetiva por la que la Sala casacional camina incesantemente para procurar la debida protección de las víctimas, siendo especialmente relevante la **responsabilidad civil subsidiaria de las Administraciones públicas,** ya que cuando en el proceso penal se exija la responsabilidad civil de una autoridad, agentes y contratados de la misma o funcionarios públicos, la pretensión deberá dirigirse simultáneamente contra la Administración o ente público presuntamente responsable civil subsidiario, como así lo dispone el artículo 121 del Código Penal que expresa:

> «El Estado, la Comunidad Autónoma, la provincia, la isla, el municipio y demás entes públicos, según los casos, responden subsidiariamente de los daños causados por los penalmente responsables de los delitos dolosos o culposos, cuando estos sean autoridad, agentes y contratados de la misma o funcionarios públicos en el ejercicio de sus cargos o funciones siempre que la lesión sea consecuencia directa del funcionamiento de los servicios públicos que les estuvieren confiados (...).
>
> Si se exigiera en el proceso penal la responsabilidad civil de la autoridad, agentes y contratados de la misma o funcionarios públicos, la pretensión deberá dirigirse simultáneamente contra la Administración o ente público presuntamente responsable civil subsidiario».

CUESTIONES

1. ¿Cuáles son los elementos que deben de darse para apreciar la responsabilidad civil subsidiaria?

Tal y como se recoge en la STS n.º 525/2022, de 27 de mayo, ECLI:ES:TS:2022:2226, podríamos hablar de 2 elementos:

> *«1) Que el infractor y el presunto responsable civil subsidiario se hallen ligados por una relación jurídica, de hecho o por cualquier otro vínculo, en virtud del cual*

el primero se halle bajo la dependencia onerosa o gratuita, duradera y permanente, o puramente circunstancial o esporádica, de su principal, o al menos que la tarea, actividad, misión, servicio o función que realice cuenten con el beneplácito, anuencia o aquiescencia de aquél.

*2) Que el delito que genera responsabilidad civil se halle inscrito dentro del **ejercicio normal o anormal** de las funciones desarrolladas en el seno de la actividad o cometido confiado al infractor, perteneciendo a su esfera o ámbito de actuación. En la práctica, la responsabilidad civil de las personas jurídicas crea conflicto, siendo los tribunales determinantes en la interpretación y valoración de esta responsabilidad y hasta dónde llega la misma por parte, por ejemplo, de las empresas respecto a sus empleados».*

2. ¿El empresario debe responder de todos los actos del empleado?

No, el Tribunal Supremo en la **STS n.º 126/2023, de 23 de febrero, ECLI:ES:TS:2023:618** expresa que :

«a) Debe descartarse que el empresario haya de responder de todos los actos del empleado, sin atender a que los mismos tengan alguna relación con su trabajo. Relación que, según los casos se evidenciará:

- En que el hecho delictivo tenga lugar en las instalaciones de la empresa (dato local).

- En el horario o tiempo de trabajo (dato temporal).

- Con medios de la empresa (dato instrumental).

- Con uniforme de la empresa o utilizando sus símbolos o anagramas (dato formal).

- Que la actividad profesional se oriente al beneficio de la empresa (dato final o teleológico)».

3. ¿Es necesario que la empresa se lucre para que surja la responsabilidad civil subsidiaria?

No, el Tribunal Supremo ha declarado en numerosas ocasiones que no se exige el lucro, y a este respecto podemos citar la **STS n.º 282/2023, de 20 de abril, ECLI:ES:TS:2023:1781**, que refiere que: *«(...) Tal modalidad de responsabilidad civil surge como consecuencia de la comisión de un delito por parte de quien obra por cuenta de una empresa y en el desempeño de esa actividad. **No es exigible un lucro específico de la entidad** a diferencia de la modalidad del art. 122 CP. Responderán civilmente y de forma subsidiaria « Las personas naturales o jurídicas dedicadas a cualquier género de industria o comercio, por los delitos o faltas que hayan cometido sus empleados o dependientes, representantes o gestores en el desempeño de sus obligaciones o servicios» (art. 120.4° CP)».*

A colación, cabe citar la **STS n.º 918/2022, de 24 de noviembre, ECLI:ES:TS:2022:4339**, cuyo tenor literal asienta un razonamiento relevante en esta materia:

«En el mismo sentido, analizando el artículo 120.4 del Código Penal, explicábamos en la sentencia núm. 413/2015, de 30 de junio, que ‹A primera vista podría pensarse que la relevancia criminal del empleado la aleja, normalmente de las funciones que le son propias, pero ello no siempre es así, debe descartarse una interpretación estricta del precepto, de tal manera que cualquier extralimitación o desobediencia del empleado pueda considerarse que rompe la conexión con el empresario. Son muy frecuentes las resoluciones jurisprudenciales que contemplan casos en los que la actuación del condenado penal se ha producido excediéndose de los mandatos expresos o tácitos del titular de la empresa acusada como responsable civil subsidiaria. Y esto es así porque el requisito exigido para la aplicación del art. 120.4, nada tiene que ver con el apartamiento o no del obrar del acusado respecto de lo ordenado por su principal. La condición exigida es que el acusado ha de haber actuado con cierta dependencia en relación con la empresa, dependencia que no se rompe con tales extralimitaciones (STS. 47/2006 de 26.1).

Pero también debe descartarse que el empresario deba responder de todos los actos del empleado, sin atender a que los mismos tengan alguna relación con su trabajo. Relación que según los casos habría que atender al dato espacial (el hecho delictivo tiene lugar en las instalaciones de la empresa); temporal (en el horario o tiempo de trabajo); instrumental (con medios de la empresa); formal (con el informe de la empresa); o final. Por ello, tratándose de una responsabilidad objetiva, en clara línea aperturista, habrá que analizar especialmente si la organización de los medios personales y materiales de la empresa tiene o no alguna influencia sobre el hecho delictivo, si lo favorece.

Lo relevante es que la persona elegida para desempeñar una determinada función actúe delictivamente precisamente en el ejercicio de sus funciones (culpa in eligendo), y las desarrolle con infracción de las normas penales sin que los sistemas ordinarios de control interno de la empresa los detecte (culpa in vigilando).

Por ello, la interpretación de aquellos requisitos debe efectuarse con amplitud, apoyándose la fundamentación de tal responsabilidad civil subsidiaria no solo 'en los pilares tradicionales de la culpa in eligiendo y la culpa in vigilando', sino también y sobre todo en la teoría del riesgo, conforme al principio qui sentire commodum, debet sentire incomodum' (Sentencias 525/2005 de 27.4; 948/2005 de 19.7), de manera que quien se beneficia de actividades que de alguna forma puedan generar un riesgo para terceros debe soportar las eventuales consecuencias negativas de orden civil respecto de esos terceros cuando resultan perjudicados. La sentencia núm. 1987/2000, de 14 de julio, admite incluso la aplicación de esta clase de responsabilidad civil en los casos en que la actividad desarrollada por el delincuente no produce ningún beneficio en su principal, 'bastando para ello una cierta dependencia, de forma que se encuentre sujeta tal actividad, de algún modo, a la voluntad del principal, por tener éste la posibilidad de incidir sobre la misma', lo que constituye una versión inequívoca de la teoría de creación del riesgo antes mencionada (STS. 47/2007 de 26.1).

Por tanto, la interpretación de los requisitos mencionados ha de hacerse con un criterio amplio que acentúe el criterio objetivo de la responsabilidad civil subsidiaria, fundamentada no solo en los pilares tradicionales de la culpa, sino también en la teoría del riesgo, interés o beneficio'».

6.8. Delitos más comunes que puede cometer una persona jurídica

Las personas jurídicas solo pueden responder de un catálogo cerrado de delitos expresamente previstos en el Código Penal, y cometidos por las personas físicas:

- Delito de tráfico ilegal de órganos humanos (art. 156 bis.7 del CP).
- Delito contra la integridad moral y trato degradante (art. 173.1 del CP).
- Delito de trata de seres humanos (art. 177 bis.7 del CP).
- Delito de acoso (art. 184.5 del CP).
- Delitos de prostitución, explotación sexual y corrupción de menores (art. 189 ter del CP).
- Delitos de descubrimiento y revelación de secretos y allanamiento informático (art. 197 quinquies del CP).
- Estafa (art. 251 bis del CP).
- Frustración de la ejecución (art. 258 ter del CP).
- Insolvencias punibles (art. 261 bis del CP).
- Daños informáticos (art. 264 quater del CP).
- Delitos contra la propiedad intelectual e industrial, el mercado y los consumidores (art. 288 del CP).
- Delito de blanqueo de capitales (art. 302.2 del CP).
- Financiación ilegal de los partidos políticos (art. 304 bis.5 del CP).
- Delitos contra la Hacienda Pública y contra la Seguridad Social (art. 310 bis del CP).
- Delitos contra los derechos de los ciudadanos extranjeros (art. 318 bis.5 del CP).
- Delitos de urbanización, construcción o edificación no autorizables (art. 319.4 del CP).
- Delitos contra los recursos naturales y el medio ambiente (art. 328 del CP).
- Delitos contra los animales (art. 340 quater).
- Delitos relativos a las radiaciones ionizantes (art. 343.3 del CP).
- Riesgos provocados por explosivos y otros agentes (art. 348.3 del CP).
- Contra la salud pública (art. 366 del CP).
- Delitos contra la salud pública por tráfico de drogas (art. 369 bis del CP).
- Falsificación de moneda (art. 386.5 del CP).
- Falsificación de tarjetas de crédito y débito, cheques de viaje u otros instrumentos de pago (art. 399 bis del CP).

- Cohecho (art. 427 bis del CP).
- Tráfico de influencias (art. 430 del CP).
- Malversación (art. 435 del CP).
- Delitos de odio y enaltecimiento (art. 510 bis del CP).
- Delitos de terrorismo (art. 580 bis del CP).
- Delito de contrabando (Ley Orgánica 12/1995, de 12 de diciembre, de represión del contrabando).

Tal y como bien resume el **auto de la Audiencia Provincial de Barcelona n.º 331/2023, de 20 de marzo, ECLI:ES:APB:2023:6755A**, citando al Tribunal Supremo:

> «Y es que cuando el artículo 31 bis establece que la responsabilidad penal de las personas jurídicas es exigible en los supuestos previstos en este código , lo que indica es que no todos los delitos pueden dar lugar a este tipo de responsabilidad penal sino solo en los casos en que el Código Penal tenga prevista la extensión de la responsabilidad penal a las personas jurídicas (STS 121/17).
>
> A este respecto, la propia STS 516/16 , referida en el escrito de interposición del recurso, establece, como presupuesto de la responsabilidad penal de la persona jurídica con fundamento en el artículo 31 bis del Código Penal , en primer lugar, la concurrencia del requisito consistente en la comisión de uno de los delitos integrantes del catálogo de aquellas infracciones susceptibles de generar responsabilidad penal para la persona jurídica en cuyo seno se comete (…)».

CUESTIÓN

¿Puede una persona jurídica cometer alguno de los delitos contra los derechos de los trabajadores regulados en los arts. 311 y ss. del CP?

No, como bien se recoge en la **sentencia del Tribunal Supremo n.º 121/2017, de 23 de febrero, ECLI:ES:TS:2017:737**, no son delitos incluidos el listado de aquellos en los que procede aplicar el art. 31 bis del CP:

> *«(...) Además, la entidad Paradela, SL. no puede ser acusada por este delito a tenor del art. 31 bis CP. El art. 318 no se remite al art. 31 bis. Lo que hace - mediante una cláusula que está vigente desde la LO 11/2003 y por ello con anterioridad a que se implantase la responsabilidad penal de las personas jurídicas por Lo 5/2010- es permitir la atribución de la pena en tales casos a los administradores y que quepa imponer alguna de las medidas del art. 129 CP a la persona jurídica; pero ésta no puede ser acusada como responsable penal.*
>
> *Dice así el art. 318 CP: "Cuando los hechos previstos en los artículos de este título (Título XV, de Delito de frustración de la ejecuciónlos delitos contra los derechos de los trabajadores) se atribuyeran a personas jurídicas, se impondrá la pena señalada a los administradores o encargados del servicio que hayan sido responsables de los mismos y a quienes, conociéndolos y pudiendo remediarlo, no hubieren adoptado medidas para ello. En estos supuestos la autoridad judicial podrá decretar, además alguna o algunas de las medidas previstas en el artículo 129 de este Código".*
>
> *De hecho, ha sido frecuente la crítica doctrinal sobre la no inclusión de los delitos contra los derechos de los trabajadores en el listado de delitos en los que cabe opere el art. 31 bis».*

Y en el mismo sentido la **STS n.º 792/2022, de 29 de septiembre, ECLI:ES:TS:2022:3488,** que recuerda que:

«En efecto, la STS 162/2019, 26 de marzo, recuerda que «... el tipo penal contemplado en el artículo 311 CP no puede dar lugar a la responsabilidad penal de la persona jurídica titular del establecimiento, dado que esa eventualidad no se prevé expresamente, conforme a lo que exige el artículo 31 bis. Esta exclusión ha sido criticada doctrinalmente, pero, al margen de las opiniones que se puedan tener sobre la misma, es incuestionable».

Es importante analizar cada uno de los delitos de los que puede responder la persona jurídica ya que tal y como se afirma en la **STS n.º 123/2019, de 8 de marzo, ECLI:ES:TS:2019:757,** a las personas jurídicas les corresponde no solo alegar lo correspondiente a su plan de cumplimiento normativo, sino también a todo lo que afecta a los hechos ejecutados por las personas físicas:

«Por lo tanto, **a la persona jurídica no se le imputa un delito especial integrado por un comportamiento de tipo omisivo, sino el mismo delito que se imputa a la persona física,** en el cual, generalmente, participará a través de una omisión de las cautelas obligadas por su posición de garante legalmente establecida, tendentes a evitar la comisión de determinados delitos. No se trata, pues, de una imputación independiente de la realizada contra la persona física, sino que tiene a ésta como base necesaria de las consecuencias penales que resultarían para la persona jurídica. A ésta le concierne, pues, no solo lo relativo a si su organización contiene medidas o planes de cumplimiento normativo, integrantes o no de un plan completo, establecidas con la finalidad de prevenir delitos o de reducir de forma significativa el riesgo de su comisión. También le afecta todo lo relativo a la prueba de los hechos ejecutados por las personas físicas, con todas las circunstancias que pudieran influir en la evitabilidad del delito concreto imputado, así como a la calificación jurídica de la conducta».

6.8.1. Delito de tráfico ilegal de órganos humanos

Delito de tráfico ilegal de órganos humanos

El artículo 156 bis del Código Penal tipifica el delito de tráfico ilegal de órganos humanos, castigando la conducta de los que promuevan, favorezcan, faciliten, publiciten o ejecuten el tráfico de órganos humanos.

CUESTIÓN

A estos efectos, ¿qué se entiende por tráfico de órganos humanos?

El propio art. 156 bis del CP da la respuesta a esta cuestión, aclarando que se entiende por tráfico de órganos:

«a) La extracción u obtención ilícita de órganos humanos ajenos. Dicha extracción u obtención será ilícita si se produce concurriendo cualquiera de las circunstancias siguientes:

1.ª que se haya realizado sin el consentimiento libre, informado y expreso del donante vivo en la forma y con los requisitos previstos legalmente;

2.ª que se haya realizado sin la necesaria autorización exigida por la ley en el caso del donante fallecido,

3.ª que, a cambio de la extracción u obtención, en provecho propio o ajeno, se solicitare o recibiere por el donante o un tercero, por sí o por persona interpuesta, dádiva o retribución de cualquier clase o se aceptare ofrecimiento o promesa. No se entenderá por dádiva o retribución el resarcimiento de los gastos o pérdida de ingresos derivados de la donación.

b) La preparación, preservación, almacenamiento, transporte, traslado, recepción, importación o exportación de órganos ilícitamente extraídos.

c) El uso de órganos ilícitamente extraídos con la finalidad de su trasplante o para otros fines».

También se recoge en el apartado segundo de este artículo la conducta consistente en solicitar o recibir dádiva o retribución de cualquier clase, o aceptar ofrecimiento o promesa por proponer o captar a un donante o a un receptor de órganos, así como la del que ofrezca o entregue dádiva o retribución de cualquier clase a personal facultativo, funcionario público o particular con ocasión del ejercicio de su profesión o cargo, con el fin de que se lleve a cabo o se facilite la extracción u obtención ilícita o la implantación de órganos ilícitamente extraídos.

En ambos supuestos se prevén dos penas:

- De seis a doce años de prisión cuando se trate del órgano de una persona viva.
- De tres a seis años si se trata del órgano de una persona fallecida.

En el apartado 4 del mentado art. 156 bis del CP, se establece la imposición de la pena superior en grado en dos supuestos distintos:

- Cuando se hubiese puesto en grave peligro la vida o la integridad física o psíquica de la víctima del delito.
- Cuando la víctima sea menor de edad o especialmente vulnerable por su edad, discapacidad, enfermedad o situación.

CUESTIÓN

¿Qué ocurre cuando se dan los dos supuestos anteriores?

Cuando concurren ambas circunstancias, el CP dispone que se impondrá la pena en su mitad superior.

En el caso de que la conducta sea realizada por un facultativo que con ocasión del ejercicio de su profesión o cargo, realizase la conducta punible en centros públicos o privados, o solicitare dávida o retribución con el fin de que se lleve a cabo o se facilite la extracción u obtención ilícitas o la implantación de órganos ilícitamente extraídos, o aceptase el ofrecimiento o promesa de recibirla también será condenado con la pena superior en grado, además de con la inhabilitación especial para empleo o cargo público, profesión u oficio, para ejercer cualquier profesión sanitaria, o prestar servicios de cualquier índole en clínicas, establecimientos o consultorios por el tiempo de la condena. Si además se diese alguna de las circunstancias del apartado 4, anteriormente mencionadas, se impondrá la pena en su mitad superior.

CUESTIÓN

¿Qué se incluye dentro del término «facultativo»?

El término facultativo, a los efectos del art. 156 bis del CP, comprende los médicos, personal de enfermería y cualquier otra persona que realice una actividad sanitaria o sociosanitaria.

También se impondrá la pena superior en grado, y la inhabilitación especial para profesión, oficio, industria o comercio por el tiempo de la condena, cuando el culpable perteneciera a una organización o grupo criminal dedicado a tales actividades. El Código Penal dispone que si en estos casos concurre alguna de las circunstancias previstas en el apartado 4 y en el 5 las penas se impondrán en su mitad superior.

En el caso de los jefes, administradores o encargados de estas organizaciones o grupos criminales, la pena se aplicará en su mitad superior, y podrá elevarse a la superior en grado, siendo esta elevación obligada cuando concurra alguna de las circunstancias previstas en los apartados 4 y 5 del art. 156 bis del CP.

En lo que a las **personas jurídicas** se refiere, el apartado 7 del citado artículo establece que:

«Cuando de acuerdo con lo establecido en el artículo 31 bis una persona jurídica sea responsable de los delitos comprendidos en este artículo, se le impondrá la pena de multa del triple al quíntuple del beneficio obtenido.

Atendidas las reglas establecidas en el artículo 66 bis, los jueces y tribunales podrán asimismo imponer las penas recogidas en las letras b) a g) del apartado 7 del artículo 33».

Es decir, cuando una persona jurídica se considere responsable de estos delitos se podrán imponer las siguientes penas:

– Pena de multa del triple al quíntuple del beneficio obtenido.

– La disolución de la persona jurídica.

– La suspensión de sus actividades por un plazo no superior a 5 años.

– La clausura de sus locales y establecimientos por un plazo no superior a 5 años.

– La prohibición de realizar en el futuro las actividades en cuyo ejercicio se cometió el delito.

– La inhabilitación para obtener subvenciones y ayudas públicas, para contratar con el sector público y para gozar de beneficios e incentivos fiscales o de Seguridad Social, durante un plazo que no supere los 15 años.

– La intervención judicial para salvaguardar los derechos de los trabajadores o de los acreedores, por el tiempo necesario que no podrá superar los 5 años.

Tal y como se recoge en la **STS n.º 857/2021, de 11 de noviembre, ECLI:ES:TS:2021:4161**, la abogacía del Estado estaría legitimada para intervenir estos procesos:

«Junto a la salud de los propios perjudicados directos como donantes que son víctimas de los autores de los delitos de tráfico de órganos existe también un bien que, como interés supraindividual, debe estar protegido y tutelado en el delito del artículo 156 bis del código penal, que es la salud de las personas en general y la protección del sistema sanitario como organización afectada por la comisión de hechos delictivos que afectan, en esencia, a la propia organización del trasplante de órganos implementado en el sistema sanitario. Y ello, porque queda perjudicada la propia estructura de la sanidad como institución que queda utilizada con fraude al servicio de intereses particulares.

Por ello, se participa con la legitimación a la abogacía del Estado la tutela de cuidado y protección llevada a cabo en la ejecución de los trasplantes de órganos humanos, adoptando las medidas oportunas en cualquier caso para que el fraude en estos casos no se produzca, lo que legitima su intervención en representación del sistema sanitario para reclamar frente a las infracciones penales cometidas, y que atentan no solo contra los perjudicados directos en cada caso, sino contra la organización en general que tiene como objetivo tutelar la salud de toda la sociedad en España».

6.8.2. Delito contra la integridad moral y trato degradante

Delito contra la integridad moral y trato degradante

Los delitos de torturas y otros delitos contra la integridad moral aparecen regulados en el título VII, del libro II, artículos 173 a 177 del Código Penal, si bien la persona jurídica solo podrá ser responsable de los delitos comprendidos en el art. 173.1 del Código Penal.

Comienza dicho artículo castigando con pena de prisión de 6 meses a dos años a quién realice alguna de las siguientes conductas:

- Infligir a otro un trato degradante, menoscabando gravemente su integridad moral.

- Tener conocimiento del paradero del cadáver de una persona y ocultar de modo reiterado tal información a los familiares y allegados de la misma.

- Realizar contra otro actos hostiles o humillantes, de forma reiterada, en el ámbito de cualquier relación laboral o funcionarial y prevaliéndose de su relación de superioridad, cuando sin llegar a constituir trato degradante, supongan un grave acoso contra la víctima.

- Llevar a cabo actos hostiles o humillantes que, sin constituir trato degradante, persigan impedir el legítimo disfrute de la vivienda.

CUESTIONES

1. ¿Qué se entiende por trato degradante?

Tal y como se recoge en la **STS n.º 98/2020, de 14 de abril, ECLI:ES:TS:2020:1294**:

El trato degradante consiste, conforme lo define la jurisprudencia del TEDH recogida por el Tribunal Supremo en la sentencia de 2 de abril de 2013 en aquellos actos que pueden 'crear en las víctimas sentimientos de temor, de angustia y de inferioridad, susceptibles de humillarles, de envilecerles y de quebrantar en su caso su resistencia física y moral'(SSTS de 26 de octubre de 2009, de 6 de abril de 201, de 29 de marzo de 2012 o de 18 de mayo y 21 de junio de 2016 así como SSTEDH Irlanda c. el Reino Unido e Irlanda del norte, de 18 de enero de 1979, Soering c. Reino Unido, de 7 de julio de 1989, Tomasi c. Francia, de 27 de agosto de 1992 y Price c. Reino Unido e Irlanda del Norte de 10 de julio de 2001).

2.- ¿Cuáles son los elementos que conforman el concepto de atentado contra la integridad moral?

Para responder a esta cuestión podemos citar la STS n.º 181/2023, de 15 de marzo, ECLI:ES:TS:2023:1255, en la que se señala que los elementos que conforman el concepto de atentado contra la integridad moral son:

«*a) Un acto de claro e inequívoco contenido vejatorio para el sujeto pasivo.*

b) La concurrencia de un padecimiento físico o psíquico.

c) Que el comportamiento sea degradante o humillante con especial incidencia en el concepto de dignidad de la persona-víctima».

Cuando una **persona jurídica sea responsable de estos delitos** de acuerdo con lo establecido en el art. 31 bis del CP, se le impondrá una pena de multa de 6 meses a dos años.

Además, también podrán imponerse las penas recogidas en las letras b) a g) del art. 33.7 del CP, es decir:

– La disolución de la persona jurídica.

– La suspensión de sus actividades por un plazo no superior a 5 años.

– La clausura de sus locales y establecimientos por un plazo no superior a 5 años.

– La prohibición de realizar en el futuro las actividades en cuyo ejercicio se cometió el delito.

– La inhabilitación para obtener subvenciones y ayudas públicas, para contratar con el sector público y para gozar de beneficios e incentivos fiscales o de Seguridad Social, durante un plazo que no supere los 15 años.

– La intervención judicial para salvaguardar los derechos de los trabajadores o de los acreedores, por el tiempo necesario que no podrá superar los 5 años.

6.8.3. El delito de trata de seres humanos

Delito de trata de seres humanos

El art. 177 bis del Código Penal regula la trata de seres humanos, castigando con la pena de 5 a 8 años de prisión al que utilizando violencia, intimidación o engaño, o abusando de una situación de superioridad o de necesidad o vulnerabilidad de la víctima nacional o extranjera, o bien mediante la entrega o recepción de pagos o beneficios parar lograr el consentimiento de la persona que poseyera el control sobre la víctima, la captara, transportara, trasladara, acogiera o recibiera con alguna de las siguientes finalidades:

– La imposición de trabajo o servicios forzados, la esclavitud o prácticas similares a la esclavitud, servidumbre o mendicidad.

– La explotación sexual.

– La explotación para realizar actividades delictivas.

– La extracción de sus órganos corporales.

– La celebración de matrimonios forzados.

En palabras de nuestro Alto Tribunal: «*Como se desprende sin dificultad de la descripción típica, el delito puede cometerse en varios momentos, desde la captación hasta el alojamiento, pudiendo concurrir cualquiera de los elementos exigidos, es decir, la violencia, la intimidación, el engaño o el abuso de cualquiera de las situaciones mencionadas, en cualquiera de los citados momentos temporales, siempre que conste la finalidad típica*». (STS n.º 466/2022, de 12 de mayo, ECLI:ES:TS:2022:1954).

La trata de personas implica un traslado de la víctima que «(...) *consiste en mover a una persona de un lugar a otro utilizando cualquier medio disponible (incluso a pie). La utilización de la expresión traslado enfatiza el cambio que realiza una persona de comunidad o país y está relacionado con la técnica del «desarraigo», que es esencial para el éxito de la actividad delictiva de trata. El traslado puede realizarse dentro del país, aunque es más habitual con cruce de fronteras*». (STS n.º 867/2023, de 23 de noviembre, ECLI:ES:TS:2023:5096).

CUESTIONES

1. ¿Cuándo se entiende que existe una situación de necesidad?

Se entenderá que existe una situación de necesidad o vulnerabilidad cuando la persona no tiene otra alternativa, real o aceptable, que someterse al abuso (art. 177 bis.1 del CP).

2. ¿El consentimiento de la víctima exime de la comisión del delito?

No, el art. 177 bis.3 del CP dispone que: «*El consentimiento de una víctima de trata de seres humanos será irrelevante cuando se haya recurrido a alguno de los medios indicados en el apartado primero de este artículo*».

3. ¿Es necesario que lleguen a realizarse las conductas de explotación para que se'consume el delito de trata de seres humanos?

No, y así lo dispone la doctrina del Tribunal Supremo, pudiendo citar el **auto del Tribunal Supremo rec. n.º 7385/2022, de 21 de septiembre del 2023, ECLI:ES:TS:2023:13469A**, que señala lo siguiente:

«*Es doctrina también de esta Sala Casacional (STS 420/2016, de 18 de mayo), al analizar el delito de trata de seres humanos, tipificado en el artículo 177 bis del Código Penal, que "se trata de un delito de intención o propósito de alguna de las finalidades expresadas en su apartado 1º, lo cual significa que basta aquél para su consumación sin que sea necesario realizar las conductas de explotación descritas que podrán dar lugar en su caso a otros tipos delictivos, lo que expresamente prevé el legislador en la regla concursal que incorpora en el apartado 9º del artículo 177 bis"*».

La **sentencia del Tribunal Supremo n.º 146/2020, de 14 de mayo, ECLI:ES:TS:2020:1935** recuerda la doctrina acerca de los elementos del tipo del delito de trata de seres humanos *ex* art. 177 bis del CP, definiendo los siguientes elementos:

> **Violencia**: «*Dentro de esta modalidad estarán incluidas la realización de cualquiera de las conductas típicas señaladas ejecutadas con vis física, entendida como acometimiento material sobre la persona que va a ser objeto de trata (coacción). Por violencia debemos entender la equivalencia con "la fuerza física directamente ejercida sobre la víctima o encaminada a crear en ella un estado de miedo a sufrir malos tratos en el futuro, con capacidad para anular o limitar seriamente la libertad de acción y decisión"*».
>
> **Intimidación**: «*(...) la intimidación supone actos de violencia psicológica que el autor ejerce sobre la víctima. La intimidación ha sido definida por esta sala del Tribunal Supremo como "constreñimiento psicológico, amenaza de palabra u obra de causar un daño injusto que infunda miedo en el sujeto pasivo". Por lo que se refiere a la entidad de la intimidación, tampoco se requiere una invencible inhibición psíquica de la víctima, sino, simplemente, que sea eficaz para doblegar su voluntad. La "intimidación" abarca la amenaza. Tanto la "violencia" física como la "vis compulsiva" deben ser idóneas para vencer la resistencia del sujeto en orden a ser sometido a conductas posteriores de explotación*».
>
> **Engaño**: «*Es fraude o maquinación fraudulenta, comprendiendo cualquier tipo de señuelo que, según las circunstancias de cada caso, sea eficiente para determinar la voluntad viciada de la víctima. Ello se puede lograr a través de múltiples mecanismos de la más variada naturaleza. Normalmente, el medio más utilizado es la proposición ficticia de ofertas de trabajo o la contratación simulada, pero también la seducción amorosa e incluso técnicas de sugestión, como el hechizo.*
>
> *(...)*
>
> *La doctrina señala, también, que el "engaño" comprende el fraude y, en su caso, el rapto. Requiere el uso de estrategias capaces de crear un error en el sujeto pasivo, de tal modo que determine su sometimiento a los fines a los que se orienta el delito de trata, desconociendo la víctima, el significado real o la trascendencia para sus bienes jurídicos de aquello que, fraudulentamente acepta. El "engaño" es la forma más común de la trata, tanto para la finalidad de explotación laboral como para la de carácter sexual*».
>
> **Abuso de situación de superioridad o de una situación de necesidad o vulnerabilidad de la víctima**: «*Por lo que al abuso de una situación de superioridad se refiere, supone aprovecharse de la correlativa situación de inferioridad que se da en el sujeto pasivo. Esta situación de superioridad podrá darse de múltiples formas (jerárquica, docente, laboral, dependencia económica, convivencia doméstica, parentesco, amistad o vecindad), excluyéndose la situación de superioridad que se genera por la minoría de edad o incapacidad de la víctima, pues vienen configuradas como causas de agravación de la pena*».

Además, el art. 177 bis.1 en su último párrafo dispone que en los casos en los que la víctima fuese menor de edad, también deberá imponerse, por un tiempo de entre seis y veinte años superior al de la duración de la pena de privación de libertad impuesta, la pena de inhabilitación especial para cualquier profesión, oficio o actividades, sean o no retribuidos, que conlleve contacto regular y directo con personas menores de edad.

También con relación a las víctimas menores de edad, se regula en el art. 177 bis.2 del CP, que aun cuando no se empleen los medios citados en el apartado primero del artículo (violencia, intimidación, engaño, abuso de superioridad...), se entenderá que existe trata de seres humanos cuando se realice cualquiera de las acciones enumeradas sobre menores de edad y con fines de explotación.

El Tribunal Supremo en su **STS n.º 399/2022, de 22 de abril, ECLI:ES:TS:2022:1739**, se pronuncia sobre este delito de trata de seres humanos, y entre otros aspectos destaca que: «*Hemos declarado que en el delito de trata de seres humanos se requiere que el autor conozca la situación precedente de la captación de la víctima, y englobe su conducta en alguno de los verbos típicos de la acción. Y además que el delito no desaparece hasta que no concluya la vulnerabilidad, amenaza o intimidación a la víctima (SSTS 191/2015,9 de abril y 307/2021, 9 de abril)*».

> **CUESTIÓN**
>
> **¿Cuál es el bien jurídico protegido en este delito?**
>
> Esta cuestión ha sido analizada por nuestros tribunales en numerosas ocasiones, pudiendo citar, a modo de ejemplo, el **auto del Tribunal Supremo rec. n.º 7385/2022, de 21 de septiembre de 2023, ECLI:ES:TS:2023:13469A**, que reitera que: «*En cuanto a los bienes jurídicos que tutela la norma penal es indiscutible que se centran en la libertad y la dignidad de las personas. Y hay acuerdo también en la jurisprudencia y en la doctrina en considerar como conceptos estrechamente vinculados a la interpretación del tipo penal el traslado, el desarraigo, la indefensión, la cosificación y la comercialización de las víctimas*».

El Código Penal también contiene una enumeración de aquellos supuestos en los que se impondrá la **pena superior en grado**:

- Cuando se hubiese puesto en peligro la vida o la integridad física o psíquica de las personas objeto del delito.
- Cuando la víctima sea especialmente vulnerable, ya sea por razón de enfermedad, de estado gestacional, discapacidad, situación personal o cuando sea menor de edad.
- Cuando la víctima se encuentre en situación de vulnerabilidad motivada o agravada por un desplazamiento derivado de un conflicto armado o de una catástrofe humanitaria.

> **A TENER EN CUENTA.** En el caso de que concurran más una de las circunstancias mencionadas deberá imponerse la pena en su mitad superior.

Otro supuesto en el que se aplicará la pena superior en grado será aquel en el que el delito se cometa prevaliéndose de su condición de autoridad, agente de esta o funcionario público. En estos casos, también se impondrá la pena de inhabilitación absoluta de seis a doce años.

El último de los casos regulados en los que debe imponerse la pena superior en grado, y la inhabilitación especial para profesión, oficio, industria o comercio por el tiempo de la condena, es el aquellos que pertenezcan a una organización o asociación de más de dos personas que se dedicasen a la realización de tales actividades.

Tanto en el supuesto de que el delito se cometa prevaleciéndose de su condición de autoridad, agente o funcionario público, como cuando se comete perteneciendo a una organización dedicada a la trata de seres humanos, si concurren con cualquier otra circunstancia de las enumeradas en el apartado 4 del art. 177 bis del CP, se aplicará la pena en su mitad superior.

CUESTIONES

1. Cuando se trata de los jefes, administradores o encargados de las organizaciones o asociaciones dedicadas a la trata de seres humanos, ¿se aplican las mismas penas?

No, en estos casos se aplicará la pena en su mitad superior, que podrá elevarse a la superior en grado. Además, también se especifica en el CP que esta elevación de la pena a la inmediatamente superior en grado se aplicará en todo caso cuando concurra cualquier otra circunstancia de las previstas para imponer la pena superior en grado.

2. En el caso de que exista más de una víctima, ¿estaremos ante un delito con un sujeto plural o habrá tantos delitos como víctimas?

Podemos citar para dar respuesta a esta cuestión el acuerdo del Pleno no jurisdiccional de la Sala Segunda del Tribunal Supremo de 31 de mayo de 2016, en el que se acordó que: «*El delito de trata de seres humanos definido en el art. 177 bis del Código Penal, reformado por la LO 1/2015, de 30 de marzo, obliga a sancionar tantos delitos como víctimas, con arreglo a las normas que regulan el concurso real*».

Y en este mismo sentido se pronuncia, por ejemplo, la **STS n.° 167/2017, de 15 de marzo, ECLI:ES:TS:2017:1045**:

«*De manera que nos hemos de pronunciar porque el delito de trata de seres humanos tiene un sujeto pasivo individual, y no plural, y así lo ha declarado esta Sala Casacional, como es el caso de la STS 178/2016, de 3 de marzo , que declara lo siguiente:*

"*El art. 177 bis del C. Penal castiga la trata de seres humanos, sea en España o desde España, empleando violencia, intimidación o engaño.... cuyas conductas típicas son la captación, el traslado, el transporte, el acogimiento, la recepción o el alojamiento con distintas finalidades, en el caso de autos la explotación sexual, siendo irrelevante el consentimiento de la víctima. Dado el bien jurídico protegido, libertad e indemnidad sexual de las víctimas, de naturaleza personal, se cometieron tantos delitos de trata de seres humanos como víctimas reseñadas en el factum*"».

Con relación a la **responsabilidad penal de las personas jurídicas** en estos delitos, el apartado 7 del art. 177 bis del Código Penal dispone que:

«Cuando de acuerdo con lo establecido en el artículo 31 bis una persona jurídica sea responsable de los delitos comprendidos en este artículo, se le impondrá la pena de multa del triple al quíntuple del beneficio obtenido. Atendidas las reglas establecidas en el artículo 66 bis, los jueces y tribunales podrán asimismo imponer las penas recogidas en las letras b) a g) del apartado 7 del artículo 33».

Es decir, cuando una persona jurídica sea responsable de estos delitos de acuerdo con lo establecido en el art. 31 bis del CP, se le impondrá una pena de multa de 6 meses a dos años.

Además, también podrán imponerse las penas recogidas en las letras b) a g) del art. 33.7 del CP:

– La disolución de la persona jurídica.

– La suspensión de sus actividades por un plazo no superior a 5 años.

– La clausura de sus locales y establecimientos por un plazo no superior a 5 años.

– La prohibición de realizar en el futuro las actividades en cuyo ejercicio se cometió el delito.

– La inhabilitación para obtener subvenciones y ayudas públicas, para contratar con el sector público y para gozar de beneficios e incentivos fiscales o de Seguridad Social, durante un plazo que no supere los 15 años.

– La intervención judicial para salvaguardar los derechos de los trabajadores o de los acreedores, por el tiempo necesario que no podrá superar los 5 años.

A TENER EN CUENTA. Se castigarán con la pena inferior en uno o dos grados la provocación, la conspiración y la proposición para cometer el delito de trata de seres humanos.

6.8.4. Delito de acoso sexual

A TENER EN CUENTA. El art. 184 del CP ha sido modificado por la Ley Orgánica 10/2022, de 6 de septiembre, de garantía integral de la libertad sexual, con entrada en vigor el 7 de octubre de 2022.

El artículo 184 del Código Penal dispone que el acoso sexual consiste en solicitar favores de naturaleza sexual, ya sea para sí o para un tercero, de forma continuada o habitual, en alguno de los siguientes ámbitos: laboral, docente, de prestación de servicios o análoga; provocando a la víctima una situación objetiva y gravemente intimidatoria, hostil o humillante.

CUESTIÓN

¿Cuándo entiende nuestra jurisprudencia que existe una solicitud de favores de naturaleza sexual?

El Tribunal Supremo, en su STS n.º 721/2015, de 22 de octubre, ECLI:ES:TS:2015:4705, establece que: «(...) *Esta Sala Casacional ha declarado que tal requisito queda cumplido "cuando media petición de trato o acción de contenido sexual que se presente **seria e inequívoca**, cualquiera que sea el medio de expresión* *utilizado", de tal modo que dicha conducta resulta indeseada, irrazonable y ofensiva para quien la sufre. En efecto, **basta con la mera solicitud**, la cual podrá realizarse de forma explícita o implícita, pero en todo caso deberá revelarse de manera inequívoca. Tampoco naturalmente es preciso que se traduzca en actos de abuso o agresión sexual, propiamente delictivos en otros apartados del mismo Título, pues de concurrir con el acoso sexual nos encontraríamos ante un concurso de normas que se resolvería ordinariamente por el principio de consunción. Desde esta perspectiva, el acoso sexual es algo previo, que persigue precisamente el abuso o la agresión sexual, pero que adquiere rasgos propios delictivos, en función de la protección penal que se dispensa a la víctima cuando se produce en el ámbito concreto en donde se penaliza, y que la ley diseña como el entorno laboral, docente o de prestación de servicios, cualquiera que sea la continuidad de los mismos, con una amplia fórmula que engloba todos aquellos ámbitos en donde se producen las relaciones humanas más necesitadas de protección».*

La pena que corresponde a estos delitos consiste en:

- Pena de prisión de 6 a 12 meses o multa de 10 a 15 meses.
- Inhabilitación especial para el ejercicio de la profesión, oficio o actividad de 12 a 15 meses.

CUESTIÓN

¿Cuándo se impone pena de prisión y cuándo pena de multa?

Si bien la determinación de la pena depende del arbitrio del tribunal, la decisión debe estar motivada, y basada en las circunstancias del hecho concreto (deben tenerse en cuenta las circunstancias personales del penado y la mayor o menor gravedad del hecho, no la gravedad del delito en sí, ya que esta ya ha sido tenida en cuenta por el legislador). En este sentido podemos citar la **sentencia de la Audiencia Provincial de Madrid, n.º 443/2023, de 2 de octubre, ECLI:ES:APM:2023:14856**, que recuerda que:

«(...) Por ello, y considerando que el legislador, al establecer el marco penal abstracto, ya ha valorado la naturaleza del bien jurídico afectado y la forma básica del ataque al mismo, la mayor o menor gravedad del hecho dependerá:

En primer lugar, de la intensidad del dolo, -y si es directo, indirecto o eventual- o, en su caso, del grado de negligencia imputable al sujeto.

En segundo lugar, la mayor o menor gravedad del hecho dependerá de las circunstancias concurrentes en el mismo, que, sin llegar a cumplir con los requisitos necesarios para su apreciación como circunstancias atenuantes o agravantes, ya genéricas, ya específicas, modifiquen el desvalor de la acción o el desvalor del resultado de la conducta típica.

En tercer lugar, habrá que atender a la mayor o menor culpabilidad -o responsabilidad- del sujeto, deducida del grado de comprensión de la ilicitud de su comportamiento (conocimiento de la antijuricidad del grado de culpabilidad y de la mayor o menor exigibilidad de otra conducta distinta.

Y, en cuarto lugar, habrá que tener en cuenta la mayor o menor gravedad del mal causado y la conducta del reo posterior a la realización del delito, en orden a su colaboración procesal y su actitud hacia la víctima y hacia la reparación del daño, que no afectan a la culpabilidad, por ser posteriores al hecho, sino a la punibilidad.

Se trata, en definitiva, de un ejercicio de discrecionalidad reglada, que debe ser fundamentadamente explicado en la propia resolución judicial y controlable en casación, incluso por la vía del art. 849.1 LECrim . para la infracción de Ley».

Tal y como se recoge en la **sentencia del Tribunal Supe-rior de Justicia de Baleares n.º 59/2023, de 13 de noviembre, ECLI:ES:TSJBAL:2023:1493**, citando, entre otras, la **STS n.º 721/2015, de 22 de octubre, ECLI:ES:TS:2015:4705**, los elementos que deben de concurrir para que se considere una conducta como acoso sexual son:

- La acción típica está constituida por la solicitud de favores sexuales.
- Estos favores deben solicitarse tanto para el propio agente delictivo, como para un tercero.
- El ámbito en el cual se soliciten dichos favores lo ha de ser en el seno de una relación laboral, docente o de prestación de servicios, continuada o habitual.
- Con tal comportamiento debe provocarse en la víctima una situación objetiva y gravemente intimidatoria, hostil o humillante.
- Entre la acción que despliega el agente y el resultado exigido por la norma penal debe existir un adecuado enlace de causalidad.
- El autor tiene que obrar con dolo, no permitiendo la ley formas imprudentes en su comisión.

A continuación, los apartados segundo y tercero del art. 184 del CP regulan dos supuestos específicos que conllevan una **pena superior**:

- La pena será de prisión de uno a dos años, e inhabilitación especial para el ejercicio de la profesión, oficio o actividad de 18 a 24 meses, cuando el culpable de acoso sexual hubiese cometido el hecho:
  - Prevaliéndose de una situación de superioridad laboral, docente o jerárquica.
  - Sobre una persona sujeta a su guarda o custodia.
  - O con el anuncio de causar a la víctima un mal relacionado con las legítimas expectativas que pudiese tener en el ámbito de la relación.
- Por otra parte, también se castigará con la pena de prisión de uno a dos años e inhabilitación especial para el ejercicio de la profesión, oficio o actividad de 18 a 24 meses, al que realice la conducta de acoso sexual en los siguientes lugares:
  - Centros de protección o reforma de menores.
  - Centros de internamiento de personas extranjeras.
  - Cualquier otro centro de detención, custodia o acogida (incluidos los de estancia temporal).

> **A TENER EN CUENTA.** Estas penas se impondrán sin perjuicio de lo establecido en el art. 443.2 del CP que recoge que: «*El funcionario de Instituciones Penitenciarias, de centros de protección o reforma de menores, centro de internamiento de personas extranjeras, o cualquier otro centro de detención, o custodia, incluso de estancia temporal, que solicitara sexualmente a una persona sujeta a su guarda, será castigado con la pena de prisión de uno a cuatro años e inhabilitación absoluta por tiempo de seis a doce años*».

Cuando la víctima se encuentre en una situación de especial vulnerabilidad por razón de su edad, enfermedad o discapacidad, el art. 184.4 del CP dispone que la pena deberá imponerse en su mitad superior.

CUESTIÓN

¿El perdón del ofendido extingue la acción penal?

No, en estos casos el art. 191 del CP dispone que el perdón del ofendido, o del representante legal, no extingue la acción penal ni la responsabilidad.

Con relación a la **responsabilidad penal de las personas jurídicas** que puede surgir en estos delitos, el apartado 5 del art. 184 del CP señala que cuando una persona jurídica sea responsable del delito de acoso sexual, en base a lo establecido en el art. 31 bis del CP, se le impondrá la pena de multa de 6 meses a dos años.

Además, los jueces y tribunales, atendiendo a las reglas del art. 66 bis del CP, también podrían imponer alguna de las siguientes penas:

- La disolución de la persona jurídica.
- La suspensión de sus actividades por un plazo no superior a 5 años.
- La clausura de sus locales y establecimientos por un plazo no superior a 5 años.
- La prohibición de realizar en el futuro las actividades en cuyo ejercicio se cometió el delito.
- La inhabilitación para obtener subvenciones y ayudas públicas, para contratar con el sector público y para gozar de beneficios e incentivos fiscales o de Seguridad Social, durante un plazo que no supere los 15 años.
- La intervención judicial para salvaguardar los derechos de los trabajadores o de los acreedores, por el tiempo necesario que no podrá superar los 5 años.

A TENER EN CUENTA. Tal y como se dispone en el art. 191 del CP, para proceder por los delitos de acoso sexual es necesaria denuncia de la persona agraviada, de su representante legal o querella del Ministerio Fiscal, que actuará ponderando los legítimos intereses en presencia. Si la víctima es menor de edad, persona con discapacidad necesitada de especial protección o una persona desvalida, bastará la denuncia del Ministerio Fiscal.

6.8.5. Delitos de prostitución, explotación sexual y corrupción de menores

Los delitos relativos a la prostitución y a la explotación sexual y corrupción de menores aparecen regulados en el capítulo V, del título VIII, del libro II, del Código Penal, en los arts. 187 y siguientes, recogiendo el art. 189 ter que estamos ante uno de los supuestos en los que puede ser responsable penalmente una persona jurídica.

El artículo 187 del CP regula el supuesto en el que se determine a una persona mayor de edad a ejercer o a mantenerse en la prostitución, ya sea empleando violencia, intimidación o engaño, o abusando de una situación de superioridad o de necesidad o vulnerabilidad de la víctima.

En estos casos las penas serán de:

- Prisión de 2 a 5 años.
- Y multa de 12 a 24 meses.

Tal y como recoge el Tribunal Supremo en su **sentencia n.° 605/2023, de 13 de julio, ECLI:ES:TS:2023:3364**:

> «El artículo 187 CP en su redacción actual tras la reforma del 2015 castiga (en términos similares al precedente artículo 188) a quien «empleando violencia, intimidación o engaño, o abusando de una situación de superioridad o de necesidad o vulnerabilidad de la víctima, determine a una persona mayor de edad a ejercer o a mantenerse en la prostitución».
>
> Como hemos dicho, entre otras, en nuestra sentencia 400/2018, de 12 de septiembre, **el citado tipo penal protege el mismo la autodeterminación del sujeto en la esfera sexual, cuando resulta comprometida a través de los medios que el tipo perfila.** En el supuesto, resulta obvio, que del relato se desprende que la libertad de autodeterminación en la esfera sexual de la víctima se vio comprometida de manera suficientemente intensa para justificar la aplicación del tipo de determinación coactiva a la prostitución previsto en el artículo 187 CP».

Además, se dispone que la pena será de 2 a 4 años de prisión y de 12 a 24 meses de multa, para quien se lucre explotando la prostitución de otra persona, aun con el consentimiento de la misma.

CUESTIÓN

¿Cuándo se entiende que hay explotación?

El Código Penal entiende que hay explotación cuando concurra alguna de las dos circunstancias siguientes:

1. Que la víctima se encuentre una situación de vulnerabilidad personal o económica.
2. Que a la víctima se le impongan para su ejercicio condiciones gravosas, desproporcionadas o abusivas.

A continuación, se enumeran 3 circunstancias que conllevan la imposición de la **pena en su mitad superior**:

- Cuando el culpable se hubiera prevalido de su condición de autoridad, agente de esta o funcionario público. En este caso también se impondría la pena de inhabilitación absoluta de 6 a 12 años.
- Cuando el culpable perteneciera a una organización o grupo criminal que se dedique a la realización de tales actividades.

– Y cuando el culpable hubiere puesto en peligro, de forma dolosa o por imprudencia grave, la vida o salud de la víctima.

CUESTIÓN

¿Cuál es la diferencia entre organización y grupo criminal?

En la sentencia del Tribunal Supremo n.º 312/2017, de 03 de mayo, ECLI:ES:TS:2017:1889, la sala declara que *«(...) El art. 570 bis define a la organización criminal como: ‹La agrupación formada por más de dos personas con carácter estable o por tiempo indefinido que, de manera concertada y coordinada, se reparten diversas tareas o funciones con el fin de cometer delitos›.Se excluyen, pues, los casos de transitoriedad, antes incluidos en el concepto que aparecía en el artículo 369 del Código Penal . Por su parte el art. 570 ter in fine, describe el grupo criminal como›la unión de más de dos personas que, sin reunir alguna o algunas de las características de la organización criminal definida en el artículo anterior, tenga por finalidad o por objeto la perpetración concertada de delitos›. Por lo tanto, la organización y el grupo criminal tienen en común la unión o agrupación de más de dos personas y la finalidad de cometer delitos concertadamente. Pero mientras que la organización criminal requiere, además, la estabilidad o constitución por tiempo indefinido, y que se repartan las tareas o funciones de manera concertada y coordinada (necesariamente ambos requisitos conjuntamente: estabilidad y reparto de tareas), el grupo criminal puede apreciarse cuando no concurra ninguno de estos dos requisitos, o cuando concurra uno solo. De esta forma, se reserva el concepto de organización criminal para aquellos supuestos de mayor complejidad de la estructura organizativa, pues es, precisamente, la estabilidad temporal y la complejidad estructural lo que justifica una mayor sanción en atención al importante incremento en la capacidad de lesión. Por lo tanto, para la apreciación de la organización criminal no basta cualquier estructura distributiva de funciones entre sus miembros, que podría encontrarse naturalmente en cualquier unión o agrupación de varias personas para la comisión de delitos, sino que es preciso apreciar un reparto de responsabilidades y tareas con la suficiente consistencia y rigidez, incluso temporal, para superar las posibilidades delictivas y los consiguientes riesgos para los bienes jurídicos apreciables en los casos de codelincuencia o, incluso, de grupos criminales».*

A TENER EN CUENTA. Las citadas penas se impondrán sin perjuicio de las que pudiesen corresponder por las agresiones o abusos sexuales cometidos sobre la persona prostituida.

Delito de prostitución de menores

Cuando estemos ante una **víctima menor de edad** se aplicaría el art. 188 **del CP,** que tipifica la conducta de aquellos que induzcan, promuevan, favorezcan o faciliten la prostitución de menores de edad o de personas con discapacidad necesitadas de especial protección, la de aquellos que se lucren con ello, o exploten de algún otro modo a un menor o a una persona con discapacidad para estos fines.

Las penas en estos casos serán de:

– Prisión de 2 a 5 años y multa de 12 a 24 meses cuando se trate de una víctima menor con más de 16 años.

– Prisión de 4 a 8 años y multa de 12 a 24 meses cuando la víctima sea menor de 16 años.

El art. 188 del CP regula en su apartado segundo una agravación cuando estos hechos se cometan con violencia o intimidación, en cuyo caso, además de la pena de multa de 12 a 24 meses, se impondrán penas de prisión que serán de 5 a 10 años si la víctima es menor de 16 años, y de 4 a 6 en los demás supuestos.

Cabe citar aquí la **sentencia de la Audiencia Provincial de Cádiz n.º 200/2023, de 14 de julio, ECLI:ES:APCA:2023:1279**, que realiza un resumen del art. 188 del CP señalando que:

> «(...)castiga inducir, promover, favorecer o facilitar la prostitución de un menor de edad o persona con discapacidad necesitada de especial protección. Es decir **se castigan aquellos comportamientos que, de algún modo, ayuden o hagan posible la práctica de la prostitución de un menor**. En el tipo previsto en el artículo 188.1 Código Penal no se emplea engaño ni violencia, castigándose la mera inspiración de tales conductas, al tratarse de un delito de mera actividad que no necesita la producción de resultado alguno. Se agrava la responsabilidad si el culpable del hecho pertenece a una organización o se prevale de su condición de parentesco o de superioridad, autoridad o funcionario, se cometiere por dos o más personas juntas o bien se pusiera en peligro la vida o salud de la víctima.
>
> En este tipo delictivo, **el consentimiento del menor, de existir, es irrelevante** porque éste no tiene capacidad jurídica de autodeterminarse válidamente en derecho».

En cuanto a los supuestos en los que se impondrán las **penas superiores en grado**, el Código Penal dispone que serán aquellos en los que se de alguna de las siguientes circunstancias:

- Cuando la víctima se encuentre en una situación de especial vulnerabilidad por razón de su edad, enfermedad, discapacidad o por cualquier otra circunstancia.

- Cuando, para ejecutar el delito, el responsable se hubiera prevalido de una situación de convivencia o de una relación de superioridad o parentesco, por ser ascendiente, o hermano, por naturaleza o adopción, o afines, con la víctima.

- Cuando, para ejecutar el delito, el responsable se hubiera prevalido de su condición de autoridad, agente de ésta o funcionario público. En este caso se impondrá, además, una pena de inhabilitación absoluta de seis a doce años.

- Cuando el culpable hubiera puesto en peligro, ya sea de forma dolosa o por imprudencia grave, la vida o salud de la víctima.

- Cuando los hechos se hubieren cometido por la actuación conjunta de dos o más personas.

- Cuando el culpable perteneciere a una organización o asociación, incluso de carácter transitorio, que se dedicare a la realización de tales actividades.

También se recoge en el apartado cuarto del art. 188 del CP el delito consistente en aceptar u obtener una relación sexual con una persona menor de edad o una persona con discapacidad necesitada de especial protección, en cuyo caso las penas distinguirán entre las víctimas menores y mayores de 16 años:

- Si se trata de una víctima mayor de 16 años la pena será de 1 a 4 años de prisión.
- Si el menor aún o hubiera cumplido los 16 la pena será de 2 a 6 años de prisión.

A TENER EN CUENTA. Las citadas penas se impondrán sin perjuicio de las que pudiesen corresponder por las infracciones contra la libertad o indemnidad sexual cometidas sobre los menores y personas con discapacidad necesitadas de especial protección.

Delito de captación de menores y pornografía infantil

Otro de los delitos regulados en este título VIII, del libro II es el que recoge el **art. 189 del CP** y que, en su apartado primero, castiga con pena de prisión de 1 a 5 años dos conductas:

- La conducta del que capte o utilice a menores o personas con discapacidad necesitadas de especial protección, con fines o en espectáculos exhibicionistas o pornográficos, tanto públicos como privados, o para elaborar cualquier clase de material pornográfico, cualquiera que sea su soporte, o financiare cualquiera de estas actividades o se lucrare con ellas.
- La conducta del que produzca, venda, distribuya, exhiba, ofrezca o facilite la producción, venta, difusión o exhibición por cualquier medio de pornografía infantil, o en cuya elaboración hayan sido utilizadas personas con discapacidad necesitadas de especial, o del que lo posea para estos fines.

CUESTIONES

1. ¿Qué se entiende por pornografía infantil o en cuya elaboración hayan sido utilizadas personas con discapacidad necesitadas de especial protección?

El art. 189 del CP recoge que serán considerada pornografía infantil o en cuya elaboración hayan sido utilizadas personas con discapacidad necesitadas de especial protección:

«a) Todo material que represente de manera visual a un menor o una persona con discapacidad necesitada de especial protección participando en una conducta sexualmente explícita, real o simulada.

b) Toda representación de los órganos sexuales de un menor o persona con discapacidad necesitada de especial protección con fines principalmente sexuales.

c) Todo material que represente de forma visual a una persona que parezca ser un menor participando en una conducta sexualmente explícita, real o simulada, o cualquier representación de los órganos sexuales de una persona que parezca ser un menor, con fines principalmente sexuales, salvo que la persona que parezca ser un menor resulte tener en realidad dieciocho años o más en el momento de obtenerse las imágenes.

d) Imágenes realistas de un menor participando en una conducta sexualmente explícita o imágenes realistas de los órganos sexuales de un menor, con fines principalmente sexuales».

También podemos citar aquí la **STS n.º 240/2020, de 26 de mayo, ECLI:ES:TS:2020:1319**, que recoge que:

«El Protocolo Facultativo de la Convención sobre los Derechos del Niño relativo a la venta de niños, prostitución infantil y utilización de niños en la pornografía, hecho en Nueva York el 23-5-2000, ratificado por España por Instrumento de 5-12-2001, dispone que "por pornografía infantil se entiende toda representación por cualquier medio, de un niño dedicado a actividades sexuales explícitas, reales o simuladas, o toda representación de las partes genitales de un niño con fines primordialmente sexuales" (art. 2). Esta definición es mucho más comprensible y completa que la descomposición que lleva a cabo nuestro Código Penal».

2. ¿Cuál es la diferencia entre el concepto de pornografía y lo meramente erótico?

La sentencia del Tribunal Supremo n.º 240/2020, de 26 de mayo, ECLI:ES:TS:2020:1319, analiza el concepto de pornografía infantil y da respuesta a esta cuestión en los siguientes términos:

«La STS 1058/2006, de 2 de noviembre, ya declaró que la distinción entre el concepto de pornografía y lo meramente erótico es, a veces, un problema complejo por cuanto depende de múltiples factores de tipo cultural, estructuras morales, pautas de comportamiento, etc. Y con respecto a la pornografía infantil, recuerda que el Consejo de Europa ha definido la pornografía infantil como 'cualquier material audiovisual que utiliza niños en un contexto sexual'. La Sentencia de esta Sala de 5 de febrero de 1991, llegó a enfatizar que se trataba en suma de material capaz de perturbar, en los aspectos sexuales, el normal curso de la personalidad en formación de los menores o adolescentes. Parece conforme con esta interpretación que la pornografía, es aquello que desborda los límites de lo ético, de lo erótico y de lo estético, con finalidad de provocación sexual, constituyendo por tanto imágenes obscenas o situaciones gravemente impúdicas, todo ello sin perjuicio de que, en esta materia las normas deben ser interpretadas de acuerdo con la realidad social, como impone el art. 3.1 del Código Civil».

Por otra parte, el apartado segundo regula aquellos supuestos en los que se aplicará una **pena de prisión superior**, de 5 a 9 años, cuando se de alguna de las siguientes circunstancias:

- Cuando se utilice a menores de dieciséis años.

- Cuando los hechos revistan un carácter particularmente degradante o vejatorio, se emplee violencia física o sexual para la obtención del material pornográfico o se representen escenas de violencia física o sexual.

- Cuando se utilice a personas menores de edad que se hallen en una situación de especial vulnerabilidad por razón de enfermedad, discapacidad o por cualquier otra circunstancia.

- Cuando se ponga en peligro, de forma dolosa o por imprudencia grave, la vida o salud de la víctima.

- Cuando el material pornográfico fuera de notoria importancia.

- Cuando el culpable pertenezca a una organización o asociación, que se dedicare a la realización de tales actividades.

- Cuando el responsable sea ascendiente, tutor, curador, guardador, maestro o cualquier otra persona encargada, de hecho, aunque fuera provisionalmente, o de derecho, de la persona menor de edad o persona con discapacidad necesitada de especial protección, o se trate de cualquier persona que conviva con él o de otra persona que haya actuado abusando de su posición reconocida de confianza o autoridad.

- Cuando concurra la agravante de reincidencia.

Nuestros tribunales han entendido que cuando se utiliza un menor para realizar distintos vídeos no estaríamos ante un delito continuado sino ante delito único. En este sentido podemos citar como ejemplo la **STS n.º 23/2017, de 24 de enero, ECLI:ES:TS:2017:191**, que señala que: «(...) *la doctrina jurisprudencial de esta Sala (STS núm. 244/2015, de 25 de marzo y STS 480/2016, de 2 de junio , entre otras) señala que el tipo penal del art. 189 CP refiere el objeto de la conducta típica a la elaboración, producción, distribución etc. de ' material' pornográfico, expresión que da idea de una pluralidad de componentes que son los que integran este material. En consecuencia, la utilización de una menor de edad para la confección de varios videos que graban las relaciones mantenidas con la misma no constituye un delito continuado de pornografía infantil del art 189, sino un delito único, con las agravaciones que procedan*».

> **A TENER EN CUENTA.** Se impondrá la pena superior en grado cuando los hechos cometidos en la letra a) del art. 189.1 del CP (la captación o utilización de menores o personas con discapacidad necesitadas de especial protección con fines o en espectáculos exhibicionistas o pornográficos, o para elaborar material pornográfico, o financiara cualquiera de estas actividades o se lucrara con ellas) se hubieran cometido con violencia o intimidación. Tal y como señala nuestro Alto Tribunal en su **STS n.º 240/2020, de 26 de mayo, ECLI:ES:TS:2020:1319**: «*Contiene también nuestra legislación penal sustantiva, un tipo hiper-agravado, en el caso de que los hechos referidos a menores de edad o a personas con discapacidad necesitadas de especial protección, se hubieran cometido con violencia o intimidación (pena superior en grado), dada la suma gravedad de estas conductas (...)*».

A continuación, en los apartados 4 y 5 del art. 189 del CP se regulan dos supuestos en los que se condena a los consumidores de pornografía infantil:

- Se castiga con pena de 6 meses a 2 años al que asista, a sabiendas, a espectáculos exhibicionistas o pornográficos en los que participen menores o personas con discapacidad necesitadas de especial protección.

- Se castigará con pena de 3 meses a un año, o con multa de 6 a 12 meses, al que adquiera o posea pornografía infantil o en cuya elaboración se hubieran utilizado personas con discapacidad necesitadas de especial protección, para su propio uso, y al que acceda a sabiendas a pornografía infantil o en cuya elaboración se hubieran utilizado a personas con discapacidad necesitadas de especial protección, por medio de las tecnologías de la información y la comunicación.

Por su parte, el art. 189.6 del CP también castiga con pena de prisión de 3 a 6 meses o multa de 6 a 12 meses, al que tuviere bajo su potestad, tutela, guarda o acogimiento a un menor de edad o una persona con discapacidad necesitada de especial protección y que, con conocimiento de su estado de prostitución o corrupción, no haga lo posible para impedir su continuación en tal estado, o no acuda a la autoridad competente para el mismo fin en el caso de que carezca de medios para la custodia del menor o persona con discapacidad necesitada de especial protección.

CUESTIÓN

¿Pueden solicitarse la adopción de las medidas necesarias para la retirada de las páginas web con pornografía infantil?

Sí, el art. 189.8 del CP recoge esta posibilidad en los siguientes términos:

«Los jueces y tribunales ordenarán la adopción de las medidas necesarias para la retirada de las páginas web o aplicaciones de internet que contengan o difundan pornografía infantil o en cuya elaboración se hubieran utilizado personas con discapacidad necesitadas de especial protección o, en su caso, para bloquear el acceso a las mismas a los usuarios de Internet que se encuentren en territorio español.

Estas medidas podrán ser acordadas con carácter cautelar a petición del Ministerio Fiscal».

Además, el art. 189 bis del CP también recoge que las autoridades judiciales podrán adoptar las medidas necesarias para la retirada de los contenidos destinados a promover, fomentar o incitar a la comisión de los delitos de prostitución, explotación sexual y corrupción de menores.

También será castigada la distribución o difusión pública a través de Internet, de teléfono o de cualquier otra tecnología de la información o de la comunicación de contenidos destinados a promover, fomentar o incitar a la comisión de los delitos relativos a la prostitución, explotación sexual y corrupción de menores. En estos casos la pena será de multa de 6 a 12 meses, o de prisión de 1 a 3 años.

Las **personas jurídicas serán responsables penalmente de estos delitos** cuando se cumplan las condiciones del art. 31 bis del CP, y en estos casos, conforme al art. 189 ter del CP, se impondrán las siguientes penas:

- Multa del triple al quíntuple del beneficio obtenido, si el delito cometido por la persona física tiene prevista una pena de prisión de más de cinco años.

- Multa del doble al cuádruple del beneficio obtenido, si el delito cometido por la persona física tiene prevista una pena de prisión de más de dos años no incluida en el anterior inciso.

- Multa del doble al triple del beneficio obtenido, en el resto de los casos.

- Disolución de la persona jurídica, pudiendo decretarse, las demás penas previstas que sean compatibles con la disolución.

6.8.6. Delito de descubrimiento y revelación de secretos

El capítulo I, del título X, del libro II del Código Penal regula los delitos de descubrimiento y revelación de secretos. En concreto los delitos regulados en los artículos 197, 197 bis y 197 ter del CP, pueden conllevar la responsabilidad penal de la persona jurídica en virtud de lo establecido en el art. 31 bis del CP.

En primer lugar, el art. 197 del Código Penal contiene la regulación del **delito de descubrimiento de secretos**, estableciendo un castigo de pena prisión de 1 a 4 años y multa de 12 a 24 meses, al que, para descubrir los secretos, o vulnerar la intimidad de otro, sin su consentimiento, realice alguna de las siguientes conductas:

- Apoderarse de sus papeles, cartas, mensajes de correo electrónico o cualesquiera otros documentos o efectos personales.

- Interceptar sus telecomunicaciones o utilizar artificios técnicos de escucha, transmisión, grabación o reproducción del sonido o de la imagen, o de cualquier otra señal de comunicación.

En estos casos el tipo objetivo solamente requiere un acto de apoderamiento, sin que sea necesario que el autor llegue a descubrir los secretos o a vulnerar la intimidad en el caso de la primera conducta, y el mero acceso de los datos protegidos en la segunda. Sin embargo, el tipo subjetivo sí que exige esa finalidad, además del dolo en el acto de apoderamiento o de acceso. (STS n.° 616/2022, de 22 de junio, ECLI:ES:TS:2022:2592).

También se aplicarán las mentadas penas al que realice, sin estar autorizado, las siguientes conductas:

- Apoderarse, utilizar o modificar, en perjuicio de tercero, datos reservados de carácter personal o familiar de otro que se hallen registrados en ficheros o soportes informáticos, electrónicos o telemáticos, o en cualquier otro tipo de archivo o registro público o privado.

- Acceder por cualquier medio a los mismos o alterar o utilizar en perjuicio del titular de los datos o de un tercero.

El Tribunal Supremo en su **STS n.° 771/2023, de 18 de octubre,** ECLI:ES:TS:2023:4181, nos da una definición de las acciones que pueden dar lugar al nacimiento del delito:

> «(...) respecto de las acciones nucleares del tipo penal resulta que:
> "apoderarse: la traslación de los datos (impresión, transmisión, fotocopiado...) a otro soporte para su posesión;
> - utilizar: hacer uso de los datos, emplearlos o aprovecharse de los mismos; lo que no comporta necesariamente su aprehensión física;
> - modificar: transformar o cambiar los datos;
> - acceder: entrar o tener acceso a los datos, por quien ab initio no está autorizado;
> - alterar: dañar o estropear los datos; y
> - utilizar (con el mismo sentido en ambos incisos)."».

El apartado tercero del art. 197 del CP recoge una pena superior, de 2 a 5 años de prisión, a aquellos que difundan, revelen o cedan a terceros los datos o hechos descubiertos o las imágenes captadas a las que refieren los apartados 1 y 2 del citado art. 197 del CP.

CUESTIÓN

Cuando estas conductas se realicen por un tercero que no ha tomado parte en su descubrimiento, pero conoce su origen ilícito, ¿tienen la misma pena?

No, en estos casos, si el que difunde, revela o cede a terceros los datos o hechos descubiertos o las imágenes captadas, no ha tomado parte en su descubrimiento, pero tiene conocimiento de su origen ilícito, las penas podrán ser de prisión de 1 a 3 años, o de multa, de 12 a 24 meses. Podemos citar aquí la sentencia del Tribunal Superior de Justicia de Madrid n.º 183/2022, de 13 de mayo, ECLI:ES:TSJM:2022:4657, que con relación a esta conducta expone que:

«La conducta a la que se alude, consiste en revelar o ceder a terceros los datos o hechos descubiertos o las imágenes captadas a que se refieren los números anteriores. Dichos datos, hechos o imágenes se habrían logrado apoderándose de papeles, cartas, mensajes de correo electrónico o cualesquiera otros documentos o efectos personales, o interceptando sus telecomunicaciones o utilizando artificios técnicos de escucha, transmisión, grabación o reproducción de sonido o de la imagen, o de cualquier otra señal de comunicación. Dicho apoderamiento, por terceros ha de ser ilícita, al no venir avalado por el consentimiento del titular y todo ello con la finalidad de descubrir los secretos o vulnerar la intimidad del mismo.

Como correctamente señala la sentencia de instancia, la conducta que se imputa al acusado, constituye una modalidad delictiva autónoma, que "castiga la mera revelación (difusión o cesión) de datos, hechos descubiertos o imágenes captadas, con conocimiento de su origen ilícito y sin haber tomado parte en la conducta previa de acceso ilícito a los mismos" en los términos de los tipos básicos del art. 197 que ya hemos expuesto.

El sujeto activo debe conocer el origen ilícito de la obtención de los datos, o de los hechos descubiertos o de las imágenes captadas».

Por su parte, el apartado cuarto del mentado artículo regula que se impondrá una pena de prisión de 3 a 5 años para los que realicen las conductas descritas en los apartados 1 y 2 del art.197 del CP:

– Cuando los hechos se cometan por las personas encargadas o responsables de los ficheros, soportes informáticos, electrónicos o telemáticos, archivos o registros.

– Cuando se lleven a cabo mediante la utilización no autorizada de datos personales de la víctima.

En estos casos, si los datos reservados se hubieran difundido, cedido o revelado a terceros, se impondrán las penas en su mitad superior.

También se impondrán las penas en su mitad superior en los siguientes casos:

– Cuando afecten a datos de carácter personal que revelen la ideología, religión, creencias, salud, origen racial o vida sexual.

– Cuando la víctima fuera un menor de edad o una persona con discapacidad necesitada de especial protección.

– Cuando los hechos se realizaran con fines lucrativos.

CUESTIÓN

Cuando los hechos se realizan con fines lucrativos y afectan a datos que revelen la ideología, religión, creencias, salud, origen racial o vida sexual, ¿qué pena se aplicaría?

En estos casos, en virtud de lo establecido en el art. 197.6 del CP, se impondrá una pena de prisión de 4 a 7 años.

El apartado 7 del art. 197.7 del Código Penal regula lo que se conoce como *«sexting»*. En estos casos, las imágenes o grabaciones audiovisuales fueron obtenidas con autorización en un domicilio u otro lugar fuera del alcance de la mirada de terceros, y, sin autorización del afectado, se difunden, revelan o ceden a terceros las mismas. Las penas previstas para este delito serán de prisión de 3 meses a 1 año, o multa de 6 a 12 meses, cuando la divulgación menoscabe gravemente la intimidad personal de esa persona (art. 197.7 del CP).

A TENER EN CUENTA. El apartado 7 del artículo 197 del C.P. ha sido modificado por la LO 10/2022, de 6 de septiembre, con efectos desde el 07/10/2022.

La Fiscalía General del Estado, en su **Circular 3/2017, de 21 de septiembre, sobre la reforma del Código Penal operada por la LO 1/2015, de 30 de marzo, en relación con los delitos de descubrimiento y revelación de secretos y los delitos de daños informáticos,** expresa claramente que, no se requiere que se trate de imágenes o grabaciones con connotaciones sexuales, sino referidas a la intimidad (por ejemplo: situación económica, enfermedad, etc.). La **STS 70/2020, de 24 de febrero, ECLI:ES:TS:2020:492,** se pronuncia en el mismo sentido señalando que no es estrictamente necesario el carácter sexual en la difusión de las imágenes para identificar la conducta típica, aunque sea el supuesto que más predomine:

«El art. 197.7 alude a contenidos cuya divulgación menoscabe gravemente la intimidad personal. La esfera sexual es, desde luego, una de las manifestaciones de lo que se ha denominado el núcleo duro de la intimidad, pero no es la única».

CUESTIONES

1. ¿A qué se refiere el artículo cuando habla de difundir?

Debemos entender el verbo «difundir» como sinónimo de «(...) *extender, propagar, o divulgar a una pluralidad de personas(...)*»; mientras que los verbos revelar o ceder «(...) *son perfectamente compatibles con una entrega restringida a una única persona*». STS n.º 70/2020, de 24 de febrero, ECLI:ES:TS:2020:492.

2. ¿Qué entiende la doctrina por imágenes o grabaciones audiovisuales?

La Circular de la Fiscalía General del Estado 3/2017, de 21 de septiembre, recoge que se entiende por imágenes o grabaciones audiovisuales: «(...) *tanto los contenidos perceptibles únicamente por la vista, como los que se captan conjuntamente por el oído y la vista y también aquellos otros que, aun no mediando imágenes, pueden percibirse por el sentido auditivo*».

3. ¿Cómo define la jurisprudencia el «*domicilio*»?

El Tribunal Supremo en su STS n.º 731/2013, de 7 de octubre, ECLI:ES:TS:2013:5271 señala que el concepto de domicilio:

«(...) ha de entenderse de modo amplio y flexible ya que trata de defender los ámbitos en los que se desarrolla la vida privada de las personas, debiendo interpretarse a la luz de los principios que tienden a extender al máximo la protección a la dignidad y a la intimidad de la persona, al desarrollo de su privacidad a través de la cual proyecta su 'yo anímico' en múltiples direcciones (...). Consecuentemente, la protección del domicilio no es sino un aspecto de la protección de la intimidad que sirve al libre desarrollo de la personalidad».

4. ¿A qué se refiere el referido precepto con la expresión «otro lugar fuera del alcance de la mirada de terceros»?

Según lo dispuesto en la Circular de la Fiscalía General del Estado 3/2017, de 21 de septiembre, se incluiría en la referida expresión:

«(...) cualquier lugar cerrado, como un local comercial no abierto al público, o también un lugar al aire libre, si bien en este caso habría que acreditar que reúne garantías suficientes de privacidad de tal forma que pueda asegurarse que las escenas/imágenes, captadas o grabadas, lo fueron en un contexto de estricta intimidad y sustraído a la percepción de terceros ajenos a ellas».

Asimismo, el término «terceros» habría que interpretarlo como:

«(...) referido a personas ajenas al acto o situación objeto de grabación, pues es obvio que en dichos acontecimientos pueden intervenir más de una persona y resultaría incongruente entender que el precepto es de aplicación únicamente en los supuestos en que en las escenas objeto de captación intervienen exclusivamente la víctima y quien después dispone de ellas».

5. En último lugar, ¿por obtener imágenes o grabaciones entendemos solo la conducta del que fotografía o graba o incluye también el supuesto en que la víctima le envíe la fotografía o vídeo al acusado?

Tal y como recuerda la STS n.º 767/2023, de 3 de octubre, ECLI:ES:TS:2023:5148:

«La obtención de las imágenes o grabaciones audiovisuales que, en todo caso, de producirse con la aquiescencia de la persona afectada, puede tener muy distintos orígenes. Obtiene la imagen, desde luego, quien fotografía o graba el vídeo en el que se exhibe algún aspecto de la intimidad de la víctima. Pero también obtiene la imagen quien la recibe cuando es remitida voluntariamente por la víctima, valiéndose para ello de cualquier medio convencional o de un programa de mensajería instantánea que opere por redes telemáticas. Es cierto que el art. 197.7 exige que estas imágenes hayan sido obtenidas "...en un domicilio o en cualquier otro lugar fuera del alcance de la mirada de terceros". Pero esta frase no añade una exigencia locativa al momento de la obtención por el autor».

Tras la reforma realizada por la Ley Orgánica 10/2022, de 6 de septiembre, vigente desde el 7 de octubre del 2022, continúa el artículo regulando una condena de pena de multa de 1 a 3 meses para **quién recibiendo las citadas imágenes o grabaciones obtenidas con anuencia del perjudicado, las revele o ceda terceros sin el consentimiento de la persona afectada.**

Tal y como aclara la **STS n.º 767/2023, de 3 de octubre, ECLI:ES:TS:2023:5148**, lo que el apartado 7 contiene es:

«(...) una incriminación de la conducta consistente en la redifusión o retuiteo de tales imágenes, por los terceros que las han recibido, naturalmente sancionando con menor pena a este comportamiento que la prevista para el autor de la difusión inicial, que es el que obtuvo inicialmente de la víctima la escena de contenido afectante de forma grave a la intimidad del mismo, y que sin su permiso o anuencia, la difunde a terceros, de cualquier modo que se produzca tal difusión, entre cuyos contornos fácticos admite cualquier exhibición, reenvío o redifusión a personas extrañas a la relación que permitió tal entrega exclusiva, por medio de la cual el agente obtuvo la imagen en cuestión».

Se impondrá la pena en su mitad superior en tres supuestos:

- Cuando los hechos hubieran sido cometidos por el cónyuge o por persona que esté o haya estado unida a él por análoga relación de afectividad.

- Cuando la víctima fuese menor de edad o una persona con discapacidad necesitada de especial protección.

- O cuando los hechos se hubiesen cometido con una finalidad lucrativa.

Continua la regulación de este tipo delitos el **art. 197 bis del CP**, que castiga con pena de prisión de 6 meses a dos años al que, vulnerando las medidas de seguridad establecidas para impedirlo, y sin tener la debida autorización, acceda o facilite a otro al acceso, por cualquier medio o procedimiento, al conjunto o una parte de un sistema de información o se mantenga en él en contra de la voluntad de quien tenga el legítimo derecho a excluirlo.

Además, dispone el apartado segundo que la pena será de prisión de 3 meses a 2 años o multa de 3 a 12 meses para que el que intercepte transmisiones no públicas de datos informáticos que se produzcan desde, hacia o dentro de un sistema de información, utilizando artificios o instrumentos técnicos, y sin estar debidamente autorizado.

Por su parte el art. 197 ter del CP castiga la conducta del que, con la intención de facilitar la comisión de alguno de los delitos regulados en los arts. 197.1 y .2, 197 bis, sin estar debidamente autorizado: produzca, adquiera para su uso, importe, o, de cualquier modo, facilite a terceros:

- Un programa informático, concebido o adaptado principalmente para cometer dichos delitos.

- Una contraseña de ordenador, un código de acceso o datos similares que permitan el acceso a la totalidad o a parte de un sistema de información.

En lo que respecta a las personas jurídicas, el art. 197 quinquies, establece que cuando una **persona jurídica sea responsable** de los **delitos comprendidos en los arts. 197, 197 bis, y 197 ter,** se le impondrá la pena de multa de 6 meses a 2 años.

También podrán imponerse las penas recogidas en las letras b) a g) del art. 33.7 del CP, es decir:

«b) Disolución de la persona jurídica. La disolución producirá la pérdida definitiva de su personalidad jurídica, así como la de su capacidad de actuar de cualquier modo en el tráfico jurídico, o llevar a cabo cualquier clase de actividad, aunque sea lícita.

c) Suspensión de sus actividades por un plazo que no podrá exceder de cinco años.

d) Clausura de sus locales y establecimientos por un plazo que no podrá exceder de cinco años.

e) Prohibición de realizar en el futuro las actividades en cuyo ejercicio se haya cometido, favorecido o encubierto el delito. Esta prohibición podrá ser temporal o definitiva. Si fuere temporal, el plazo no podrá exceder de quince años.

f) Inhabilitación para obtener subvenciones y ayudas públicas, para contratar con el sector público y para gozar de beneficios e incentivos fiscales o de la Seguridad Social, por un plazo que no podrá exceder de quince años.

g) Intervención judicial para salvaguardar los derechos de los trabajadores o de los acreedores por el tiempo que se estime necesario, que no podrá exceder de cinco años».

6.8.7. Delito de estafa

Las estafas aparecen reguladas en los artículos 248 a 251 bis del Código Penal, siendo este último artículo el que regula la responsabilidad penal que de las personas jurídicas pueden tener en este delito.

El artículo 248 del Código Penal regula el delito de estafa que castiga a los que, con ánimo de lucro, utilizaren engaño bastante para producir error en el otro, induciéndolo a realizar un acto de disposición en perjuicio propio o ajeno, es decir, el delito de estafa es un delito patrimonial en el que, a través del engaño suficiente, y concurriendo ánimo de lucro, se provoca un error esencial en la víctima que le lleva a realizar un acto de disposición patrimonial en perjuicio de ella misma o de un tercero.

Tal y como se recoge en la **STS n.º 927/2023, de 14 de diciembre, ECLI:ES:TS:2023:5572**: «(...) *el delito de estafa del artículo 248 del Código Penal precisa para su existencia de un engaño que el sujeto activo despliega de manera adecuada para que despierte en el sujeto pasivo una convicción equivocada de la realidad existente, de modo que el destinatario del engaño, impulsado precisamente por esa incorrecta e inducida persuasión, realice voluntariamente un acto de disposición patrimonial que no se hubiera abordado de otro modo y que es el que el sujeto activo buscaba o ambicionaba con su ardid captatorio. El delito de estafa no existe si el sujeto activo no tiene un ánimo de lucro o la intención de obtener cualquier tipo de enriquecimiento patrimonial, ventaja, provecho o beneficio y si no concurre, además, un dolo defraudatorio, esto es, si no tiene el conocimiento de que, con un escenario ficticiamente construido, se está engañando y perjudicando a otro, determinándole a hacer un acto de disposición patrimonial*».

Este artículo se ha visto modificado por la publicación de la Ley Orgánica 14/2022, de 22 de diciembre, con entrada en vigor el 12/01/2023, modificando su redacción y señalando que los reos de estafa serán castigados con la pena de prisión de seis meses a tres años y fijando los criterios que deberán ser tenidos en cuenta a la hora de determinar la pena:

– El importe de lo defraudado.

– El quebranto económico causado al perjudicado.

– Las relaciones entre el perjudicado y el defraudador.

– Los medios empleados por este.

– Cualquier otra circunstancia que sirva para valorar la gravedad de la infracción.

La pena será de 1 a 3 meses cuando la cuantía de lo defraudado no excediere de 400 euros.

CUESTIÓN

¿Qué podemos entender por engaño bastante?

La **sentencia del Tribunal Supremo n.º 941/2023, de 20 de diciembre, ECLI:ES:TS:2023:5604,** analiza el concepto de engaño en los delitos de estafa, pudiendo destacar que:

«El engaño, según la jurisprudencia, no puede considerarse bastante cuando la persona que ha sido engañada podía haber evitado fácilmente el error cumpliendo con las obligaciones que su profesión le imponía. Es decir, cuando el sujeto de la disposición patrimonial tiene la posibilidad de despejar su error de una manera simple y normal en los usos mercantiles o profesionales, no será de apreciar un engaño bastante en el sentido del tipo del art. 248 CP, pues en esos casos, al no haber adoptado las medidas de diligencia y autoprotección a las que venía obligado por su profesión o por su situación previa al negocio jurídico, no puede establecerse con claridad si el desplazamiento patrimonial se debió exclusivamente al error generado por el engaño o a la negligencia de quien, en función de las circunstancias del caso, debió efectuar determinadas comprobaciones, de acuerdo con las reglas normales de actuación para casos similares, y omitió hacerlo (SSTS 752/2011, de 26 de junio; y 421/2013, de 13 de mayo).

Ahora bien, este criterio excluyente de la existencia de engaño debe valorarse con prudencia, ya que no puede exigirse que el perjudicado por la estafa venga obligado siempre a desconfiar o a establecer controles exhaustivos sobre su modo de proceder. Las relaciones humanas también se asientan en la confianza por lo que no siempre que el individuo sea crédulo o confiado puede afirmarse que ha incumplido el deber de auto protección.

(...)

En conclusión, en la determinación de la suficiencia del engaño hemos de partir de una regla general que sólo debe quebrar en situaciones excepcionales y muy concretas. Regla general que enuncia la STS. 1243/2000 de 11 de julio del siguiente modo: "el engaño ha de entenderse bastante cuando haya producido sus efectos defraudadores, logrando el engañador, mediante el engaño, engrosar su patrimonio de manera ilícita, o lo que es lo mismo, es difícil considerar que el engaño no es bastante cuando se ha consumado la estafa. Como excepción a esta regla sólo cabría exonerar de responsabilidad al sujeto activo de la acción cuando el engaño sea tan burdo, grosero o esperpéntico que no puede inducir a error a nadie de una mínima inteligencia o cuidado. Y decimos esto porque interpretar ese requisito de la suficiencia con un carácter estricto, es tanto como trasvasar el dolo o intencionalidad del sujeto activo de la acción, al sujeto pasivo, exonerando a aquél de responsabilidad por el simple hecho, ajeno normalmente a su voluntad delictual, de que un tercero, la víctima, haya tenido un descuido en su manera de proceder o en el cumplimiento de sus obligaciones».

El artículo 249 del Código Penal también se ve modificado por la LO 14/2022, de 22 de diciembre, estableciendo 4 supuestos en los que también se entiende cometido el delito de estafa, y en los que se impondrá la pena 6 meses a 3 años de prisión:

- Los que, con ánimo de lucro, obstaculizando o interfiriendo indebidamente en el funcionamiento de un sistema de información o introduciendo, alterando, borrando, transmitiendo o suprimiendo indebidamente datos informáticos o valiéndose de cualquier otra manipulación informática o artificio semejante, consigan una transferencia no consentida de cualquier activo patrimonial en perjuicio de otro.

- Los que, utilizando de forma fraudulenta tarjetas de crédito o débito, cheques de viaje o cualquier otro instrumento de pago material o inmaterial distinto del efectivo o los datos obrantes en cualquiera de ellos, realicen operaciones de cualquier clase en perjuicio de su titular o de un tercero.

- Los que fabricaren, importaren, obtuvieren, poseyeren, transportaren, comerciaren o de otro modo facilitaren a terceros dispositivos, instrumentos o datos o programas informáticos, o cualquier otro medio diseñado o adaptado específicamente para la comisión de las estafas previstas en este artículo.

- Los que, para su utilización fraudulenta, sustraigan, se apropiaren o adquieran de forma ilícita tarjetas de crédito o débito, cheques de viaje o cualquier otro instrumento de pago material o inmaterial distinto del efectivo.

Además, en su apartado tercero, el art. 249 dispone que se impondrá la pena en su mitad inferior a los que posean, adquieran, transfieran, distribuyan o pongan a disposición de terceros, tarjetas de crédito o débito, cheques de viaje o cualesquiera otros instrumentos de pago materiales o inmateriales distintos del efectivo, para su utilización fraudulenta y aun sabiendo que fueron obtenidos ilícitamente.

El art. 250 recoge una pena superior, de 1 a 6 años de prisión y multa, cuando se de alguno de los siguientes supuestos:

- Cuando la estafa recaiga sobre cosas de primera necesidad, viviendas u otros bienes de reconocida utilidad social.

- Cuando se realice abusando de firma de otro, o sustrayendo, ocultando o inutilizando, en todo o en parte, algún proceso, expediente, protocolo o documento público u oficial de cualquier clase.

- Cuando recaiga sobre bienes que integren el patrimonio artístico, histórico, cultural o científico.

- Cuando la estafa revista especial gravedad, atendiendo a la entidad del perjuicio y a la situación económica en la que se deje a la víctima o a su familia.

- Cuando la estafa supere los 50.000 euros, o cuando afecte a un número elevado de personas.

- Cuando se cometa abusando de las relaciones personales existentes entre la víctima y el defraudador, o aprovechando éste su credibilidad empresarial o profesional.

- Cuando se cometa estafa procesal.

- Cuando al delinquir el culpable hubiera sido condenado por un mínimo de 3 delitos del capítulo dedicado a las defraudaciones en el Código Penal (capítulo VI, del título XIII, del libro II), sin tener en cuenta los antecedentes cancelados o que debieran serlo.

A TENER EN CUENTA. Cuando concurra alguno de los últimos supuestos 4, 5, 6 o 7, con la primera, o cuando el valor de lo defraudado supere los 250.000 euros, se impondrán las penas de prisión de 4 a 8 años y multa de 12 a 24 meses.

CUESTIÓN

¿Qué se entiende por estafa procesal?

Se entiende que se comete estafa procesal cuando, en un procedimiento judicial de cualquier clase, se manipulen las pruebas en que pretendieran fundar sus alegaciones o se emplee otro fraude procesal análogo, provocando error en el juez o tribunal y llevándole a dictar una resolución que perjudique los intereses económicos de la otra parte o de un tercero.

El artículo 251 del CP recoge otros tres supuestos de estafa que se castigarán con pena de prisión de 1 a 4 años:

«1.º Quien, atribuyéndose falsamente sobre una cosa mueble o inmueble facultad de disposición de la que carece, bien por no haberla tenido nunca, bien por haberla ya ejercitado, la enajenare, gravare o arrendare a otro, en perjuicio de éste o de tercero.

2.º El que dispusiere de una cosa mueble o inmueble ocultando la existencia de cualquier carga sobre la misma, o el que, habiéndola enajenado como libre, la gravare o enajenare nuevamente antes de la definitiva transmisión al adquirente, en perjuicio de éste, o de un tercero.

3.º El que otorgare en perjuicio de otro un contrato simulado».

El **bien jurídico protegido** en todas las modalidades de estafa es el patrimonio ajeno, en cualquiera de sus elementos integrantes, bienes muebles o inmuebles, derechos que pueden constituir el objeto material del delito.

Se puede decir que la estafa lesiona la buena fe o las relaciones fiduciarias que surgen del tráfico jurídico, donde generalmente se espera que se cumplan las obligaciones contraídas. Pero si la sustancia o cantidad del objeto comprado no corresponde a lo pactado, se frustra una legítima expectativa que debe ser protegida de algún modo, para asegurar y garantizar un normal tráfico económico.

Aunque la finalidad político-criminal perseguida con la tipificación de delito de estafa sea ésta, el delito en sí mismo se castiga porque lesiona un derecho patrimonial individual. Este contenido patrimonial de la estafa no debe ser olvidado para no castigar indebidamente hechos que frustran expectativas de comportamiento en el tráfico jurídico-económico, pero que no producen perjuicios económicos para nadie en concreto.

No obstante, el engaño es un elemento tan importante en la estafa que un sector doctrinal sostiene que en este delito no sólo se protege el patrimonio sino también la buena fe o las relaciones de confianza que surgen en el tráfico jurídico.

A TENER EN CUENTA. Es importante destacar que el autor debe ser un partícipe a **título lucrativo**. El artículo 122 del Código Penal dice que el que por título lucrativo hubiere participado de los efectos de un delito, está obligado a la restitución de la cosa o al resarcimiento del daño hasta la cuantía de su participación. Cabe decir que no será preciso el conocimiento de la ilícita procedencia, junto a la receptación material, pues ello podría dar lugar a una responsabilidad penal. El artículo 122 se refiere así a una cuestión meramente civil.

El artículo 251 bis del Código Penal prevé que, de acuerdo con lo establecido en el artículo 31 bis del Código Penal, si una **persona jurídica** fuera responsable de un delito de estafa (de los comprendidos en los artículos 248 a 251 del Código Penal) se le impondrán las siguientes penas:

a) Multa del triple al quíntuple de la cantidad defraudada, si el delito cometido por la persona física tiene prevista una pena de prisión de más de cinco años.

b) Multa del doble al cuádruple de la cantidad defraudada, en el resto de los casos.

A modo de ejemplo podemos citar la **sentencia de la Audiencia Provincial de Almería n.º 94/2021, de 8 de marzo, ECLI:ES:APAL:2021:153,** que al referirse a las penas impuestas a una sociedad mercantil recoge que: «*De hecho el art. 251 bis CP nos obliga para la imposición de la pena de multa partir del triple de la cantidad defrauda, por lo que vemos correcta la imposición de la cantidad mencionada, que es un poco más del mínimo establecido*».

Además, atendiendo a las reglas establecidas en el artículo 66 bis, los jueces y tribunales podrán asimismo imponer las penas recogidas en las letras b) a g) del apartado 7 del artículo 33.bis del CP, es decir:

- La disolución de la persona jurídica.
- La suspensión de sus actividades por un plazo no superior a 5 años.
- La clausura de sus locales y establecimientos por un plazo no superior a 5 años.
- La prohibición de realizar en el futuro las actividades en cuyo ejercicio se cometió el delito.
- La inhabilitación para obtener subvenciones y ayudas públicas, para contratar con el sector público y para gozar de beneficios e incentivos fiscales o de Seguridad Social, durante un plazo que no supere los 15 años.
- La intervención judicial para salvaguardar los derechos de los trabajadores o de los acreedores, por el tiempo necesario que no podrá superar los 5 años.

Cabe citar aquí la **sentencia del Tribunal Supremo n.º 894/2022, de 11 de noviembre, ECLI:ES:TS:2022:4116,** que tras un análisis del art. 31 bis del

Código Penal absuelve a la persona jurídica como autora penal del delito de estafa por el que si había sido condenada en la sentencia de instancia, pero le atribuye responsabilidad civil subsidiaria.

6.8.8. Delitos de frustración de la ejecución de delitos cometidos por persona jurídica

El capítulo VII, del título XIII, del libro II se dedica a analizar los delitos de frustración de la ejecución, disponiendo el art. 258 ter que podrá nacer la responsabilidad penal de la persona jurídica en este tipo de delitos.

Comienza el mentado capitulo castigando, en su art. 257 del CP, con penas de prisión de 1 a 4 años y multa de 12 a 24 meses las siguientes conductas:

- Alzar sus bienes en perjuicios de sus acreedores.

- Realizar cualquier acto de disposición patrimonial o generador de obligaciones que dilate, dificulte o impida la eficacia de un embargo o de un procedimiento ejecutivo o de apremio, judicial, extrajudicial o administrativo, iniciado o de previsible iniciación, con el fin de perjudicar a sus acreedores. Con relación a este subtipo cabe citar la **STS n.º 130/2021, de 12 de febrero, ECLI:ES:TS:2021:620** que señala que: «*El subtipo protege los mecanismos tendentes a la ejecución de las deudas sin perjuicio de la prevalencia de estas o las garantías de las que puedan gozar. La lesión del bien jurídico no se produce porque mediante dichos actos negociales se provoque de forma necesaria una situación de insolvencia sino porque se afecte de forma significativa la eficacia de los mecanismos institucionalizados con los que el ordenamiento jurídico tutela el crédito. Muy en particular, los tendentes a asegurar y ejecutar, en su caso, los bienes con los que se debe responder*».

- Realizar actos de disposición, contraer obligaciones que disminuyan el patrimonio u ocultar elementos del patrimonio sobre los que la ejecución podría hacerse efectiva, con la finalidad de eludir el pago de responsabilidades civiles derivadas de un delito que hubiera cometido o del que deba responder.

CUESTIONES

1. ¿Se aplica este artículo a cualquier tipo de deuda?

El art. 257.3 señala que lo dispuesto en el art. 257 del CP se aplica independientemente de cuál sea la naturaleza o el origen de la obligación o de la deuda cuya satisfacción o pago se intente eludir, con independencia de que el acreedor sea un particular o cualquier persona jurídica, pública o privada.

2. ¿Existe alguna especialidad en el caso que la acreedora sea una persona jurídico-pública?

Sí, el art. 257.3 del CP, en su párrafo segundo, dispone que: «No obstante lo anterior, en el caso de que la deuda u obligación que se trate de eludir sea de Derecho

> público y la acreedora sea una persona jurídico-pública, o se trate de obligaciones pecuniarias derivadas de la comisión de un delito contra la Hacienda Pública o la Seguridad Social, la pena a imponer será de prisión de uno a seis años y multa de doce a veinticuatro meses».

Cuando el valor de lo defraudado supere los 50.000 euros, o afecte a un elevado número de personas, y cuando el delito se cometa con abuso de las relaciones personales existentes entre víctima y defraudador, o aproveche éste su credibilidad empresarial o profesional, se impondrán las penas citadas en su mitad superior.

Tal y como se recoge en la **STS n.º 169/2022, de 24 de febrero, ECLI:ES:TS:2022:754**: «(...) *se exige para alumbrar el delito del art. 257 ‹que se trate en todo caso, de obligaciones de dar, ya que las obligaciones de hacer no son susceptibles inicialmente, de ser exigidas mediante embargo o procedimiento ejecutivo o de apremio. Solo a través de su cumplimiento sustitutorio se pueden transformar en obligaciones de dar›* (...)».

> **A TENER EN CUENTA.** Este delito podrá perseguirse aun cuando tras su comisión se inicie un procedimiento concursal.

Por su parte, el art. 258 recoge una pena menor (pena de prisión de 3 meses a un año o multa de 6 a 18 meses), para aquél que presente a la autoridad o funcionario encargado de la ejecución una relación de bienes o patrimonio incompleta o mendaz, en un procedimiento de ejecución, y con ello dilate, dificulte o impida la satisfacción del acreedor, así como al que deje de facilitar la relación de bienes o patrimonio.

Se especifica en la ley que la relación de bienes se considerará incompleta cuando el deudor ejecutado utilice o disfrute de bienes de titularidad de terceros y no aporte justificación suficiente del derecho que ampara dicho disfrute y de las condiciones a que está sujeto.

Cuando el autor comparezca ante la autoridad o funcionario y presente una declaración de bienes o patrimonio veraz y completa, antes de que la autoridad o funcionario hubieran descubierto el carácter mendaz o incompleto de una anterior, ya no será perseguible el delito.

También se castiga dentro de este capítulo la conducta del que haga uso de bienes embargados por autoridad pública que hubieran sido constituidos en depósito sin estar autorizados para ello, en cuyo caso se impondrá una pena de prisión de 3 a 6 meses o multa de 6 a 24 meses.

Por lo que a la **responsabilidad penal de las personas jurídicas** respecta, el art. 258 ter dispone que, cuando una persona jurídica sea responsable de los delitos comprendidos en el capítulo VII, del título XIII, del libro II, conforme a lo establecido en el art. 31 del CP, se impondrán las siguientes penas:

- Multa de dos a cinco años, si el delito cometido por la persona física tiene prevista una pena de prisión de más de cinco años.
- Multa de uno a tres años, si el delito cometido por la persona física tiene prevista una pena de prisión de más de dos años no incluida en el inciso anterior.

- Multa de seis meses a dos años, en el resto de los casos.

Además, los jueces y tribunales también podrán imponer las siguientes medidas:

- La disolución de la persona jurídica.
- La suspensión de sus actividades por un plazo no superior a 5 años.
- La clausura de sus locales y establecimientos por un plazo no superior a 5 años.
- La prohibición de realizar en el futuro las actividades en cuyo ejercicio se cometió el delito.
- La inhabilitación para obtener subvenciones y ayudas públicas, para contratar con el sector público y para gozar de beneficios e incentivos fiscales o de Seguridad Social, durante un plazo que no supere los 15 años.
- La intervención judicial para salvaguardar los derechos de los trabajadores o de los acreedores, por el tiempo necesario que no podrá superar los 5 años.

6.8.9. Delito de insolvencias punibles

El art. 261 bis del Código Penal incluye los delitos comprendidos en el capítulo VII bis, del título XIII, del libro II, dedicado a las insolvencias punibles, entre aquellos que pueden conllevar el nacimiento de la responsabilidad penal de las personas jurídicas.

La insolvencia es una situación de hecho que se caracteriza por un desequilibrio patrimonial del que resulta que los créditos y obligaciones exigibles a un deudor superan los bienes y derechos realizables. De esta forma, el acreedor no puede satisfacer los créditos. Cuando el sujeto que se encuentre en situación de insolvencia lleva a cabo actos que perjudiquen los intereses de los acreedores, nos encontraremos ante insolvencias punibles.

La regulación de este delito se encuentra en los artículos 259 a 261 bis del Código Penal. En principio, analizaremos el contenido del primero de ellos, el art. 259 CP, en el que se establece que será castigado con una pena de prisión de uno a cuatro años y multa de ocho a veinticuatro meses quien, encontrándose en una situación de insolvencia actual o inminente, realice alguna de las siguientes conductas:

- Oculte, cause daños o destruya los bienes o elementos patrimoniales que estén incluidos, o que habrían estado incluidos, en la masa del concurso en el momento de su apertura.
- Realice actos de disposición mediante la entrega o transferencia de dinero u otros activos patrimoniales, o mediante la asunción de deudas, que no guarden proporción con la situación patrimonial del deudor, ni con sus ingresos, y que carezcan de justificación económica o empresarial.

– Realice operaciones de venta o prestaciones de servicio por precio inferior a su coste de adquisición o producción, y que en las circunstancias del caso carezcan de justificación económica.

– Simule créditos de terceros o proceda al reconocimiento de créditos ficticios.

– Participe en negocios especulativos, cuando ello carezca de justificación económica y resulte, en las circunstancias del caso y a la vista de la actividad económica desarrollada, contrario al deber de diligencia en la gestión de asuntos económicos.

– Incumpla el deber legal de llevar contabilidad, lleve doble contabilidad, o cometa en su llevanza irregularidades que sean relevantes para la comprensión de su situación patrimonial o financiera. También será punible la destrucción o alteración de los libros contables, cuando de este modo se dificulte o impida de forma relevante la comprensión de su situación patrimonial o financiera.

– Oculte, destruya o altere la documentación que el empresario está obligado a conservar antes del transcurso del plazo al que se extiende este deber legal, cuando de este modo se dificulte o imposibilite el examen o valoración de la situación económica real del deudor.

– Formule las cuentas anuales o los libros contables de un modo contrario a la normativa reguladora de la contabilidad mercantil, de forma que se dificulte o imposibilite el examen o valoración de la situación económica real del deudor, o incumpla el deber de formular el balance o el inventario dentro de plazo.

– Realice cualquier otra conducta activa u omisiva que constituya una infracción grave del deber de diligencia en la gestión de asuntos económicos y a la que sea imputable una disminución del patrimonio del deudor o por medio de la cual se oculte la situación económica real del deudor o su actividad empresarial.

La misma pena se impondrá a quien, mediante alguna de las conductas a que se refiere el apartado anterior, cause su situación de insolvencia.

Cuando los hechos se hubieran cometido por imprudencia, se impondrá una pena de prisión de seis meses a dos años o multa de doce a veinticuatro meses.

Este delito solamente será perseguible cuando el deudor haya dejado de cumplir regularmente sus obligaciones exigibles o haya sido declarado su concurso.

Este delito y los delitos singulares relacionados con él, cometidos por el deudor o persona que haya actuado en su nombre, podrán perseguirse sin esperar a la conclusión del concurso y sin perjuicio de la continuación de este. El importe de la responsabilidad civil derivada de dichos delitos deberá incorporarse, en su caso, a la masa.

En ningún caso, la calificación de la insolvencia en el proceso concursal vinculará a la jurisdicción penal.

El **bien jurídico** que se protege gracias a las insolvencias punibles es el derecho de los acreedores a ver satisfechos sus créditos a partir del patrimonio del deudor. Garantía de este derecho es el artículo 1911 del CC, que reconoce al acreedor el derecho de cobrar dichos créditos con los bienes presentes y futuros del deudor. Otro bien jurídico protegido por estos delitos es, según parte de la doctrina, el correcto funcionamiento del sistema crediticio.

No sólo se castiga la actuación del sujeto que cause dolosamente una crisis o insolvencia en su patrimonio, sino que cabe extender el concepto a la «insolvencia inminente». Es decir, no sólo se castiga provocar la situación sino también agravarla. La insolvencia suele ser multifactorial por lo que la conducta del autor debe ser relevante desde el punto de vista causal para que pueda atribuírsele el resultado. Plantea más problemas el concepto de agravación que puede tener distintos significados, especialmente en su vinculación con la declaración judicial, ya que puede entenderse la agravación como toda actuación posterior que ahonde en la situación de crisis o insolvencia previas o como toda aportación anterior o posterior a una insolvencia cuando ésta tenga un origen multifactorial, tal y como reflexiona el **Tribunal Supremo en su sentencia n.º 652/2018, de 14 de Diciembre de 2018, ECLI:ES:TS:2018:4211.**

> **CUESTIÓN**
>
> **¿Cabe la imprudencia en el delito de insolvencia punible?**
>
> Sí, tal y como se aclara en la **sentencia del TSJ de Asturias, n.º 4/2021, de 26 de enero, ECLI:STSJ AS 268:2021**: «*La nueva regulación de la insolvencia punible, ensancha el ámbito de las conductas típicas, recogiendo supuestos como, por ejemplo la falta de llevanza de libros contables (supuesto 6ª), antes no previstos (vid STS de 1 de julio de 2020). Elimina el requisito objetivo de persiguibilidad de la previa declaración judicial de concurso para acoger las situaciones de 'insolvencia actual o inminente' y contempla la posibilidad de cometerlo de forma imprudente, cuando antes solo podía cometerse por dolo*». Además, el art. 259.3 del CP recoge expresamente unas penas inferiores (de prisión de 6 meses a 2 años, o multa de 12 a 24 meses), cuando los hechos se hubieran cometido por imprudencia.

El castigo penal será menor si la situación de insolvencia surge o se agrava por causa imprudente. Se establece así, un **subtipo atenuado** en el artículo 259.3 que señala que cuando los hechos se hubieran cometido por **imprudencia**, se impondrá una pena de prisión de seis meses a dos años o multa de doce a veinticuatro meses.

También se recoge en el Código Penal un **subtipo agravado**, ya que según el artículo 259 bis del CP, los hechos a los que se hace referencia en el artículo 259 del Código Penal se castigarán con una pena de prisión de 2 a 6 años y multa de 8 a 24 meses si concurre alguna de las siguientes circunstancias:

- Cuando se produzca o pueda producirse perjuicio patrimonial en una generalidad de personas o pueda ponerlas en una grave situación económica.
- Cuando se causare a alguno de los acreedores un perjuicio económico superior a 600.000 euros.
- Cuando al menos la mitad del importe de los créditos concursales tenga como titulares a la Hacienda Pública, sea esta estatal, autonómica, local o foral y a la Seguridad Social.

Por su parte el art. 260 contempla otros dos supuestos que serán castigados como insolvencias punibles:

- Cuando el deudor que se encuentre en una situación de insolvencia actual o inminente favorezca a alguno de los acreedores realizando un acto de disposición patrimonial o generador de obligaciones destinado a pagar un crédito no exigible o a facilitarle una garantía a la que no tenía derecho, careciendo dicha operación de justificación económica o empresarial, se le impondrá una pena de prisión de 6 meses a 3 años, o multa de 8 a 24 meses.

- Cuando el deudor, una vez que se ha admitido a trámite la solicitud de concurso, y sin estar autorizado para ello, fuera de los casos permitidos por la ley, realice cualquier acto de disposición patrimonial o generador de obligaciones, destinado a pagar a uno o varios acreedores, privilegiados o no, con posposición del resto, será castigado con pena de prisión de 1 a 4 años, y multa de 12 a 24 meses.

Dentro del mentado capítulo también se encuentra castigada la conducta del que presente, en un procedimiento concursal, a sabiendas, datos falsos referidos al estado contable, con el objetivo de lograr indebidamente la declaración de aquel. En este supuesto la pena será de prisión de 1 a 2 años, y multa de 6 a 12 meses.

El cierre de este capítulo lo realiza el art. 261 bis del CP regulando las penas que se podrán imponer a las personas jurídicas que en virtud del art. 31 bis del CP, sean responsables de los delitos comprendidos en el mentado capítulo, y que serán las siguientes:

«a) Multa de dos a cinco años, si el delito cometido por la persona física tiene prevista una pena de prisión de más de cinco años.

b) Multa de uno a tres años, si el delito cometido por la persona física tiene prevista una pena de prisión de más de dos años no incluida en el inciso anterior.

c) Multa de seis meses a dos años, en el resto de los casos».

Además, los jueces y tribunales también podrán imponer las siguientes medidas:

- La disolución de la persona jurídica.

- La suspensión de sus actividades por un plazo no superior a 5 años.

- La clausura de sus locales y establecimientos por un plazo no superior a 5 años.

- La prohibición de realizar en el futuro las actividades en cuyo ejercicio se cometió el delito.

- La inhabilitación para obtener subvenciones y ayudas públicas, para contratar con el sector público y para gozar de beneficios e incentivos fiscales o de Seguridad Social, durante un plazo que no supere los 15 años.

- La intervención judicial para salvaguardar los derechos de los trabajadores o de los acreedores, por el tiempo necesario que no podrá superar los 5 años.

RESOLUCIÓN RELEVANTE

Sentencia de la Audiencia Provincial de Barcelona n.º 297/2022, de 27 de octubre, ECLI:ES:APB:2022:15184

*«Del delito contra el patrimonio en la modalidad de insolvencia punible, previsto y penado en el citado artículo 259.1.1ª, 2ª, 3ª, 4ª y 9ª en relación al artículo 259 bis 1ª y 2ª, y 261 bis del Código Penal aprobado por Ley Orgánica 10/1995, de 23 de noviembre aparecen como responsables en concepto de autores materiales los acusados, don Indalecio , INMOVALERO S. A. y Construcciones TRI S. L. , así resulta de lo dispuesto en los artículos 27, 28, 31 y 31 bis del Código Penal cuando declaran que "... son responsables criminalmente de los delitos y faltas los autores y los cómplices..." y precisan que "...son autores quienes realizan el hecho por sí solos, conjuntamente o por medio de otro del que se sirven como instrumento...". Igualmente, el citado artículo 31 añade que "El que actúe como administrador de hecho o de derecho de una persona jurídica, o en nombre o representación legal o voluntaria de otro, responderá personalmente, aunque no concurran en él las condiciones, cualidades o relaciones que la correspondiente figura de delito requiera para poder ser sujeto activo del mismo, si tales circunstancias se dan en la entidad o persona en cuyo nombre o representación obre" y el **artículo 31 bis** que «1. En los supuestos previstos en este Código, las personas jurídicas serán penalmente responsables:*

a) De los delitos cometidos en nombre o por cuenta de las mismas, y en su beneficio directo o indirecto, por sus representantes legales o por aquellos que actuando individualmente o como integrantes de un órgano de la persona jurídica, están autorizados para tomar decisiones en nombre de la persona jurídica u ostentan facultades de organización y control dentro de la misma.

b) De los delitos cometidos, en el ejercicio de actividades sociales y por cuenta y en beneficio directo o indirecto de las mismas, por quienes, estando sometidos a la autoridad de las personas físicas mencionadas en el párrafo anterior, han podido realizar los hechos por haberse incumplido gravemente por aquéllos los deberes de supervisión, vigilancia y control de su actividad atendidas las concretas circunstancias del caso [...]" pues, de acuerdo con el relato de hechos probado y lo declarado en los anteriores fundamentos de derecho, ha quedado probado que el acusado, don Indalecio , ha llevado a cabo personal, individual, directa, material y voluntariamente los actos típicos constitutivos del ilícito objeto de acusación, en los términos y por las razones ya expuestas, es decir, la concesión de préstamos a entidades vinculadas y/o a terceros que no se devuelven ni reclaman y que, en ocasiones, se prorrogan con un nuevo vencimiento a cuyo término siguen sin cobrarse, reclamarse, dotarse, contabilizarse como deteriorados, o gestionarse en modo alguno, no reclamación de activos, daciones en pago, constitución de hipotecas, pago de retribución a administradores ficticios, así como la transmisión y/o venta de participaciones y celebración de contratos que carecen de la mínima lógica económica y determinantes de riesgo de insolvencia y consiguiente afectación por limitación de la responsabilidad exigible conforme al artículo 1911 del Código Civil, generando una situación de insolvencia con independencia de que esta fuera o no real y efectiva.

*En todo caso, la jurisprudencia de la Sala Segunda en la sentencia número 771/2006, de 18 de julio refiere que **la autoría alcanza tanto al propio deudor que crea su situación de insolvencia o como a la persona que actúa en su nombre, esto es, a los representantes legales de una persona física o a los administradores o liquidadores de derecho o de hecho de una persona jurídica** (art. 164.1 Ley Concursal), constando que el acusado, don Indalecio era tanto el administrador de hecho y/o derecho, como el verdadero representante de ambas acusadas, INMOVALERO S. A. y Construcciones TRI S. L., que eran directamente las deudoras».*

6.8.10. Delito de daños informáticos

Desde la reforma llevada a cabo por la Ley Orgánica 1/2015, de 30 de marzo, entrada en vigor el 1 de julio del 2015, la responsabilidad penal de las personas jurídicas por los delitos de daños informáticos ha pasado del art. 264.4, al art. 264 quater, ambos del CP.

En términos generales, respecto al delito de daños cabe recordar que el Tribunal Supremo viene razonando, como en la **STS n.º 475/2020, de 25 de septiembre, ECLI:ES:TS:2020:3038** que:

> «(...) en el delito de daños el objeto de la acción es siempre una cosa y el resultado es la destrucción equivalente a la pérdida total de su valor, la inutilización, que supone la desaparición de sus cualidades y utilidades o el menoscabo de la cosa misma que consiste en una destrucción parcial, un cercenamiento a la integridad, perfeccionamiento o al valor de la cosa».

En este punto debe mencionarse el Convenio sobre la Ciberdelincuencia, celebrado en Budapest el 23 de noviembre de 2001, cuya razón de ser se fundamentaba, principalmente, en la preocupación surgida ante el uso, cada vez más común, de las redes informáticas e información electrónica y su manejo como medio para cometer delitos.

En base a los diferentes acuerdos europeos nacidos para la protección de la persona ante delitos de tipo informático, a nivel estatal, en fecha actual, podemos decir que el artículo 264 del Código Penal (redactado dentro del libro II, título XIII, capítulo IX) ha sido objeto de varias modificaciones desde su redacción original en la LO 10/1995, de 23 de noviembre. Si bien mediante LO 5/2010, de 22 de junio se reformó, incluyendo una regulación expresa acerca de los actos dañosos en programas informáticos o documentos electrónicos ajenos, destacando en esa redacción que el legislador exigía el requisito de gravedad tanto para la acción ejecutada como para el resultado producido, a su vez, con la LO 5/2010 también se eliminó la expresión que recogía su versión anterior (LO 10/1995) *o de cualquier otro modo dañe*», cuya lectura establecía un número *apertus* de la acción típica (**SAP de Madrid n.º 87/2015, de 23 de octubre, ECLI:ES:APM:2015:14091**).

Partiendo de lo anterior y en respuesta a lo obligado por la Directiva 2013/40/UE del Parlamento Europeo y del Consejo, de 12 de agosto de 2013, relativa a los ataques contra los sistemas de información y por la que se sustituye la Decisión marco 2005/222/JAI del Consejo, que pretendía aproximar las normas de Derecho penal de los Estados miembros en materia de ataques contra sistemas de información para la imposición de medidas más severas según la gravedad del daño sufrido a través de este tipo de delitos, el actual artículo 264 de nuestro Código Penal (modificado por la LO 1/2015, de 30 de marzo, que transpone tal Directiva) dispone y regula sobre la modalidad básica del delito de daño informático, recogiendo en su apartado 2 la conducta agravada, y establece que:

> «1. El que por cualquier medio, sin autorización y de manera grave borrase, dañase, deteriorase, alterase, suprimiese o hiciese inaccesibles datos informáticos, programas informáticos o documentos electrónicos aje-

nos, cuando el resultado producido fuera grave, será castigado con la pena de prisión de seis meses a tres años.

2. Se impondrá una pena de prisión de dos a cinco años y multa del tanto al décuplo del perjuicio ocasionado, cuando en las conductas descritas concurra alguna de las siguientes circunstancias:

1.ª Se hubiese cometido en el marco de una organización criminal.

2.ª Haya ocasionado daños de especial gravedad o afectado a un número elevado de sistemas informáticos.

3.ª El hecho hubiera perjudicado gravemente el funcionamiento de servicios públicos esenciales o la provisión de bienes de primera necesidad.

4.ª Los hechos hayan afectado al sistema informático de una infraestructura crítica o se hubiera creado una situación de peligro grave para la seguridad del Estado, de la Unión Europea o de un Estado Miembro de la Unión Europea. A estos efectos se considerará infraestructura crítica un elemento, sistema o parte de este que sea esencial para el mantenimiento de funciones vitales de la sociedad, la salud, la seguridad, la protección y el bienestar económico y social de la población cuya perturbación o destrucción tendría un impacto significativo al no poder mantener sus funciones.

5.ª El delito se haya cometido utilizando alguno de los medios a que se refiere el artículo 264 ter.

Si los hechos hubieran resultado de extrema gravedad, podrá imponerse la pena superior en grado.

3. Las penas previstas en los apartados anteriores se impondrán, en sus respectivos casos, en su mitad superior, cuando los hechos se hubieran cometido mediante la utilización ilícita de datos personales de otra persona para facilitarse el acceso al sistema informático o para ganarse la confianza de un tercero».

La Fiscalía General del Estado en su Circular 3/2017, de 21 de septiembre, razona al respecto de la reforma del artículo 264 del CP que, mediante la numeración de actos que hace en su apartado 1, «(...) *el Legislador pretende abarcar todas las posibles conductas susceptibles de afectar a los elementos informáticos, tanto aquellas que impliquen su destrucción, bien sea total o parcial, como aquellas otras que comporten una modificación –alteración– de los mismos que igual podría producirse por eliminación, supresión o borrado parcial del elemento afectado como por la incorporación de nuevos datos que impliquen la variación del alcance o contenido inicial de aquellos»*.

CUESTIÓN

¿Cuál es el bien jurídico protegido en el delito de daños informáticos?

La **SAP de Valencia n.° 447/2011, de 10 de junio,**
ECLI:ES:APV:2011:3331 hace el siguiente análisis respecto al bien jurídico protegido en el artículo 264 del CP:

«(...) contemplar prácticamente cualquier injerencia en un programa ajeno, con tal de que esta pueda tacharse de grave, ya que en su número primero, como elenco de conductas punibles alude a: borrar, dañar, deteriorar, alterar, suprimir o hacer inaccesibles datos, programas o documentos, y, en su número segundo a: obstaculizar o interrumpir el funcionamiento de un sistema informático ajeno introduciendo, trasmitiendo, dañando, borrando, deteriorando, alterando, suprimiendo o haciendo

> *inaccesibles datos. Con lo que nos marca el espíritu o la interpretación hacia la que habría de tender el precepto, aun cuando no esté vigente, dado que aun cuando no se contemplara de una forma tan detallada y pormenorizada, toda esa serie de conductas no dejan de ser exponente de un funcionamiento anómalo del programa y por extensión de un determinado terminal, por consecuencia de una conducta voluntaria y deliberada de un tercero, que es definitiva lo que ocurre en el supuesto de autos».*

Partiendo de lo regulado en el apartado 1, del artículo 264 del CP, que contempla la condena por este delito cuando se ejecuta una maniobra, sin autorización previa, que dañe, deteriore, altere... programas informáticos o documentos electrónicos ajenos, y siempre que el resultado fuera grave, el debate nace en dicha apreciación, la gravedad de los daños sufridos. La **Audiencia Provincial de Madrid, en su sentencia n.º 305/2022, de 17 de mayo, ECLI:ES:APM:2022:9396** recoge una importante reflexión al respecto y destaca que el resultado grave de los daños causados debe ser valorado en base a criterios como:

- La probabilidad de recuperar los datos informáticos.
- La pérdida absoluta de los datos informáticos.
- El coste económico de la reparación del daño.
- La dificultad técnica que supone la recuperación.
- La duración de las tareas de recuperación.
- El perjuicio causado al titular de los datos.

También el Tribunal Supremo en su **sentencia n.º 91/2022, de 7 de febrero, ECLI:ES:TS:2022:528**, se ha pronunciado sobre el concepto de gravedad en estos términos:

> «Pese a estas dificultades, concluimos que la gravedad de la acción no debe observarse a partir del mecanismo que se emplee para llevar a término la acción típica, pues el propio legislador plasma la punición de la conducta con independencia de cuál sea el medio que se emplee para borrar, dañar, deteriorar, alterar, suprimir o hacer inaccesibles los datos informáticos, los programas informáticos o los documentos electrónicos ajenos, habiendo previsto como una agravación específica cuando el autor actúe por medio de programas informáticos concebidos o adaptados principalmente para cometer la acción, o cuando emplee para ello una contraseña, un código o un dato de acceso al sistema de información para cuyo uso no estuviera el sujeto activo legítimamente autorizado (art. 264.2.5.ª, en relación con el artículo 264 ter del Código Penal).
>
> La gravedad de la acción viene determinada por el daño funcional que el comportamiento genere, resultando atípicas todas aquellas actuaciones que, pese a satisfacer objetivamente alguna de las modalidades de obrar previstas en el tipo penal, resulten cualitativa o cuantitativamente irrelevantes para que el servicio o el sistema operen de manera rigurosa. Solo si la función digital deviene imposible o si se trastoca de manera relevante la utilidad o facilitación que introduce, la actuación dolosa de pervertir el sistema puede llegar a merecer el reproche penal.
>
> En todo caso, la tipicidad exige además que la disfunción electrónica genere un resultado realmente gravoso para el titular de los instrumentos

digitales. Nuestra sentencia anteriormente citada, atendiendo a que el supuesto que resolvíamos consistió en la eliminación de unos datos después recuperados de la "papelera de reciclaje" y compartiendo la posición sustentada en la Circular de la Fiscalía General del Estado n.° 3/2017, proclamaba que la gravedad típica se alcanza cuando es imposible recuperar la operatividad del sistema o cuando su recomposición es difícilmente reversible sin notables esfuerzos de dedicación técnica y económica. Debe observarse que las unidades o procesos informáticos que aquí se protegen, son elementos intangibles que no siempre presentan un valor económico intrínseco, ni siquiera lo tienen por el valor estimado de una recuperación incierta. El borrado del histórico fotográfico digital que una persona acopia durante toda su vida o la pérdida de las pruebas de diagnóstico y evolución que conforman su largo historial médico, ni son susceptibles de valoración intrínseca, ni existe la posibilidad de cuantificar el coste del trabajo preciso para una recuperación imposible, lo que no impide apreciar la trascendencia del perjuicio y lo dañino del resultado».

Por su parte, el art. 264 bis recoge la modalidad consistente en obstaculizar o interrumpir el funcionamiento de un sistema informático ajeno, castigándolo con pena de prisión de 6 meses a 3 años.

También se recoge como delito, en el art. 264 ter, el producir, adquirir para su uso, importar o de cualquier modo facilitar a terceros un programa informático, concebido o adaptado principalmente para cometer los delitos de daños informáticos ya vistos, o una contraseña de ordenador, código de acceso o datos similares que permitan acceder a un sistema de información, imponiendo una pena de 6 meses a 2 años de prisión, o multa de 3 a 18 meses.

CUESTIÓN

¿Puede cometerse un delito de daños genérico cuando se afecte a un sistema informático o necesariamente se consideraría delito de daños informáticos?

Es importante diferenciar entre el delito de daños informáticos y delito de daños (como término genérico), aunque pueda afectar este último a un sistema de tipo informático. Un ejemplo serían los daños materiales ocasionados en un ordenador, en cuyo caso la conducta se condena por el artículo 263 del Código Penal, cuya pena dependería de la cuantía en que se valore los perjuicios causados. El delito de daño informático se configura como un tipo penal autónomo, diferenciado del delito de daños del art. 263 del CP con conductas típicas propias.

Responsabilidad penal de la persona jurídica por el delito de daños informáticos

En cuanto a la **responsabilidad penal de la persona jurídica**, antes prevista en el 264.4 del CP, y ahora regulada en el art 264 quater del CP, se señala que conforme al art. 31 bis del CP, cuando una persona jurídica sea responsable de los delitos de los arts. 264, 264 bis y 264 ter, se le impondrán las siguientes penas:

– Multa de dos a cinco años o del quíntuplo a doce veces el valor del perjuicio causado, si resulta una cantidad superior, cuando se trate de delitos castigados con una pena de prisión de más de tres años.

– Multa de uno a tres años o del triple a ocho veces el valor del perjuicio causado, si resulta una cantidad superior, en el resto de los casos.

Atendidas las reglas establecidas en el artículo 66 bis, los jueces y tribunales podrán asimismo imponer las penas recogidas en las letras b) a g) del apartado 7 del artículo 33 del CP, que consisten en:

«b) Disolución de la persona jurídica. La disolución producirá la pérdida definitiva de su personalidad jurídica, así como la de su capacidad de actuar de cualquier modo en el tráfico jurídico, o llevar a cabo cualquier clase de actividad, aunque sea lícita.

c) Suspensión de sus actividades por un plazo que no podrá exceder de cinco años.

d) Clausura de sus locales y establecimientos por un plazo que no podrá exceder de cinco años.

e) Prohibición de realizar en el futuro las actividades en cuyo ejercicio se haya cometido, favorecido o encubierto el delito. Esta prohibición podrá ser temporal o definitiva. Si fuere temporal, el plazo no podrá exceder de quince años.

f) Inhabilitación para obtener subvenciones y ayudas públicas, para contratar con el sector público y para gozar de beneficios e incentivos fiscales o de la Seguridad Social, por un plazo que no podrá exceder de quince años.

g) Intervención judicial para salvaguardar los derechos de los trabajadores o de los acreedores por el tiempo que se estime necesario, que no podrá exceder de cinco años».

Con relación a la responsabilidad penal de las personas jurídicas, el art. 10 de la Directiva 2013/40/UE del Parlamento Europeo y del Consejo de 12 de agosto, dispone que:

«1. Los Estados miembros adoptarán las medidas necesarias para garantizar que las personas jurídicas puedan ser consideradas responsables de las infracciones mencionadas en los artículos 3 a 8 cuando estas infracciones sean cometidas en su beneficio por cualquier persona que, actuando a título particular o como parte de un órgano de la persona jurídica, ostente un cargo directivo en el seno de dicha persona jurídica, basado en:

a) el poder de representación de dicha persona jurídica, o

b) la capacidad para tomar decisiones en nombre de dicha persona jurídica, o

c) la capacidad para ejercer un control en el seno de dicha persona jurídica.

2. Los Estados miembros adoptarán las medidas necesarias para garantizar que las personas jurídicas puedan ser consideradas responsables cuando la falta de supervisión o control por parte de alguna de las personas a que se refiere el apartado 1 haya permitido que una persona sometida a su autoridad cometa una de las infracciones mencionadas en los artículos 3 a 8 en beneficio de esa persona jurídica.

3. La responsabilidad de las personas jurídicas en virtud de los apartados 1 y 2 no excluirá la incoación de acciones penales contra las personas físicas que sean autoras, inductoras o cómplices de las infracciones mencionadas en los artículos 3 a 8».

6.8.11. Delitos relativos a la propiedad intelectual e industrial, al mercado y a los consumidores

Delitos relativos a la propiedad intelectual e industrial, al mercado y a los consumidores

El Código Penal dedica su capítulo XI, del título XIII, del libro II a la regulación de los delitos relativos a la propiedad intelectual e industrial, al mercado y a los consumidores.

Dicho capítulo se divide en las siguientes secciones:

- Sección 1.ª De los delitos relativos a la propiedad intelectual (arts. 270 a 272).
- Sección 2.ª De los delitos relativos a la propiedad industrial (arts. 273 a 277).
- Sección 3.ª De los delitos relativos al mercado y a los consumidores (arts. 278 a 286).
- Sección 4.ª Delitos de corrupción en los negocios (arts. 286 bis a 286 quater).
- Sección 5.ª Disposiciones comunes a las secciones anteriores (arts. 287 a 288 bis).

En concreto la responsabilidad penal de las personas jurídicas por los delitos regulados en este título se contempla en el art. 288 del CP.

Delitos contra la propiedad intelectual

A modo de resumen, podemos decir que los delitos contra la propiedad intelectual se regulan en los arts. 270, 271 y 272 del Código Penal.

En el primero de ellos se establece que:

«1. Será castigado con la pena de prisión de seis meses a cuatro años y multa de doce a veinticuatro meses el que, con ánimo de obtener un beneficio económico directo o indirecto y en perjuicio de tercero, reproduzca, plagie, distribuya, comunique públicamente o de cualquier otro modo explote económicamente, en todo o en parte, una obra o prestación literaria, artística o científica, o su transformación, interpretación o ejecución artística fijada en cualquier tipo de soporte o comunicada a través de cualquier medio, sin la autorización de los titulares de los correspondientes derechos de propiedad intelectual o de sus cesionarios.

2. La misma pena se impondrá a quien, en la prestación de servicios de la sociedad de la información, con ánimo de obtener un beneficio económico directo o indirecto, y en perjuicio de tercero, facilite de modo activo y no neutral y sin limitarse a un tratamiento meramente técnico, el acceso o la localización en internet de obras o prestaciones objeto de propiedad

129

intelectual sin la autorización de los titulares de los correspondientes derechos o de sus cesionarios, en particular ofreciendo listados ordenados y clasificados de enlaces a las obras y contenidos referidos anteriormente, aunque dichos enlaces hubieran sido facilitados inicialmente por los destinatarios de sus servicios.

3. En estos casos, el juez o tribunal ordenará la retirada de las obras o prestaciones objeto de la infracción. Cuando a través de un portal de acceso a internet o servicio de la sociedad de la información, se difundan exclusiva o preponderantemente los contenidos objeto de la propiedad intelectual a que se refieren los apartados anteriores, se ordenará la interrupción de la prestación del mismo, y el juez podrá acordar cualquier medida cautelar que tenga por objeto la protección de los derechos de propiedad intelectual.

Excepcionalmente, cuando exista reiteración de las conductas y cuando resulte una medida proporcionada, eficiente y eficaz, se podrá ordenar el bloqueo del acceso correspondiente.

4. En los supuestos a que se refiere el apartado 1, la distribución o comercialización ambulante o meramente ocasional se castigará con una pena de prisión de seis meses a dos años.

No obstante, atendidas las características del culpable y la reducida cuantía del beneficio económico obtenido o que se hubiera podido obtener, siempre que no concurra ninguna de las circunstancias del artículo 271, el Juez podrá imponer la pena de multa de uno a seis meses o trabajos en beneficio de la comunidad de treinta y uno a sesenta días.

5. Serán castigados con las penas previstas en los apartados anteriores, en sus respectivos casos, quienes:

a) Exporten o almacenen intencionadamente ejemplares de las obras, producciones o ejecuciones a que se refieren los dos primeros apartados de este artículo, incluyendo copias digitales de las mismas, sin la referida autorización, cuando estuvieran destinadas a ser reproducidas, distribuidas o comunicadas públicamente.

b) Importen intencionadamente estos productos sin dicha autorización, cuando estuvieran destinados a ser reproducidos, distribuidos o comunicados públicamente, tanto si éstos tienen un origen lícito como ilícito en su país de procedencia; no obstante, la importación de los referidos productos de un Estado perteneciente a la Unión Europea no será punible cuando aquellos se hayan adquirido directamente del titular de los derechos en dicho Estado, o con su consentimiento.

c) Favorezcan o faciliten la realización de las conductas a que se refieren los apartados 1 y 2 de este artículo eliminando o modificando, sin autorización de los titulares de los derechos de propiedad intelectual o de sus cesionarios, las medidas tecnológicas eficaces incorporadas por éstos con la finalidad de impedir o restringir su realización.

d) Con ánimo de obtener un beneficio económico directo o indirecto, con la finalidad de facilitar a terceros el acceso a un ejemplar de una obra literaria, artística o científica, o a su transformación, interpretación o ejecución artística, fijada en cualquier tipo de soporte o comunicado a través de cualquier medio, y sin autorización de los titulares de los derechos de propiedad intelectual o de sus cesionarios, eluda o facilite la elusión de las medidas tecnológicas eficaces dispuestas para evitarlo.

6. Será castigado también con una pena de prisión de seis meses a tres años quien fabrique, importe, ponga en circulación o posea con una finalidad comercial cualquier medio principalmente concebido, producido, adaptado o realizado para facilitar la supresión no autorizada o la neutralización de cualquier dispositivo técnico que se haya utilizado para proteger programas de ordenador o cualquiera de las otras obras, interpretaciones o ejecuciones en los términos previstos en los dos primeros apartados de este artículo».

Hoy en día se reconoce la propiedad intelectual como valor jurídico que necesita protección del ordenamiento. En España, tal es el reconocimiento que, en los últimos años, las reformas en la legislación han convertido a la propiedad intelectual en objeto de protección, pasando de una legislación escasa a otra mucho más comprometida con las exigencias que el concepto comprende. La función de los delitos contra la propiedad intelectual es la defensa de los derechos asociados a obras literarias, artísticas o científicas de los que dispone su autor. En concreto, la mayor parte de las infracciones se cometen en el entorno digital, por lo que se aprobó el Real Decreto legislativo 1/1996, de 12 de abril, por el que se aprueba el texto refundido de la Ley de Propiedad Intelectual, regularizando, aclarando y armonizando las disposiciones legales vigentes sobre la materia, que prevé el desarrollo de métodos para la defensa de la propiedad intelectual en este entorno.

Se reserva la actuación penal a los ataques más graves al bien jurídico, de forma que las conductas menos graves que atenten contra él serán corregidas mediante el Derecho Civil, reclamaciones sobre el contenido patrimonial del derecho, y el Derecho administrativo sancionador, en cuanto comprometan la prestación de un servicio público.

Las **circunstancias que agravan la responsabilidad penal de alguien que cometa un delito contra la propiedad intelectual** vienen recogidas en el artículo 271 del Código Penal, y son las siguientes:

– Que el beneficio obtenido o que se hubiera podido obtener posea especial trascendencia económica.

– Que los hechos revistan especial gravedad, atendiendo el valor de los objetos producidos ilícitamente, el número de obras, o de la transformación, ejecución o interpretación de las mismas, ilícitamente reproducidas, distribuidas, comunicadas al público o puestas a su disposición, o a la especial importancia de los perjuicios ocasionados.

– Que el culpable perteneciere a una organización o asociación, incluso de carácter transitorio, que tuviese como finalidad la realización de actividades infractoras de derechos de propiedad intelectual.

– Que se utilice a menores de 18 años para cometer estos delitos.

En estos casos, las penas a imponer serán prisión de 2 a 6 años, multa de 18 a 36 meses e inhabilitación especial para el ejercicio de la profesión relacionada con el delito cometido, por un período de dos a cinco años.

A TENER EN CUENTA. La extensión de la responsabilidad civil derivada de estos delitos se regirá por las disposiciones de la Ley de Propiedad Intelectual relativas al cese de la actividad ilícita y a la indemnización de daños y perjuicios.

Delitos contra la propiedad industrial

Los delitos relativos a la propiedad industrial se regulan en los artículos 273 a 277 del Código Penal. El artículo 273 del Código Penal castiga a quienes, con fines comerciales o industriales y sin consentimiento del titular de una patente o modelo de utilidad, fabrique, importe, posea, utilice, ofrezca o introduzca en el comercio objetos amparados por tales derechos, cuando tenga conocimiento de su registro, con una pena de prisión de 6 meses a 2 años y multa de 12 a 24 meses.

Las mismas penas se impondrán:

– Al que, de igual manera, y para los citados fines, utilice u ofrezca la utilización de un procedimiento objeto de una patente, o posea, ofrezca, introduzca en el comercio, o utilice el producto directamente obtenido por el procedimiento patentado.

– Al que realice cualquiera de los actos tipificados en el párrafo primero del art. 273 del CP, concurriendo iguales circunstancias en relación con objetos amparados en favor de tercero por un modelo o dibujo industrial o artístico o topografía de un producto semiconductor.

Lo que se protege mediante este delito no es el mercado general o los derechos e intereses de los consumidores, sino el **derecho que tiene el titular del derecho industrial registrado al uso o explotación exclusiva**. Lo plenamente relevante es el ataque a la exclusividad de la que dispone el titular de dichos derechos, amparados por el título industrial.

Este derecho de exclusividad es un **bien jurídico disponible** sin restricciones por su titular, es decir, su consentimiento convierte el hecho en atípico por no mantenerse la existencia de un peligro o lesión a un bien jurídico.

La jurisprudencia del Tribunal Supremo ha declarado en distintas ocasiones varios elementos necesarios para la existencia de este delito, véase como ejemplo la STS de 19 de diciembre de 1983, suficiente intensidad para captar la existencia, entre los que se encuentran, como elementos objetivos, los siguientes:

– La realización de alguno de los actos de explotación directa de la patente o modelo de utilidad registrados a que hace referencia dicho precepto, sin consentimiento del titular.

– El dolo genérico, sobre la acción en el sentido de que sea consciente y voluntaria, y además el dolo específico de la intención o ánimo defraudatorio.

– En cuanto a la antijuridicidad, que la infracción del derecho se haga en atención a la norma reguladora del derecho de propiedad industrial, debiendo la titularidad del mismo estar inscrita registralmente; y que la repulsa social, ante tal acción, tenga la suficiente intensidad para captar la existencia del atentado defraudatorio.

Tal y como constatan nuestros tribunales, por ejemplo en la **sentencia de la Audiencia Provincial de Ceuta n.º 24/2023, de 22 de febrero, ECLI:ES:APCE:2023:57**, las conductas que se castigan son las siguientes, siempre que se realicen con fines industriales o comerciales, sin consentimiento del titular de la propiedad industrial y con conocimiento del registro: usurpación de patente, comercialización fraudulenta, usurpación de modelo o dibujo industrial o artístico o topografía, utilización de denominaciones de origen...

Delitos relativos al mercado y a los consumidores

Para saber que se entiende por delito relativo al mercado y a los consumidores podemos acudir al Diccionario del español jurídico (DEJ RAE), en el que encontramos la siguiente definición:

> «Delito de naturaleza predominantemente patrimonial, y a menudo defraudatoria, que afecta a intereses patrimoniales de las empresas, institucionales del mercado o socioeconómicos de los consumidores».

Antes de entrar a analizar en profundidad las conductas punibles relativas al mercado y a los consumidores, debemos contextualizar su desarrollo desde diversos ámbitos, y, a su vez, analizar la protección legislativa de los mismos desde distintas ópticas.

En el ámbito constitucional, el derecho fundamental a la libertad de empresa se encuentra regulado en el artículo 38 de la Constitución Española (en adelante CE) que establece que «*Se reconoce la libertad de empresa en el marco de la economía de mercado. Los poderes públicos garantizan y protegen su ejercicio y la defensa de la productividad, de acuerdo con las exigencias de la economía general y, en su caso, de la planificación*»; dicha protección se desarrolla tanto por las normas estatales como por las autonómicas, siendo importante tener en cuenta que: «*Estas reglas, estatales o autonómicas, que ordenan la economía de mercado deben, por tanto, ser conformes con la doble garantía constitucionalmente establecida del derecho fundamental a la libertad de empresa: la de la reserva de ley y la que resulta de la atribución a cada derecho o libertad de un núcleo del que ni siquiera el legislador puede disponer*». (STC n.º 89/2017, de 4 de julio, ECLI:ES:TC:2017:89).

Por otro lado, dentro de los principios rectores de la política social y económica, concretamente, en el artículo 51 de la CE se obliga a los poderes públicos a garantizar la defensa de los consumidores y usuarios mediante procedimientos eficaces, con el objeto de proteger la seguridad, la salud y los legítimos intereses económicos de los mismos.

CUESTIÓN

¿Qué se entiende por consumidor?

Para responder a esta cuestión podemos acudir al actual Texto Refundido de la Ley General para la Defensa de los Consumidores y Usuarios, aprobado por el Real Decreto Legislativo 1/2007, de 16 de noviembre, en el que se «(...) *abandonó el criterio del destino final de los bienes o servicios que se recogía en la LGCU de 1984, para adoptar el de la celebración del contrato en un ámbito ajeno a una actividad empresarial o profesional*». (STS n.º 230/2019, de 11 de abril, ECLI:ES:TS:2019:1226); definiendo en su artículo tercero a los consumidores y usuarios como «(...) *las personas físicas que actúen con un propósito ajeno a su actividad comercial, empresarial, oficio o profesión*»; así como a efectos de la antedicha Ley «(...) *las personas jurídicas y las entidades sin personalidad jurídica que actúen sin ánimo de lucro en un ámbito ajeno a una actividad comercial o empresarial*».

Desde el punto de vista de la ley penal, que en definitiva es el que nos ocupa en la presente, la protección del mercado y de los consumidores, califica como punibles las siguientes conductas: competencia desleal, detracción del mercado de materias primas o productos de primera necesidad, publicidad engañosa, facturación fraudulenta, estafa de inversores, manipulaciones para alterar el precio de las cosas, abuso de información privilegiada, y el pirateo de servicios de comunicación y electrónicos.

Delitos de corrupción en los negocios

Los artículos 286 bis y siguientes, regulan el delito de corrupción en los negocios. Este delito castiga al directivo, al administrador, empleado o colaborador de una empresa mercantil o de una sociedad que, por sí o por persona interpuesta, reciba, solicite o acepte un beneficio o ventaja no justificados de cualquier naturaleza, u ofrecimiento o promesa de obtenerlo, para sí o para un tercero, como contraprestación para favorecer indebidamente a otro en la adquisición o venta de mercancías, o en la contratación de servicios o en las relaciones comerciales. Al que cometa este delito se le impondrá una pena de prisión de seis meses a cuatro años, inhabilitación especial para el ejercicio de industria o comercio por tiempo de uno a seis años y multa del tanto al triplo del valor del beneficio o ventaja.

El apartado 2 del citado artículo castiga con la misma pena a quien, por sí o por persona interpuesta, prometa, ofrezca o conceda a directivos, administradores, empleados o colaboradores de una empresa mercantil o de una sociedad, un beneficio o ventaja no justificados, de cualquier naturaleza, para ellos o para terceros, como contraprestación para que le favorezca indebidamente a él o a un tercero frente a otros en la adquisición o venta de mercancías, contratación de servicios o en las relaciones comerciales.

Es decir, en su primer apartado el art. 286 bis del CP castiga el soborno a un empresario o empleado con la finalidad de vender o adquirir mercancías, prestar servicios, etc. El siguiente párrafo impone la misma pena a quien prometa, ofrezca o conceda dicha ayuda o beneficio.

Los jueces y tribunales, en atención a la cuantía del beneficio o el valor de la ventaja, y a la trascendencia de las funciones del culpable, podrán imponer la pena inferior en grado y reducir la multa a su prudente arbitrio.

A TENER EN CUENTA. Lo dispuesto en el artículo 286 bis será aplicable, en sus respectivos casos, a los directivos, administradores, empleados o colaboradores de una entidad deportiva, cualquiera que sea la forma jurídica de ésta, así como a los deportistas, árbitros o jueces, respecto de aquellas conductas que tengan por finalidad predeterminar o alterar de manera deliberada y fraudulenta el resultado de una prueba, encuentro o competición deportiva de especial relevancia económica o deportiva. A estos efectos, se considerará competición deportiva de especial relevancia económica, aquélla en la que la mayor parte de los participantes en la misma perciban cualquier tipo de retribución, compensación o ingreso económico por su participación en la actividad. Y, por otro lado, se entiende por competición deportiva de especial relevancia deportiva la que sea calificada en el calendario deportivo anual aprobado por la federación deportiva correspondiente como competición oficial de la máxima categoría de la modalidad, especialidad, o disciplina de que se trate.

El último apartado del artículo 286 bis del Código Penal dice que a los efectos de este artículo resulta aplicable lo dispuesto en el artículo 297 del CP, que establece que se entiende por sociedad toda cooperativa, Caja de Ahorros, mutua, entidad financiera o de crédito, fundación, sociedad mercantil o cualquier otra entidad de análoga naturaleza que para el cumplimiento de sus fines participe de modo permanente en el mercado.

La **conducta típica**, consiste en «corromper o intentar corromper» concepto amplio que abarca conductas como ofrecer, prometer, o entregar dádivas o presentes. También se castiga, la conducta consistente en «atender» a las solicitudes de los funcionarios públicos extranjeros que se les entregue una gratificación en la forma descrita. El término corromper venía siendo interpretado por la jurisprudencia (en sentencias como la **SAN n.º 3/2017, de 23 de febrero, ECLI:ES:AN:2017:493**) en el sentido de inducir al funcionario público con dádivas o presentes.

Si atendemos a la redacción del citado artículo 286 bis queda claro que se hace referencia tanto al aspecto de corrupción pasiva (siendo este el corrupto), como al de la corrupción activa (el que corrompe). Así se contempla expresamente, por un lado, los verbos típicos «recibir», «solicitar» o «aceptar», referidos a beneficios o ventajas no justificadas de cualquier naturaleza, para favorecer indebidamente a otro. Y, por otro lado, hacer referencia a «prometer», «ofrecer» o «conceder» un beneficio o ventaja no justificados, de cualquier naturaleza, por lo que no tiene por qué ser necesariamente de carácter económico.

Además, el delito, tanto en el aspecto de corrupción activa, como en el de corrupción pasiva, lo cometen no sólo los directivos y administradores, sino también empleados o colaboradores, aunque el apartado 3 del artículo 286 bis contempla, por razones de proporcionalidad, la posibilidad de reducir la pena en atención a la trascendencia de las funciones del culpable.

La nueva regulación mejora la redacción técnica de la **corrupción pasiva**, concretando que el beneficio recibido o aceptado puede ser para sí o para un tercero, y que ello tiene lugar como contraprestación para favorecer indebidamente a otro en la adquisición o venta de mercancías, o en la contratación de servicios o en las relaciones comerciales.

También mejora la redacción de la **corrupción activa** al concretar que el beneficio o ventaja prometida, ofrecida o concedida, a las personas mencionadas en el apartado 1, pudiendo ser para ellos o para terceros, incluyendo junto con los negocios las relaciones comerciales.

Es preciso que, en el ofrecimiento o concesión, la solicitud o aceptación de un beneficio o ventaja reúna los siguientes requisitos:

- Que tengan aptitud para poner en grave peligro la competencia, es decir, que sean potencialmente aptos para generar una posición de ventaja injusta.

- Que dicho peligro sea concreto, no bastando con la esperanza inespecífica de obtener, en un futuro incierto, una ventaja competitiva en la empresa del sobornado.

El tipo penal en cuestión exige cuando menos un **dolo eventual**, y además que el sujeto realice el comportamiento con la intención de que los directivos, administradores, empleados o colaboradores le concedan un beneficio irregular que puede ser conseguir o conservar un contrato, ayudar en la adquisición o venta de mercancía, en la contratación de servicios o en las relaciones comerciales.

Por su parte, el art. 286 ter regula la **corrupción de funcionarios públicos**, castigando a los que mediante el ofrecimiento, promesa o concesión de cualquier beneficio o ventaja indebidos, pecuniarios o de otra clase, corrompieren o intentaren corromper, por sí o por persona interpuesta, a una autoridad o funcionario público en beneficio de estos o de un tercero, o atendieran sus solicitudes al respecto, con el fin de que actúen o se abstengan de actuar en relación con el ejercicio de funciones públicas para conseguir o conservar un contrato, negocio o cualquier otra ventaja competitiva en la realización de actividades económicas internacionales.

Salvo que estuvieran castigados con una pena más grave en otro precepto del Código Penal, los que cometan este delito serán castigados con las penas de prisión de tres a seis años, multa de doce a veinticuatro meses, salvo que el beneficio obtenido fuese superior a la cantidad resultante, en cuyo caso la multa será del tanto al triplo del montante de dicho beneficio y, además, se impondrá en todo caso al responsable la pena de prohibición de contratar con el sector público, así como la pérdida de la posibilidad de obtener subvenciones o ayudas públicas y del derecho a gozar de beneficios o incentivos fiscales y de la Seguridad Social, y la prohibición de intervenir en transacciones comerciales de trascendencia pública por un periodo de siete a doce años.

La diferencia principal con la figura delictiva del artículo anterior es el sujeto pasivo, que en este caso no es un directivo, administrador, empleado o colaborador de una empresa privada, sino que es un trabajador que representa al Estado y tiene unas labores públicas. Esa especial diligencia que se le exige por su cargo es lo que fundamenta una mayor pena en este caso.

CUESTIÓN

¿Qué se entiende por funcionario público?

Se entenderá por funcionario público todo el que por disposición inmediata de la Ley o por elección o por nombramiento de autoridad competente participe en el ejercicio de funciones públicas. Además, el art. 427 del CP (aplicable por remisión expresa del art. 286 ter del CP) recoge los supuestos de:

«a) Cualquier persona que ostente un cargo o empleo legislativo, administrativo o judicial de un país de la Unión Europea o de cualquier otro país extranjero, tanto por nombramiento como por elección.

b) Cualquier persona que ejerza una función pública para un país de la Unión Europea o cualquier otro país extranjero, incluido un organismo público o una empresa pública, para la Unión Europea o para otra organización internacional pública.

c) Cualquier funcionario o agente de la Unión Europea o de una organización internacional pública.

d) Cualquier persona a la que se haya asignado y que esté ejerciendo una función de servicio público que consista en la gestión, en los Estados miembros o en terceros países, de intereses financieros de la Unión Europea o en tomar decisiones sobre esos intereses».

El artículo 286 quater del CP regula un **tipo agravado** para los delitos de los artículos 286 bis y ter. Si los hechos a los que se refieren dichos artículos resultaran de especial gravedad se impondrá la pena en su mitad superior, pudiéndose llegar hasta la superior en grado. A estos efectos, se considerarán de especial gravedad cuando:

- El beneficio o ventaja tenga un valor especialmente elevado.
- La acción del autor no sea meramente ocasional.
- Se trate de hechos cometidos en el seno de una organización o grupo criminal.
- El objeto del negocio versara sobre bienes o servicios humanitarios o cualesquiera otros de primera necesidad.

En el caso del apartado 4 del art 286 bis (que habla de la corrupción de los directivos, administradores, empleados o colaboradores de una entidad deportiva), los hechos se considerarán también de especial gravedad cuando:

- Tengan como finalidad influir en el desarrollo de juegos de azar o apuestas, o
- Sean cometidos en una competición deportiva oficial de ámbito estatal calificada como profesional o en una competición deportiva internacional.

Responsabilidad penal de las personas jurídicas en los delitos relativos a la propiedad intelectual e industrial, al mercado y a los consumidores

Con relación a la responsabilidad penal de la persona jurídica en los delitos recogidos en el mentado capítulo XI (De los delitos relativos a la propiedad intelectual e industrial, al mercado y a los consumidores), el art. 288 recoge diferentes penas en función del tipo de delitos de los que se trate:

1.º En el caso de los delitos previstos en los artículos 270, 271, 273, 274, 275, 276, 283 y 286:

a) Multa del doble al cuádruple del beneficio obtenido, o que se hubiera podido obtener, si el delito cometido por la persona física tiene prevista una pena de prisión de más de dos años.

b) Multa del doble al triple del beneficio obtenido, favorecido o que se hubiera podido obtener, en el resto de los casos.

2.º En el caso de los delitos previstos en los artículos 277, 278, 279, 280, 281, 282, 282 bis, 284, 285, 285 bis, 285 quater y 286 bis al 286 quater:

a) Multa de dos a cinco años, o del triple al quíntuple del beneficio obtenido o que se hubiere podido obtener si la cantidad resultante fuese más elevada, cuando el delito cometido por la persona física tiene prevista una pena de más de dos años de privación de libertad.

b) Multa de seis meses a dos años, o del tanto al duplo del beneficio obtenido o que se hubiere podido obtener si la cantidad resultante fuese más elevada, en el resto de los casos.

Además, los jueces y tribunales también podrán imponer las siguientes medidas:

- La disolución de la persona jurídica.
- La suspensión de sus actividades por un plazo no superior a 5 años.
- La clausura de sus locales y establecimientos por un plazo no superior a 5 años.
- La prohibición de realizar en el futuro las actividades en cuyo ejercicio se cometió el delito.
- La inhabilitación para obtener subvenciones y ayudas públicas, para contratar con el sector público y para gozar de beneficios e incentivos fiscales o de Seguridad Social, durante un plazo que no supere los 15 años.
- La intervención judicial para salvaguardar los derechos de los trabajadores o de los acreedores, por el tiempo necesario que no podrá superar los 5 años.

A modo de ejemplo, podemos citar aquí la **sentencia del Tribunal Supremo n.º 89/2023, de 10 de febrero, ECLI:ES:TS:2023:441**, en la que una mercantil resulta condenada por los delitos regulados en el art. 282 bis del CP, a pesar de no haber obtenido un beneficio efectivo de la conducta realizada por su representante legal. Recuerda la Sala que en estos casos lo relevante es la intención de beneficiar a la empresa, independientemente de que el beneficio finalmente se produzca o no.

También cabría citar aquí el **auto de la Audiencia Nacional, rec. 53/2016, de 3 de febrero de 2020, ECLI:ES:AN:2020:4A**, en el que se reconoce que las personas jurídicas pueden ser investigadas en este tipo de delitos, y que como tales deben estar sujetas a los derechos y obligaciones que le son propios:

> «(...) no son un mero instrumento del delito, sino auténticos sujetos de derechos y obligaciones, y por tanto deben adquirir el estatus jurídico procesal de investigado con los derechos y garantías inherentes al mismo. Por consiguiente, visto lo interesado por el Ministerio Fiscal y de conformidad con lo dispuesto en los arts. 118 y art 119 LECRIM, procede tener por dirigido el procedimiento contra tales personas jurídicas, por su presunta participación en los hechos puestos de manifiesto en la presente resolución, por si los mismos fueran constitutivos, sin perjuicio de su calificación definitiva en el momento procesal oportuno, de integrar delitos de corrupción en los negocios cometidos por medio de organización y/o grupo criminal previstos y penados en los arts. 286 bis y 570 bis y siguientes del Código penal, poniéndose en su conocimiento el contenido de la presente resolución a los efectos prevenidos en los precitados preceptos, debiendo procederse por la entidad investigada a la designación de un representante, así como de Abogado y Procurador que le asista y represente, a fin de dar a las actuaciones el curso procesal oportuno».

6.8.12. Delito de blanqueo de capitales

El art. 302.2 del CP establece el delito de blanqueo de capitales como uno de los supuestos que pueden dar origen a la responsabilidad penal de las personas jurídicas.

Se regula el **tipo básico** del delito de blanqueo de capitales en el artículo 301.1 del CP que castiga al que «(...) *adquiera, posea, utilice, convierta, o transmita bienes, sabiendo que éstos tienen su origen en una actividad delictiva, cometida por él o por cualquiera tercera persona, o realice cualquier otro acto para ocultar o encubrir su origen ilícito, o para ayudar a la persona que haya participado en la infracción o infracciones a eludir las consecuencias legales de sus actos (...)»*. Las penas que se recogen para este delito son de prisión de seis meses a seis años y multa del tanto al triplo del valor de los bienes. También, a criterio de jueces y tribunales, podrá imponerse la pena de inhabilitación especial para el ejercicio de su profesión o industria por tiempo de uno a tres años, y acordar la medida de clausura temporal (sin exceder de 5 años) o definitiva del establecimiento o local.

La jurisprudencia ha establecido como **elementos característicos de los actos de blanqueo** constitutivos de delito los siguientes (**sentencia del Tribunal Supremo n.º 362/2017, de 19 de mayo, ECLI:ES:TS:2017:2019**):

- La existencia de bienes procedentes de un delito.
- Una conducta de las previstas en el artículo 301.1 del CP que se analizan a continuación.
- La finalidad de ocultar o encubrir el origen ilícito del bien de que se trate o ayudar al autor del delito antecedente a eludir las consecuencias legales de sus actos.
- La existencia de dolo o imprudencia grave.

Cabe citar aquí la **STS n.º 555/2023, de 6 de julio, ECLI:ES:TS:2023:2948**, en la que se destaca que:

> «*En definitiva, estamos ante un delito de tendencia, en que el hecho objetivo no llena el tipo, si no va acompañado del tipo subjetivo, que se ha de concretar en el motivo que guía la acción del autor, de manera que no solo basta con el conocimiento de la procedencia que se exige en el art. 301.1 C.P., con la expresión "[...] sabiendo que estos tienen su origen en una actividad delictiva" (referido a los bienes), sino que, además, el acto realizado ha de ser "para ocultar o encubrir su origen ilícito, o para ayudar a la persona que haya participado en la infracción o infracciones a eludir las consecuencias de sus actos"* (...)».

Como ya se ha visto el artículo 301.1 del CP hace referencia a las siguientes conductas: adquirir, poseer, utilizar, convertir o transmitir. La posesión y la utilización han sido introducidas por la reforma operada por la LO 5/2010 de 22 de junio, y en este sentido la **sentencia del Tribunal Supremo n.º 699/2015, de 17 de noviembre, ECLI:ES:TS:2015:5098**, señala:

> «Ha de tenerse en cuenta, adicionalmente, que una vez incorporadas a la tipicidad del blanqueo por la reforma de 2010 las conductas de ‹poseer o

utilizar› se impone necesariamente excluir de la sanción penal como blanqueo comportamientos absolutamente inidóneos para comprometer el bien jurídico protegido por no estar orientados ni a ocultar o encubrir el origen ilícito de los bienes ni a ayudar a eludir la persecución del delito base».

El resto de las conductas fueron definidas en la **sentencia del Tribunal Supremo n.º 182/2014, de 11 de marzo, ECLI:ES:TS:2014:1013,** en los términos siguientes:

- La adquisición hace referencia al aumento del propio patrimonio, a título gratuito u oneroso.
- El convertir se refiere a la transformación de unos bienes en otros, la transformación de la naturaleza, o de la clase de bien de que se trate.
- La transmisión implica la salida de los bienes del propio patrimonio, para incrementar el de otra persona.

Las conductas anteriores se complementan con una **cláusula de cierre** que se refiere a la realización de cualquier otro acto dejando abierta la posibilidad de llevar a cabo cualesquiera otras conductas siempre que se realicen para ocultar o encubrir el origen ilícito de los bienes o para ayudar a la persona que haya participado en la infracción o infracciones a eludir las consecuencias legales de sus actos.

El tipo básico del blanqueo de capitales exige expresamente una **actividad delictiva previa**, es decir, que su autor conozca la procedencia delictiva de los bienes sobre los que recae alguna de las conductas analizadas. Se requiere, por tanto, que exista un delito previo al blanqueo imputable, tras la reforma del año 2010, bien al que sea sujeto activo del blanqueo, bien a otra tercera persona.

Con relación a esta actividad previa la **STS n.º 312/2020, de 15 de junio, ECLI:ES:TS:2020:4527,** señala cuales son los caracteres que debe reunir:

- Se requiere acreditar la existencia de un delito previo como origen de los bienes blanqueados.
- El delito previo ha de ser capaz de generar beneficios económicos.
- La conexión entre el delito previo y los beneficios acreditados, de forma que pueda afirmarse de forma suficientemente consistente que tienen su origen en aquel delito.
- La realización de operaciones descritas en el tipo con la finalidad de encubrir u ocultar el origen delictivo de los bienes referidos.

CUESTIÓN

¿Debe existir una condena firme por el delito previo para que puede dar lugar un delito de blanqueo de capitales?

No, el Tribunal Supremo en distintas ocasiones ha reconocido que no es necesaria una sentencia firme, y así, podemos citar a modo de ejemplo la **sentencia del Tribunal Supremo n.º 362/2017, de 19 de mayo, ECLI:ES:TS:2017:2019,** de la que se infiere que, si bien es cierto que el delito de blanqueo exige una actividad delictiva antecedente como origen de los bienes blanqueados, también lo es que no requiere, sin embargo, que haya recaído condena sobre aquélla. En este sentido recoge que: «(...)*Para acreditar su concurrencia es suficiente la prueba indiciaria, de forma que sea posible establecer que el único origen razonable de los bienes objeto del blanqueo es precisamente esa actividad o acción delictiva. Con mayor razón, una sentencia condenatoria firme es un elemento que acredita esa previa condena por un determinado delito».*

Añade la **sentencia del Tribunal Supremo n.º 312/2020, de 15 de junio, ECLI:ES:TS:2020:4527:**

«No es necesaria, sin embargo, una condena previa por el delito origen de los bienes, ni tampoco una descripción exhaustiva de la actividad delictiva previa. En este sentido, del artículo 3.3.b) de la Directiva 2018/1673 del Parlamento Europeo y del Consejo de 23 de octubre, se desprende que no es necesario para la condena por delito de blanqueo que se establezcan 'todos los elementos fácticos o todas las circunstancias relativas a dicha actividad delictiva, incluida la identidad del autor'. Ello no reduce, sin embargo, la necesidad de describir suficientemente una conducta que pueda ser constitutiva de delito y que sea el origen de los bienes blanqueados (STS 617/2018, de 3 de diciembre).

En este tipo de delitos es frecuente acudir a la prueba indiciaria para acreditar sus elementos típicos. Tanto esta Sala como el Tribunal Constitucional vienen afirmando con reiteración que la convicción judicial en un proceso penal puede formarse sobre la base de prueba indiciaria siempre que existan indicios plenamente acreditados, relacionados entre sí y no desvirtuados por otras pruebas o contraindicios y que se haya explicitado el juicio de inferencia de un modo razonable».

Además de las conductas del artículo 301.1 del CP en los términos que se han analizado, el apartado segundo del citado artículo castiga con las mismas penas «(...) *la ocultación o encubrimiento de la verdadera naturaleza, origen, ubicación, destino, movimiento o derechos sobre los bienes o propiedad de los mismos, a sabiendas de que proceden de alguno de los delitos expresados en el apartado anterior o de un acto de participación en ellos*». Esto es lo que se conoce como **blanqueo sucesivo** definido en la **sentencia del Tribunal Supremo n.º 182/2014, de 11 de marzo, ECLI:ES:TS:2014:1013**, como aquel que consiste en blanquear el resultado de lo ya blanqueado en un delito previo.

El apartado 4 del art. 301 extiende el castigo del blanqueo de capitales a aquellos casos en que el delito del que provengan los bienes, o los actos penados en los apartados anteriores del mismo precepto se hayan cometido, total o parcialmente, en el **extranjero**.

En apoyo de la cláusula anterior cabe citar la **sentencia del Tribunal Supremo n.º 974/2016, de 23 de diciembre, ECLI:ES:TS:2016:5654**, de la que se desprende en relación con el citado artículo que:

«(...) En efecto, el apartado 4º del art. 301 establece que ‹el culpable será igualmente castigado aunque el delito del que provinieren los bienes, o los actos penados en los apartados anteriores hubiesen sido cometidos, total o parcialmente, en el extranjero›. Se trata, por tanto, de una disposición de claro sabor procesal que ha sido incluida en el código penal con notoria descolocación sistemática. La redacción de este precepto sugiere que el delito de blanqueo se sujeta a un incondicionado criterio de persecución extraterritorial, equiparando la tutela penal del equilibrio del sistema financiero a la que reclaman otros bienes jurídicos de incuestionada validez para la comunidad nacional. Sin embargo, por mayor interés que revele el legislador en sortear los límites ordinarios en la aplicación de la ley penal, mal puede hablarse de una actividad de blanqueo de capitales si las ganancias no provienen de un delito. La necesidad de un delito antecedente -una actividad delictiva dice textualmente el art. 301 del CP - opera como una exigencia del tipo, sin el cual el juicio de subsunción se desmorona. Y parece evidente que el carácter conexo del delito de blanqueo de capitales, tal y como está anunciado en la querella, no puede proclamarse en ausencia de un delito principal calificable como tal en el lugar de comisión o, al menos, perseguible en nuestro sistema».

El art. 302 contiene en su apartado primero una **agravación** por la pertenencia a **organización criminal** o por **cometer el delito en el ejercicio de su actividad profesional**, cuando se trate de un sujeto obligado conforme a la normativa de prevención del blanqueo de capitales y de la financiación del terrorismo.

A continuación, el apartado segundo del mentado art. 302 regula la **responsabilidad penal de las personas jurídicas** en los siguientes términos:

«2. En tales casos, cuando de acuerdo con lo establecido en el artículo 31 bis sea responsable una persona jurídica, se le impondrán las siguientes penas:

a) Multa de dos a cinco años, si el delito cometido por la persona física tiene prevista una pena de prisión de más de cinco años.

b) Multa de seis meses a dos años, en el resto de los casos.

Atendidas las reglas establecidas en el artículo 66 bis, los jueces y tribunales podrán asimismo imponer las penas recogidas en las letras b) a g) del apartado 7 del artículo 33».

6.8.13. Delitos de financiación ilegal de los partidos políticos

El delito de financiación ilegal de los partidos políticos, regulado en el artículo 304 bis del CP, castiga al que reciba donaciones o aportaciones destinadas a un partido político, federación, coalición, o agrupación de electores con infracción de lo dispuesto en el artículo 5, de la Ley Orgánica 8/2007, de 4 de julio, sobre financiación de partidos políticos.

El que cometa este delito será castigado con una pena de multa del triple al quíntuple del valor de lo recibido.

Será castigado con una pena de multa del triplo al quíntuplo de su valor, el que **reciba** donaciones o aportaciones destinadas a un partido político, federación, coalición, o agrupación de electores con infracción de lo dispuesto en el artículo 5.1 de la Ley Orgánica 8/2007, de 4 de julio, sobre financiación de partidos políticos.

Los hechos anteriores serán castigados con una pena de prisión de seis meses a cuatro años y multa del triplo al quíntuplo de su valor o del exceso cuando:

- Se trate de donaciones recogidas en el artículo 5.1, letras a) o c) de la Ley Orgánica 8/2007, de 4 de julio, sobre financiación de los partidos políticos, de importe superior a 500.000 euros, o que superen en esta cifra el límite fijado en la letra b) del aquel precepto, cuando sea ésta el infringido.

- Se trate de donaciones recogidas en el artículo 7.2 de la Ley Orgánica 8/2007, de 4 de julio, sobre financiación de los partidos políticos, que superen el importe de 100.000 euros.

Si los hechos a que se refiere el apartado anterior resultaran de especial gravedad, se impondrá la pena en su mitad superior, pudiéndose llegar hasta la superior en grado.

El apartado 4 dispone que la misma pena se impondrá, en sus respectivos casos, **a quien entregare** donaciones o aportaciones destinadas a un partido político, federación, coalición o agrupación de electores, por sí o por persona interpuesta, en alguno de los supuestos de los números anteriores.

La regulación de este delito aparece en el artículo 304 bis del CP, que se encuadra en el título XIII bis, libro II denominado «*De los delitos de financiación ilegal de los partidos políticos*».

El **sujeto activo** de este delito será tanto el intermediario como cualquier miembro del partido político, federación, coalición o agrupación de electores que reciba del dinero.

La **conducta típica** en este delito consiste en recibir y entregar donaciones de origen privado.

El delito de financiación ilegal de los partidos políticos es un delito de mera actividad, por lo que no requiere que se produzca el resultado, y tampoco cabe su comisión por omisión. Se entenderá consumado con la mera conducta, sin necesitar que se dé el resultado.

El **objeto material del delito** lo constituyen las donaciones o aportaciones, directas o indirectas, que se reciben o entregan. Están donaciones están contempladas en el artículo 5.1 de la LO 8/2007, de 4 de julio donde se dictan los límites a las donaciones privadas. Siguiendo lo dispuesto en la Ley, los partidos políticos no podrán aceptar o recibir, directa o indirectamente:

a) Donaciones anónimas, finalistas o revocables.

b) Donaciones procedentes de una misma persona superiores a 50.000 euros anuales. Se exceptúan de este límite las donaciones en especie de bienes inmuebles, siempre que se cumplan los requisitos establecidos en la letra e) del apartado dos del artículo 4.

c) Donaciones procedentes de personas jurídicas y de entes sin personalidad jurídica.

En relación con el elemento subjetivo, estamos ante un **delito doloso**, no se prevé la comisión imprudente del delito y estaríamos hablando siempre de un delito de mera actividad, de forma que la mera entrega o recepción consumaría el delito, sin que quepa la frustración o tentativa, salvo que se realizasen todos o cada uno de los actos que deban producir el resultado y por circunstancias ajenas a la voluntad de sujeto activo no se produzca.

Como hemos dicho con anterioridad, el apartado dos del artículo 304 bis introduce un **subtipo agravado** en función del sujeto que realiza la aportación o donación, así como la cuantía. De esta forma, estará penado con multa del triplo al quíntuplo de la cuantía, y prisión de seis meses a cuatro años en los siguientes casos:

– Las donaciones o aportaciones cuyo importe supere los 500.000 euros, siempre que sea anónima, finalista o revocable, o provenga de personas jurídicas o entes sin personalidad, o que superen en esta cifra el límite fijado en la letra b) del aquel precepto, cuando sea ésta el infringido

– Las donaciones recogidas en el artículo 7.Dos de la Ley Orgánica 8/2007, de 4 de julio, sobre financiación de los partidos políticos (de Gobiernos y organismos, entidades o empresas públicas extranjeras o de empresas relacionadas directa o indirectamente con los mismos), que superen el importe de 100.000 euros.

A TENER EN CUENTA. El apartado 3 del citado precepto aporta un subtipo más agravado, ya que puede agravar tanto el supuesto del apartado 1 como el del 2. Este apartado dispone que se impondrá la pena en su mitad superior en aquellos supuestos en los que se aprecie una especial gravedad, pudiéndose llegar hasta la superior en grado.

Responsabilidad de las personas jurídica por el delito de financiación ilegal de los partidos políticos

El apartado 5 del artículo 304 bis del Código Penal regula la responsabilidad de las personas jurídicas tanto para el tipo básico como para los subtipos agravados, estableciendo la misma pena que para las personas físicas, al amparo de lo establecido en el artículo 31 bis del CP.

Atendidas las reglas establecidas en el artículo 66 bis, los jueces y tribunales podrán asimismo imponer las penas recogidas en las letras b) y g) del apartado 7 del artículo 33, que son:

– La disolución de la personalidad jurídica, que implicará la pérdida definitiva de su personalidad jurídica, así como la de su capacidad de actuar de cualquier modo en el tráfico jurídico, o de llevar a cabo cualquier actividad, aunque fuera una actividad lícita.

– La prohibición de realizar en el futuro las actividades en cuyo ejercicio se haya cometido, favorecido o encubierto, el delito, bien de manera temporal o definitiva, si bien, si fuese temporal, no podrá superar los quince años.

– La suspensión de sus actividades por un plazo que no podrá exceder de cinco años.

- La clausura de sus locales y establecimientos por un plazo que no podrá exceder de cinco años.

- La intervención judicial para salvaguardar los derechos de los trabajadores o de los acreedores por el tiempo que se estime necesario y que no podrá exceder de cinco años.

- La inhabilitación para obtener tanto subvenciones como ayudas públicas, para contratar con el sector público y para gozar de beneficios e incentivos fiscales o de la Seguridad Social, también por un plazo que no podrá exceder de quince años.

6.8.14. Delitos contra la Hacienda Pública y contra la Seguridad Social

Bajo la rúbrica «De los delitos contra la Hacienda Pública y contra la Seguridad Social» del título XIV, del libro II, se regulan otro bloque de delitos que pueden dar origen a la responsabilidad penal de las personas jurídicas, tal y como se recoge en el art. 310 bis del CP.

Delito contra la Hacienda pública

El artículo 305 del Código Penal castiga al que por acción u omisión, defraude a la **Hacienda pública** estatal, autonómica, foral o local, eludiendo el pago de tributos, cantidades retenidas o que se hubieran debido retener o ingresos a cuenta, obteniendo indebidamente devoluciones o disfrutando beneficios fiscales de la misma forma, siempre que la cuantía de la cuota defraudada, el importe no ingresado de las retenciones o ingresos a cuenta o de las devoluciones o beneficios fiscales indebidamente obtenidos o disfrutados exceda de 120.000 euros. («Delito contra la Hacienda Pública»).

Por lo tanto, la cuota defraudada debe superar los 120.000€. La doctrina y la jurisprudencia han conceptuado esta cantidad como condición objetiva de la punibilidad, ya que, incluso constatándose el dolo en un determinado supuesto de hecho, este no podría calificarse como delito si la cuota defraudada no alcanzase dicha cantidad (**STS n.º 499/2016, de 9 de junio, ECLI:ES:TS:2016:2589**).

Al que incurra en este delito se le impondrán las siguientes penas:

- Pena de prisión de uno a cinco años.

- Multa del tanto el séxtuplo de la citada cuantía defraudada, salvo que hubiere regularizado su situación tributaria en los términos del apartado 4 del presente artículo.

- Pérdida de la posibilidad de obtener subvenciones o ayudas públicas y del derecho a gozar de los beneficios o incentivos fiscales o de la Seguridad Social durante el período de tres a seis años.

Cabe decir que la mera presentación de declaraciones o autoliquidaciones no excluye la defraudación, cuando ésta se acredite por otros hechos.

CUESTIÓN

¿Cómo se determina la cuantía para saber si se superan los 120.000 euros?

El apartado 2 del art. 305 nos da la respuesta a esta cuestión, disponiendo que:

«(...)a) Si se trata de tributos, retenciones, ingresos a cuenta o devoluciones, periódicos o de declaración periódica, se estará a lo defraudado en cada período impositivo o de declaración, y si éstos son inferiores a doce meses, el importe de lo defraudado se referirá al año natural. No obstante lo anterior, en los casos en los que la defraudación se lleve a cabo en el seno de una organización o grupo criminal, o por personas o entidades que actúen bajo la apariencia de una actividad económica real sin desarrollarla de forma efectiva, el delito será perseguible desde el mismo momento en que se alcance la cantidad fijada en el apartado 1.

b) En los demás supuestos, la cuantía se entenderá referida a cada uno de los distintos conceptos por los que un hecho imponible sea susceptible de liquidación».

Las mismas penas se impondrán a quien cometa las conductas descritas en el apartado 1 y a quien eluda el pago de cualquier cantidad que deba ingresar o disfrute de manera indebida de un beneficio obtenido legalmente, cuando los hechos se cometan contra la **Hacienda de la Unión Europea**, siempre que la cuantía defraudada excediera de cien mil euros en el plazo de un año natural. No obstante, lo anterior, en los casos en los que la defraudación se lleve a cabo en el seno de una organización o grupo criminal, o por personas o entidades que actúen bajo la apariencia de una actividad económica real sin desarrollarla de forma efectiva, el delito será perseguible desde el mismo momento en que se alcance la cantidad fijada en este apartado.

Cuando la cuantía defraudada no supere los 100.000 euros, pero exceda de 10.000 euros, se impondrá una pena de prisión de tres meses a un año o multa del tanto al triplo de la citada cuantía y la pérdida de la posibilidad de obtener subvenciones o ayudas públicas y del derecho a gozar de los beneficios o incentivos fiscales o de la Seguridad Social durante el período de seis meses a dos años.

CUESTIÓN

¿Puede el obligado tributario regularizar su situación y evitar el delito?

Sí, el art. 305.4 del CP reconoce esta posibilidad, debiendo realizarse la regularización antes de que por la Administración Tributaria se le haya notificado el inicio de actuaciones de comprobación o investigación tendentes a la determinación de las deudas tributarias objeto de la regularización o, en el caso de que tales actuaciones no se hubieran producido, antes de que el Ministerio Fiscal, el abogado del Estado o el representante procesal de la Administración autonómica, foral o local de que se trate, interponga querella o denuncia contra aquél dirigida, o antes de que el Ministerio Fiscal o el juez de instrucción realicen actuaciones que le permitan tener conocimiento formal de la iniciación de diligencias.

A TENER EN CUENTA. La existencia del procedimiento penal por delito contra la Hacienda Pública no paralizará la acción de cobro de la deuda tributaria. Por parte de la Administración Tributaria podrán iniciarse las actuaciones dirigidas al cobro, salvo que el juez, de oficio o a instancia de parte, hubiere acordado la suspensión de las actuaciones de ejecución, previa prestación de garantía. Si no se pudiese prestar garantía en todo o en parte, excepcionalmente el juez podrá acordar la suspensión con dispensa total o parcial de garantías si apreciare que la ejecución pudiese ocasionar daños irreparables o de muy difícil reparación.

El apartado 6 del mentado art. 305 recoge la posibilidad de los jueces y tribunales de imponer al obligado tributario o al autor del delito la **pena inferior en uno o dos grados**, siempre que, antes del transcurso de dos meses desde la citación judicial como imputado **satisfaga la deuda tributaria y reconozca judicialmente los hechos**. Lo anterior será igualmente aplicable respecto de otros partícipes en el delito distintos del obligado tributario o del autor del delito, cuando colaboren activamente para la obtención de pruebas decisivas para la identificación o captura de otros responsables, para el completo esclarecimiento de los hechos delictivos o para la averiguación del patrimonio del obligado tributario o de otros responsables del delito.

Hay que tener en cuenta que estamos ante un **precepto penal en blanco**, en tanto que debe ser completado con la ley fiscal vigente en el momento, tanto las de carácter general como las específicas del impuesto cuyo pago se dice eludido.

> **CUESTIÓN**
>
> **¿Cuál es el bien jurídico protegido?**
>
> Podemos citar aquí lo expresado por la STS n.° 952/2006, de 6 de octubre, ECLI:ES:TS:2006:5739, que dice que es indudable que el bien jurídico protegido no es exclusivamente el patrimonio estatal, que es afectado indirectamente, sino que también lo es la perturbación ocasionada a la actividad recaudatoria del mismo, como presupuesto básico para cubrir patrimonialmente imperiosas necesidades públicas.

El tipo penal está constituido objetivamente por:

- Un **autor** caracterizado por ser **deudor tributario**. Se trata de un «delito especial» que solamente puede cometer quien tiene esa condición. Lo que no exige que el autor lleve a cabo el comportamiento típico por su propia mano.

- Un aspecto «esencialmente omisivo» en cuanto que supone la **infracción del deber de contribuir**, que la doctrina clasifica dentro de los «mandatos de determinación», que llevan a clasificar el delito dentro de la categoría de «en blanco»

- Pero que no se limita a la mera pasividad, por lo que, asume **cualquiera de las modalidades de acción u omisión** que el precepto citado prevé, lo que no basta es la mera elusión de la presentación de la preceptiva declaración y liquidación, o la inexactitud de ésta, ya que el desvalor de la acción exige el despliegue de «una cierta conducta o artificio engañoso», que lleva a incluir este delito dentro de la categoría de los de «medios determinados» funcionales para mantener oculta a la Hacienda la existencia del hecho imponible.

- Un resultado constituido por el «**perjuicio económico para la Hacienda**» que será típico si alcanza la cantidad fijada en la norma penal.

Este perjuicio deriva de aquella actuación engañosa, lo que excluye de la tipicidad los casos en que el comportamiento del sujeto no impide u obstaculiza de manera relevante la actuación de comprobación por la Hacienda para la efectividad de la recaudación, diferenciándose por ello de la mera infracción sancionada administrativamente.

La conducta puede consistir en eludir:

- El pago de tributos.
- El pago de cantidades retenidas o que se hubieran debido retener.
- El pago de ingresos a cuenta de retribuciones en especie.

La conducta también puede consistir en obtener:

- Devoluciones indebidamente obtenidas
- Beneficios fiscales indebidamente (bonificaciones, reducciones, deducciones, desgravaciones o exenciones).

Este delito es un **delito doloso**, no admitiendo la comisión por imprudencia. Para especificar el objeto del elemento subjetivo y las exigencias probatorias de éste, vamos a atender a lo dispuesto en la **STS n.º 374/2017, de 24 de mayo, ECLI:ES:TS:2017:1885**. En esta sentencia se establece que para que concurra dolo, lo que el sujeto debe saber es:

- Que está constituido como sujeto pasivo del tributo.
- Que aquellos actos que se le atribuyen tienen por finalidad eludir el cumplimiento de ese deber, con la importancia económica que exige el artículo 305 del Código Penal. Y lo que debe querer es precisamente lograr como resultado de sus actos impedir la efectividad recaudadora de Hacienda y la evitación del pago a que venía obligado.

El artículo 305 bis recoge un **subtipo agravado del delito de defraudación de Hacienda**, que castiga con la pena de prisión de dos a seis años y multa del doble al séxtuplo de la cuota defraudada, además de la pérdida de la posibilidad de obtener subvenciones o ayudas públicas, y del derecho a gozar de los beneficios o incentivos fiscales o de Seguridad Social de 4 a 8 años, cuando la defraudación se cometiere concurriendo alguna de las siguientes circunstancias:

- Que la cuantía de la cuota defraudada exceda de 600.000 euros.
- Que la defraudación se haya cometido en el seno de una organización o de un grupo criminal.
- Que la utilización de personas físicas o jurídicas o entes sin personalidad jurídica interpuestos, negocios o instrumentos fiduciarios o paraísos fiscales o territorios de nula tributación oculte o dificulte la determinación de la identidad del obligado tributario o del responsable del delito, la determinación de la cuantía defraudada o del patrimonio del obligado tributario o del responsable del delito.

A estos supuestos les serán de aplicación todas las restantes previsiones contenidas en el ya explicado artículo 305 del CP.

A TENER EN CUENTA. El art. 306 regula la condena del que defraude a los presupuestos generales de la Unión Europea u otros administrados por esta, en cuantía superior a cincuenta mil euros, en su párrafo primero, y en cuantía inferior a 50.000 pero superior a 4.000 euros en su párrafo segundo.

Delito de fraude a la Seguridad Social

El artículo 307 del Código Penal castiga al que, por acción u omisión, **defraude a la Seguridad Social** eludiendo el pago de las cuotas de ésta y conceptos de recaudación conjunta, obteniendo indebidamente devoluciones de las mismas o disfrutando de deducciones por cualquier concepto asimismo de forma indebida, siempre que la cuantía de las cuotas defraudadas o de las devoluciones o deducciones indebidas exceda de 50.000 euros.

Se castigará dicha conducta:

- Con la pena de prisión de uno a cinco años.

- Multa del tanto al séxtuplo de la citada cuantía salvo que hubiere regularizado su situación ante la Seguridad Social en los términos del apartado 3 del artículo 307 del CP.

- Además, se impondrá al responsable la pérdida de la posibilidad de obtener subvenciones o ayudas públicas y del derecho a gozar de los beneficios o incentivos fiscales o de la Seguridad Social durante el período de tres a seis años.

Cabe aclarar que la mera presentación de los documentos de cotización no excluye la defraudación cuando ésta se acredite por otros hechos. Para determinar la cuantía mencionada se atenderá al importe total defraudado durante cuatro años naturales.

CUESTIONES

1. ¿Puede regularizarse la situación y librarse así de la condena por el fraude a la Seguridad Social?

Sí, pero debe regularizarse antes que se le notifiquen las actuaciones inspectoras. Así, el apartado 3, del citado artículo 307, dice que se considerará regularizada la situación ante la Seguridad Social cuando se haya procedido por el obligado frente a la Seguridad Social al completo reconocimiento y pago de la deuda antes de que se le haya notificado la iniciación de actuaciones inspectoras dirigidas a la determinación de dichas deudas o, en caso de que tales actuaciones no se hubieran producido, antes de que el Ministerio Fiscal o el letrado de la Seguridad Social interponga querella o denuncia contra aquél o antes de que el Ministerio Fiscal o el juez de instrucción realicen actuaciones que le permitan tener conocimiento formal de la iniciación de diligencias.

Asimismo, los efectos de esa regularización prevista resultarán aplicables cuando se satisfagan deudas ante la Seguridad Social una vez prescrito el derecho de la Administración a su determinación en vía administrativa. La regularización de la situación ante la Seguridad Social impedirá que a dicho sujeto se le persiga por las posibles irregularidades contables u otras falsedades instrumentales que, exclusivamente en relación a la deuda objeto de regularización, el mismo pudiera haber cometido con carácter previo a la regularización de su situación.

2. ¿El procedimiento penal paraliza el procedimiento administrativo para la liquidación y cobro de las deudas con la Seguridad Social?

No, la existencia de un procedimiento penal por delito contra la Seguridad Social no paralizará el procedimiento administrativo para la liquidación y cobro de la deuda contraída con la Seguridad Social, salvo que el juez lo acuerde previa prestación de garantía. En el caso de que no se pudiese prestar garantía en todo o en parte, el juez, con carácter excepcional, podrá acordar la suspensión con dispensa total o parcial de las garantías, en el caso de que apreciara que la ejecución pudiera ocasionar daños irreparables o de muy difícil reparación. La liquidación administrativa se ajustará finalmente a lo que se decida en el proceso penal.

Los jueces y tribunales podrán imponer al obligado frente a la Seguridad Social o al autor del delito la **pena inferior en uno o dos grados**, siempre que, antes de que transcurran dos meses desde la citación judicial como imputado, **satisfaga la deuda con la Seguridad Social y reconozca judicialmente los hechos**. Lo anterior será igualmente aplicable respecto de otros partícipes en el delito distinto del deudor a la Seguridad Social o del autor del delito, cuando colaboren activamente para la obtención de pruebas decisivas para la identificación o captura de otros responsables, para el completo esclarecimiento de los hechos delictivos o para la averiguación del patrimonio del obligado frente a la Seguridad Social o de otros responsables del delito.

En los procedimientos por el delito contemplado en este artículo, para la ejecución de la pena de multa y la responsabilidad civil, que comprenderá el importe de la deuda frente a la Seguridad Social que la Administración no haya liquidado por prescripción u otra causa legal, incluidos sus intereses de demora, los jueces y tribunales recabarán el auxilio de los servicios de la Administración de la Seguridad Social que las exigirá por el procedimiento administrativo de apremio.

En este delito el **bien jurídico protegido** es el patrimonio de la Seguridad Social. Además del interés patrimonial de su tesorería, organismo encargado de recaudar las cotizaciones empresariales, se protege indirectamente la propia igualdad de las empresas en términos de competitividad, en relación con las obligaciones y gastos sociales, a fin de que aquélla pueda cumplir sus funciones sociales y asistenciales.

Cuando hablamos del delito de fraude contra la Seguridad Social hablamos de un **delito de resultado**, y no de mera actividad, ya que se exige para su apreciación causar un perjuicio a la Seguridad Social, y que este perjuicio sea expresamente cuantificado.

La conducta típica consiste en defraudar a la Seguridad Social, eludiendo el pago de las cuotas de esta y conceptos de recaudación conjunta, obteniendo indebidamente devoluciones de las mismas o disfrutando de deducciones por cualquier concepto asimismo de forma indebida, siempre que la cuantía de lo defraudado, de las devoluciones, o deducciones indebidas exceda de cincuenta mil euros. La conducta de defraudar se puede realizar por acción, realizando una gestión fraudulenta, o por omisión, no realizando el pago correspondiente, es decir, causar un daño patrimonial a la Seguridad Social mediante engaño en la recaudación de cuotas o conceptos de recaudación conjunta.

Es cierto que el hecho de no pagar a la Seguridad Social no supone sin más una defraudación y no es delito el no abonar las cuotas a la Seguridad Social sin que realice maniobra de ocultación que pudiera perjudicar a la labor investigadora, puesto que **el simple impago sin la concurrencia de un elemento de mendacidad solo constituye una infracción tributaria** cuya sanción excede del ámbito penal. Es por ello, que podemos concluir que dentro de los requisitos típicos del artículo 307 del CP nos encontramos con un requisito subjetivo, precisando que no consiste solamente en el impago de las cotizaciones a la Seguridad Social, sino que **tiene que existir la intención de defraudar mediante actos de ocultación o falsedad en las declaraciones**, al igual que en el delito fiscal.

El artículo 307 bis del CP regula un **subtipo agravado del delito de defraudación contra la Seguridad Social**, castigando, con la pena de prisión de dos a seis años y multa del doble al séxtuplo de la cuantía, además de la pérdida de la posibilidad de obtener subvenciones o ayudas públicas y del derecho a gozar de los beneficios o incentivos fiscales o de la Seguridad Social durante el período de cuatro a ocho años, cuando en la comisión del delito concurriera alguna de las siguientes circunstancias:

- Que la cuantía de las cuotas defraudadas o de las devoluciones o deducciones indebidas exceda de ciento veinte mil euros.

- Que la defraudación se haya cometido en el seno de una organización o de un grupo criminal.

- Que la utilización de personas físicas o jurídicas o entes sin personalidad jurídica interpuestos, negocios o instrumentos fiduciarios o paraísos fiscales o territorios de nula tributación oculte o dificulte la determinación de la identidad del obligado frente a la Seguridad Social o del responsable del delito, la determinación de la cuantía defraudada o del patrimonio del obligado frente a la Seguridad Social o del responsable del delito.

Otra de las conductas reguladas en este título XIV del CP, es la de quien **obtenga, para sí o para otro, el disfrute de prestaciones del Sistema de la Seguridad Social**, la prolongación indebida del mismo, o facilite a otros su obtención, **por medio del error provocado** mediante la simulación o tergiversación de hechos, o la ocultación consciente de hechos de los que tenía el deber de informar, causando con ello un perjuicio a la Administración Pública, será castigado con la pena de seis meses a tres años de prisión, salvo que los hechos no revistan especial gravedad, en cuyo caso la pena será de multa de tanto al séxtuplo (art. 307 ter del CP).

Además, en ambos casos, también se impondrá al responsable la pérdida de la posibilidad de obtener subvenciones y del derecho a gozar de los beneficios o incentivos fiscales o de la Seguridad Social durante el período de tres a seis años.

Se regula un **subtipo agravado** para cuando se de alguna de las siguientes circunstancias:

- El valor de las prestaciones fuera superior a cincuenta mil euros.

- Que la defraudación se haya cometido en el seno de una organización o de un grupo criminal.

- Que la utilización de personas físicas o jurídicas o entes sin personalidad jurídica interpuestos, negocios o instrumentos fiduciarios o paraísos fiscales o territorios de nula tributación oculte o dificulte la determinación de la identidad del obligado frente a la Seguridad Social o del responsable del delito, la determinación de la cuantía defraudada o del patrimonio del obligado frente a la Seguridad Social o del responsable del delito.

También se regula en el art. 308 del CP el obtener subvenciones o ayudas de las Administraciones Públicas en una cantidad o por un valor superior a cien mil euros falseando las condiciones requeridas para su concesión u ocultando las que la hubiesen impedido, o bien aplique los fondos obtenidos de las Administraciones Públicas para el desarrollo de una actividad a fines distintos de aquellos para los que fue concedida la subvención o ayuda, en una cantidad superior a 100.000 euros.

A TENER EN CUENTA. Para determinar la cuantía se atenderá al total de lo obtenido, defraudado o indebidamente aplicado, con independencia de si procede de una o de varias Administraciones Públicas conjuntamente.

Ya para finalizar con este título, el art. 310 del CP contempla el castigo del que, estando **obligado por ley tributaria a llevar contabilidad mercantil, libros o registros fiscales**:

- Incumpla absolutamente dicha obligación en régimen de estimación directa de bases tributarias.
- Lleve contabilidades distintas que, referidas a una misma actividad y ejercicio económico, oculten o simulen la verdadera situación de la empresa.
- No hubiere anotado en los libros obligatorios negocios, actos, operaciones o, en general, transacciones económicas, o los hubiese anotado con cifras distintas a las verdaderas.
- Hubiere practicado en los libros obligatorios anotaciones contables ficticias.

Los dos últimos supuestos requieren que se hayan omitido las declaraciones tributarias o que las presentadas fueren reflejo de su falsa contabilidad y que la cuantía, en más o menos, de los cargos o abonos omitidos o falseados exceda, sin compensación aritmética entre ellos, de 240.000 euros por cada ejercicio económico.

Responsabilidad penal de las personas jurídicas por delitos contra la Hacienda pública y la Seguridad Social

Con relación a la **responsabilidad penal de las personas jurídicas**, hay que tener en cuenta lo dispuesto en el art. 310 bis del Código Penal.

En este artículo se regula la responsabilidad penal de las personas jurídicas, en el caso de comisión por éstas de cualquiera de los delitos contra la Hacienda Pública y la Seguridad Social, de acuerdo a los establecidos en el artículo 31 bis del CP.

Las penas que le corresponderían son:

- Multa del tanto al doble de la cantidad defraudada o indebidamente obtenida, si el delito cometido por la persona física tiene prevista una pena de prisión de más de dos años.

- Multa del doble al cuádruple de la cantidad defraudada o indebidamente obtenida, si el delito cometido por la persona física tiene prevista una pena de prisión de más de cinco años.
- Multa de seis meses a un año, en los supuestos recogidos en el artículo 310.
- Pérdida de la posibilidad de obtener subvenciones o ayudas públicas y del derecho a gozar de los beneficios o incentivos fiscales o de la Seguridad Social durante el período de tres a seis años. Podrá imponerse también la prohibición para contratar con las Administraciones Públicas.

Atendidas las reglas establecidas en el artículo 66 bis, los jueces y tribunales podrán asimismo imponer las penas recogidas en las letras b) (disolución de la persona jurídica), c) (suspensión de las actividades por un plazo no superior a 5 años), d) (clausura de locales y establecimientos por un plazo que no supere los 5 años), e) (prohibición de realizar en el futuro las actividades en cuyo ejercicio se haya cometido, favorecido o encubierto el delito) y g) (intervención judicial para salvaguardar los derechos de los trabajadores o de los acreedores por el tiempo que se estime necesario) del apartado 7 del artículo 33.

Podemos citar aquí la **sentencia de la Audiencia Provincial de Murcia n.º 364/2019, de 7 de noviembre, ECLI:ES:APMU:2019:2247**, en la que, tras referirse a los arts. 31 bis y 310 bis, ambos del Código Penal, concluye que:

> «En el caso la mercantil Cleyton Ges SL debe responder como culpable, una vez que hemos identificado, conforme al art 31.1 CP, la responsabilidad penal de Amadeo que actúa en nombre del tercero, desarrollando, como administrador de la mercantil, la conducta defraudatoria descrita.
>
> **Dicha responsabilidad penal, en la que incurre el representante de la mercantil, se comunica a ésta por mandato legal** [en nombre o por cuenta de las mismas, y en su provecho, por sus representantes legales y administradores de hecho o de derecho] por el art 31 Bis CP».

6.8.15. Delitos contra los derechos de los ciudadanos extranjeros

Los delitos contra los derechos de los ciudadanos extranjeros se regulan en el artículo 318 bis del Código Penal. En este artículo se dispone que:

> « 1. El que intencionadamente ayude a una persona que no sea nacional de un Estado miembro de la Unión Europea a entrar en territorio español o a transitar a través del mismo de un modo que vulnere la legislación sobre entrada o tránsito de extranjeros, será castigado con una pena de multa de tres a doce meses o prisión de tres meses a un año.
>
> Los hechos no serán punibles cuando el objetivo perseguido por el autor fuere únicamente prestar ayuda humanitaria a la persona de que se trate.
>
> Si los hechos se hubieran cometido con ánimo de lucro se impondrá la pena en su mitad superior.

2. El que intencionadamente ayude, con ánimo de lucro, a una persona que no sea nacional de un Estado miembro de la Unión Europea a permanecer en España, vulnerando la legislación sobre estancia de extranjeros será castigado con una pena de multa de tres a doce meses o prisión de tres meses a un año.

3. Los hechos a que se refiere el apartado 1 de este artículo serán castigados con la pena de prisión de cuatro a ocho años cuando concurra alguna de las circunstancias siguientes:

a) Cuando los hechos se hubieran cometido en el seno de una organización que se dedicare a la realización de tales actividades. Cuando se trate de los jefes, administradores o encargados de dichas organizaciones o asociaciones, se les aplicará la pena en su mitad superior, que podrá elevarse a la inmediatamente superior en grado.

b) Cuando se hubiera puesto en peligro la vida de las personas objeto de la infracción, o se hubiera creado el peligro de causación de lesiones graves.

4. En las mismas penas del párrafo anterior y además en la de inhabilitación absoluta de seis a doce años, incurrirán los que realicen los hechos prevaliéndose de su condición de autoridad, agente de ésta o funcionario público.

5. Cuando de acuerdo con lo establecido en el artículo 31 bis una persona jurídica sea responsable de los delitos recogidos en este Título, se le impondrá la pena de multa de dos a cinco años, o la del triple al quíntuple del beneficio obtenido si la cantidad resultante fuese más elevada.

Atendidas las reglas establecidas en el artículo 66 bis, los jueces y tribunales podrán asimismo imponer las penas recogidas en las letras b) a g) del apartado 7 del artículo 33.

6. Los tribunales, teniendo en cuenta la gravedad del hecho y sus circunstancias, las condiciones del culpable y la finalidad perseguida por éste, podrán imponer la pena inferior en un grado a la respectivamente señalada».

Nos encontramos ante un **delito pluriofensivo**. Los bienes tutelados que vulnera este delito son, por un lado, los derechos del extranjero a una plena y efectiva integración social, que no se puede llevar a cabo si no disfrutan de los derechos y libertades que les brinda la Constitución Española y las demás leyes del ordenamiento jurídico español, y por otro lado, también se protege el derecho del Estado a controlar los flujos migratorios, debido a las consecuencias que podría acarrear la ausencia de este control en el orden social y económico.

El **comportamiento típico** que recoge el artículo 318 bis CP consiste en ayudar intencionadamente a una persona que no sea nacional de un Estado miembro de la Unión Europea a entrar en territorio español o a transitar a través del mismo de un modo que vulnere la legislación sobre entrada o tránsito de extranjeros.

Cuando una **persona jurídica sea responsable de estos delitos** se le impondrán una pena de multa de 2 a 5 años, previendo el CP una pena del triple al quíntuple del beneficio obtenido cuando la cantidad resultante fuese más elevada.

Además, se recoge también la posibilidad de que los jueces y tribunales impongan las penas recogidas en las letras b) a g) del art. 33.7 del CP, es decir:

- La disolución de la persona jurídica.
- La suspensión de sus actividades por un plazo no superior a 5 años.
- La clausura de sus locales y establecimientos por un plazo no superior a 5 años.
- La prohibición de realizar en el futuro las actividades en cuyo ejercicio se cometió el delito.
- La inhabilitación para obtener subvenciones y ayudas públicas, para contratar con el sector público y para gozar de beneficios e incentivos fiscales o de Seguridad Social, durante un plazo que no supere los 15 años.
- La intervención judicial para salvaguardar los derechos de los trabajadores o de los acreedores, por el tiempo necesario que no podrá superar los 5 años.

6.8.16. Delitos sobre la ordenación del territorio y el urbanismo

El artículo 319.4 del Código Penal dispone la responsabilidad penal de las personas jurídicas en relación con los delitos de urbanización, construcción o edificación no autorizables.

Como punto de partida podemos destacar que los delitos sobre la ordenación del territorio hacen referencia a aquellas acciones que puedan modificar o dañar las prioridades de uso para el que están pensadas las diferentes áreas territoriales en una zona, que se encuentran por encima de intereses individuales.

El conocido como delito de «edificaciones sin licencia» se recoge en el artículo 319 del Código Penal. En este artículo se dispone que se impondrán las penas de prisión de un año y seis meses a cuatro años, multa de doce a veinticuatro meses, salvo que el beneficio obtenido por el delito fuese superior a la cantidad resultante en cuyo caso la multa será del tanto al triplo del montante de dicho beneficio, e inhabilitación especial para profesión u oficio por tiempo de uno a cuatro años, a los promotores, constructores o técnicos directores que lleven a cabo obras de urbanización, construcción o edificación no autorizables en suelos destinados a viales, zonas verdes, bienes de dominio público o lugares que tengan legal o administrativamente reconocido su valor paisajístico, ecológico, artístico, histórico o cultural, o por los mismos motivos hayan sido considerados de especial protección.

Por su parte, el apartado 2 del art. 319 del CP contiene una pena menor, de prisión de uno a tres años, multa de doce a veinticuatro meses, salvo que el beneficio obtenido por el delito fuese superior a la cantidad resultante en cuyo caso la multa será del tanto al triplo del montante de dicho beneficio, e inhabilitación especial para profesión u oficio por tiempo de uno a cuatro años, para aquellos promotores, constructores o técnicos directores que lleven a cabo obras de urbanización, construcción o edificación no autorizables en el suelo no urbanizable.

Nuestros tribunales han establecido que también es exigible en este caso la actuación dolosa del culpable, y así podemos citar como ejemplo la **sentencia de la Audiencia Provincial de Lugo n.º 110/2023, de 2 de mayo, ECLI:ES:APLU:2023:320**, que al analizar el tipo penal del art. 319.2 del CP señala lo siguiente: «(…) *el precepto penal exige que se trate: a) de una construcción, edificación u obra de urbanización, b) no autorizable, y c) que se haya realizado en suelo no urbanizable. A dichos requisitos penales, deberá exigirse otro, como se anticipó, es el que la actuación dolosa del agente*».

A continuación, el apartado tercero faculta a jueces o tribunales a ordenar la demolición de la obra y la reposición a su estado originario, disponiendo que dicha decisión debe ser motivada, a cargo del autor del hecho, y sin perjuicio de las indemnizaciones debidas a terceros de buena fe.

> **CUESTIÓN**
>
> **¿Qué criterios se tienen por los jueces a la hora de ordenar la demolición?**
>
> Tal y como se recoge en la **STS n.º 615/2020, de 18 de noviembre, ECLI:ES:TS:2020:3801**:
>
> *«(…) o, como quiera que el art. 319.3 no señala criterio alguno, en la práctica se tienen en cuenta: la gravedad del hecho y la naturaleza de la construcción; la proporcionalidad de la medida en relación con el daño que causaría al infractor, en caso de implicarse sólo intereses económicos, verse afectados derechos fundamentales, como el uso de la vivienda propia, la naturaleza de los terrenos en que se lleva a cabo la construcción; tomando en distinta consideración los que sean de especial protección, los destinados a usos agrícolas, etc...*
>
> *Así por regla general, la demolición deberá acordarse cuando conste patentemente que la construcción la obra está completamente fuera de la ordenación y no sean legalizables o subsanables o en aquellos supuestos en que haya existido una voluntad rebelde del sujeto activo del delito a las órdenes o requerimientos de la Administración y en todo caso, cuando al delito contra la ordenación del territorio se añada un delito de desobediencia a la autoridad administrativa o judicial».*

Como ya hemos visto es el apartado cuarto el que regula la responsabilidad de las personas jurídicas, estableciendo que en los supuestos previstos en el art. 319 del CP, cuando el resulte responsable una persona jurídica en virtud de lo establecido en el art. 31 bis del CP, se le impondrá la pena de multa de uno a tres años, salvo que el beneficio obtenido por el delito fuese superior a la cantidad resultante en cuyo caso la multa será del doble al cuádruple del montante de dicho beneficio.

Además, atendiendo a lo establecido en el art. 66 del CP, los jueces y tribunales podrán asimismo imponer las penas recogidas en las letras b) a g) del apartado 7 del artículo 33, es decir:

- La disolución de la persona jurídica.

- La suspensión de sus actividades por un plazo no superior a 5 años.

– La clausura de sus locales y establecimientos por un plazo no superior a 5 años.

– La prohibición de realizar en el futuro las actividades en cuyo ejercicio se cometió el delito.

– La inhabilitación para obtener subvenciones y ayudas públicas, para contratar con el sector público y para gozar de beneficios e incentivos fiscales o de Seguridad Social, durante un plazo que no supere los 15 años.

– La intervención judicial para salvaguardar los derechos de los trabajadores o de los acreedores, por el tiempo necesario que no podrá superar los 5 años.

6.8.17. Delitos contra los recursos naturales y el medio ambiente

El delito de emisiones, vertidos, radiaciones, extracciones... que puedan dañar al medio ambiente, se regula en el artículo 325 del Código Penal, en el que se establece que será castigado con las penas de prisión de seis meses a dos años, multa de diez a catorce meses e inhabilitación especial para profesión u oficio por tiempo de uno a dos años el que, contraviniendo las leyes u otras disposiciones de carácter general protectoras del medio ambiente, **provoque o realice directa o indirectamente emisiones, vertidos, radiaciones, extracciones o excavaciones, aterramientos, ruidos, vibraciones, inyecciones o depósitos, en la atmósfera, el suelo, el subsuelo o las aguas terrestres, subterráneas o marítimas, incluido el alta mar**, con incidencia incluso en los espacios transfronterizos, así como las captaciones de aguas que, por sí mismos o conjuntamente con otros, cause o pueda causar **daños sustanciales a la calidad del aire, del suelo o de las aguas, o a animales o plantas**.

Cuando estas conductas pudieran **perjudicar gravemente el equilibrio de los sistemas naturales**, se impondrá una pena de prisión de dos a cinco años, multa de ocho a veinticuatro meses e inhabilitación especial para profesión u oficio por tiempo de uno a tres años, regulándose además que en los casos en que se cree un riesgo de grave perjuicio para la salud de las personas, se impondrá la pena de prisión en su mitad superior, pudiéndose llegar hasta la superior en grado.

CUESTIÓN

A estos efectos, ¿qué se entiende por perjuicio grave?

La valoración del peligro grave está integrada por dos elementos esenciales: probabilidad y carácter negativo de su eventual resultado. La gravedad se deduce de la valoración de estos dos elementos de manera conjunta, lo que implica negar la tipicidad cuando se trata de casos posibles o remotamente probables, o aquellos que afecten de forma insignificante al bien jurídico.

Para determinar la gravedad del perjuicio es necesario acudir al análisis de factores tales como el antropológico o las condiciones naturales del ecosistema, que influyen en la fauna y la flora puestas en peligro. En la **sentencia del Tribunal Supre-**

mo n.º 926/2016, de 14 de diciembre, ECLI:ES:TS:2016:5469, se recoge que «*En la STS 194/2001, de 14 de febrero , se afirmó, en el mismo sentido que "el peligro equivale a la relevante posibilidad de que llegue a producirse un efecto temido. Se trata de un elemento constitutivo del tipo penal cuya concurrencia debe determinarse, en concreto, mediante la prueba... A tal efecto no puede perderse de vista que el Código penal cifra la concreción del peligro en la intensidad de la incidencia contaminante. Es el índice de ésta, cuando sea susceptible de connotarse con el rasgo típico de gravedad, el que dará relevancia penal a la conducta*».

La mayoría de la doctrina coincide en que lo que se pretende proteger con este delito es el medio ambiente y el equilibrio de los sistemas naturales, entendidos éstos como un bien colectivo. El medio ambiente ha pasado a ser un valor universalmente aceptado y es uno de los pocos bienes jurídicos objeto de tutela penal propia, según la Constitución, en la que se establece una triple protección del medio ambiente (civil, penal y administrativa).

En la **sentencia del Tribunal Supremo n.º 865/2015, de 14 de enero, ECLI:ES:TS:2016:11**, se exponen los elementos esenciales para estimar la tipicidad objetiva de este delito:

– La provocación o realización directa o indirecta de alguna de las actividades contaminantes aludidas en el precepto.

– La infracción de una norma ambiental de carácter extrapenal, elemento normativo exigido en forma de contravención de alguna de las leyes o disposiciones reguladoras de aquel tipo de actividades.

– La creación de una situación de peligro grave para el bien jurídico protegido, como consecuencia de la realización de la actividad contaminante ilícita.

CUESTIÓN

¿Cuál es la diferencia entre vertidos directos e indirectos?

El Tribunal Supremo ha identificado los vertidos como la introducción de sustancias contaminantes, diferenciando entre:

Directos: aquellos que provocan que el elemento que contamina se introduzca o penetre sin intermediaciones en la atmósfera, el suelo o el agua.

Indirectos: conductas que, si bien no determinaron una evacuación directa, integraron un comportamiento previo del que necesariamente habría de derivarse ese vertido.

El Alto Tribunal ha destacado la **importancia del dolo** en este delito, pudiendo citar, por ejemplo, la **STS n.º 327/2007, de 27 de abril, ECLI:ES:TS:2007:2517**, en la que se señala que el dolo en este tipo de delito exige el conocimiento de los elementos de la tipicidad, esto es, el conocimiento de la generación de los vertidos, entendido en el sentido amplio comprensivo de las distintas modalidades de la acción, y de la generación del riesgo grave que a consecuencia de la acción puede producirse al bien jurídico o a la salud de las personas, lo que incluye desde la voluntariedad en la causación del riesgo hasta la representación de su causación y la decisión de no desistir de ella. En consecuencia, obra con dolo quien conociendo el peligro generado por su acción no adopta ninguna medida para evitar la producción del peligro.

Normalmente el dolo será eventual o de segundo grado, siendo improbable que se llegue a apreciar el dolo directo, dado que la conducta potencialmente lesiva del medio ambiente comete normalmente con una finalidad que no pertenece al estudio del derecho penal, por ejemplo, el desarrollo de una actividad industrial.

En definitiva, el delito del artículo 325 del CP **requiere la comisión dolosa en la producción del vertido**, siendo necesario acreditar la intención o la representación del riesgo y continuidad en la acción.

Por su parte, el delito de **traslado, tratamiento o aprovechamiento de residuos** contraviniendo la ley, se recoge en el artículo 326 del Código Penal, en el que se establece que serán castigados con las penas previstas en el artículo anterior, en sus respectivos supuestos, quienes, contraviniendo las leyes u otras disposiciones de carácter general, recojan, transporten, valoricen, transformen, eliminen o aprovechen residuos, o no controlen o vigilen adecuadamente tales actividades, de modo que causen o puedan causar daños sustanciales a la calidad del aire, del suelo o de las aguas, o a animales o plantas, muerte o lesiones graves a personas, o puedan perjudicar gravemente el equilibrio de los sistemas naturales.

Añadiendo el art. 326.2 del CP que quien, fuera del supuesto a que se refiere el apartado anterior, **traslade una cantidad no desdeñable de residuos**, tanto en el caso de uno como en el de varios traslados que aparezcan vinculados, en alguno de los supuestos a que se refiere el Derecho de la Unión Europea relativo a los traslados de residuos, será castigado con una pena de tres meses a un año de prisión, o multa de seis a dieciocho meses e inhabilitación especial para profesión u oficio por tiempo de tres meses a un año.

El **bien jurídico protegido** por este delito es esencialmente el mismo que el que se protege mediante el tipo penal recogido en el artículo anterior, es decir, el medio ambiente y el equilibrio de los sistemas naturales, entendidos éstos como un bien colectivo.

En consonancia con el delito anterior, se añaden tres aspectos más a tener en cuenta relativos al peligro:

- Que «*causen o puedan causar daños sustanciales a la calidad del aire, del suelo o de las aguas, o a animales o plantas*», anteriormente referido al grave peligro con respecto a la calidad del aire, suelo, aguas, animales o plantas.

- «*Muerte o lesiones graves a las personas*», sancionando anteriormente la acción que pusiera en grave peligro la vida, integridad física o psicológica de las personas o su salud.

- Posibilidad de causar un grave perjuicio al equilibrio de los sistemas naturales, entendiendo que se castiga, por tanto, el riesgo creado.

A continuación el CP regula la **explotación de estas instalaciones sin autorización**, castigando en el artículo 326 bis del CP con las penas previstas en el artículo 325 del CP a quienes, contraviniendo las leyes u otras disposiciones de carácter general, lleven a cabo la explotación de instalaciones en las que se realice una actividad peligrosa o en las que se almacenen o utilicen sustancias o preparados peligrosos de modo que causen o puedan causar daños sustanciales a la calidad del aire, del suelo o de las aguas, a animales o plantas, muerte o lesiones graves a las personas, o puedan perjudicar gravemente el equilibrio de los sistemas naturales.

Por su parte, el art. 327 del CP recoge aquellas circunstancias que pueden dar lugar a la aplicación de la **pena superior en grado:**

- Que la industria o actividad funcione clandestinamente, sin haber obtenido la preceptiva autorización o aprobación administrativa de sus instalaciones.

- Que se hayan desobedecido las órdenes expresas de la autoridad administrativa de corrección o suspensión de las actividades tipificadas en el artículo anterior.

- Que se haya falseado u ocultado información sobre los aspectos ambientales de la misma.

- Que se haya obstaculizado la actividad inspectora de la Administración.

- Que se haya producido un riesgo de deterioro irreversible o catastrófico.

- Que se produzca una extracción ilegal de aguas en período de restricciones.

El art. 328 del CP se refiere a las especialidades cuando el autor sea una **persona jurídica**, conforme a lo establecido en el art. 31 bis del mentado código. En estos casos se impondrán las siguientes penas:

- Multa de uno a tres años, o del doble al cuádruple del perjuicio causado cuando la cantidad resultante fuese más elevada, si el delito cometido por la persona física tiene prevista una pena de más de dos años de privación de libertad.

- Multa de seis meses a dos años, o del doble al triple del perjuicio causado si la cantidad resultante fuese más elevada, en el resto de los casos.

Atendidas las reglas establecidas en el artículo 66 bis, los jueces y tribunales podrán asimismo imponer las penas recogidas en las letras b) a g) del apartado 7 del artículo 33, es decir, tienen la facultad de imponer las siguientes penas:

- La disolución de la persona jurídica.

- La suspensión de sus actividades por un plazo no superior a 5 años.

- La clausura de sus locales y establecimientos por un plazo no superior a 5 años.

- La prohibición de realizar en el futuro las actividades en cuyo ejercicio se cometió el delito.

- La inhabilitación para obtener subvenciones y ayudas públicas, para contratar con el sector público y para gozar de beneficios e incentivos fiscales o de Seguridad Social, durante un plazo que no supere los 15 años.

– La intervención judicial para salvaguardar los derechos de los trabajadores o de los acreedores, por el tiempo necesario que no podrá superar los 5 años.

Sobre la posibilidad de condenar a la persona jurídica, aun cuando no ha podido identificarse al autor del delito se pronuncia la **sentencia del Tribunal Superior de Justicia de Madrid n.° 55/2021, de 23 de febrero, ECLI:ES:TSJM:2021:2819**:

> «Y si bien la posibilidad de la responsabilidad de las personas jurídicas independiente de las personas físicas está contemplada en el art. 31 ter CP , y la jurisprudencia que ha interpretado esta responsabilidad penal de las personas jurídicas (que no es vicarial, sino un sistema de autorresponsabilidad), al establecer que ‹la responsabilidad penal de las personas jurídicas será exigible siempre que se constate la comisión de un delito que haya tenido que cometerse por quien ostente los cargos o funciones aludidas en el artículo anterior, aun cuando la concreta física responsable no haya sido individualizada o no haya sido posible dirigir el procedimiento contra ella, cuando el apartado b) del art. 328 CP rebaja la pena para el resto de casos, hace referencia también, y no sólo, a los supuestos en que no esté determinada la persona física que comete el delito, que es precisamente lo que ocurre en el caso que nos ocupa en la medida en que no se ha condenado a la acusada y no se dirigió actuación alguna contra quien, aparentemente, gestionaba de hecho el local y la sociedad. De hecho, la sociedad STAFF SHOW BUSINESS S.L ha sido condenada por un incumplimiento por su parte de las medidas de control eficaces, ya fuera para prevenir la emisión de los ruidos, ya para evitar la situación de peligro grave para el bien jurídico protegido, derivado de la actividad ruidosa y contaminante. Y así constatado el incumplimiento de las obligaciones de vigilancia por parte de la sociedad, pero no determinada la persona física que omitió tales deberes, se considera que la interpretación que hace la Sala a quo del art. 328 CP, es correcta pues no se declara probado que la persona física de la acusada haya incumplido sus obligaciones, incidiendo la Sala en el déficit acusatorio en este sentido por parte del Ministerio Fiscal, al no haber dirigido la acción penal contra el Sr. Ignacio».

A TENER EN CUENTA. En los casos de cualquier delito de este capítulo III, dedicado a los delitos contra los recursos naturales y el medio ambiente, que haya sido cometido por imprudencia grave, los autores serán castigados, en su caso con la pena inferior en grado, en sus respectivos supuestos, tal y como se indica en el artículo 331 del CP.

6.8.18. Delitos contra los animales

Con las modificaciones introducidas por la Ley Orgánica 3/2023, de 28 de marzo, de modificación de la Ley Orgánica 10/1995, de 23 de noviembre, del Código Penal, en materia de maltrato animal, con entrada en vigor el 18/04/2023, **se suprimen los artículos 337 y 337 bis, creándose un nuevo título XVI bis dentro del libro II del Código Penal, abarcando los artículos 340 bis a 340 quinquies, con el nombre de «De los delitos contra los animales».**

Delito de maltrato animal

El delito de maltrato animal se regula en el nuevo artículo 340 bis del CP, castigando con la pena de prisión de tres a dieciocho meses o multa de seis a doce meses y con la pena de inhabilitación especial de uno a tres años para el ejercicio de profesión, oficio o comercio que tenga relación con los animales y para la tenencia de animales el que fuera de las actividades legalmente reguladas y por cualquier medio o procedimiento, incluyendo los actos de carácter sexual, **cause a un animal** doméstico, amansado, domesticado o que viva temporal o permanentemente bajo el control humano lesión **que requiera tratamiento veterinario para el restablecimiento de su salud.**

Si las lesiones del apartado anterior se causaren a un animal vertebrado no incluido en el apartado anterior, se impondrá la pena de prisión de tres a doce meses o multa de tres a seis meses, además de la pena de inhabilitación especial de uno a tres años para el ejercicio de la profesión, oficio o comercio que tenga relación con los animales y para la tenencia de animales.

Si el delito se hubiera cometido utilizando **armas de fuego**, el juez o tribunal podrá imponer motivadamente la pena de privación del derecho a tenencia y porte de armas por un tiempo de uno a cuatro años.

Cuando concurra alguna de las siguientes **circunstancias agravantes**, las penas podrán imponerse en su mitad superior:

- Utilizar armas, instrumentos, objetos, medios, métodos o formas que pudieran resultar peligrosas para la vida o salud del animal.
- Ejecutar el hecho con ensañamiento.
- Causar al animal la pérdida o la inutilidad de un sentido, órgano o miembro principal.
- Realizar el hecho por su propietario o quien tenga confiado el cuidado del animal.
- Ejecutar el hecho en presencia de un menor de edad o de una persona especialmente vulnerable.
- Ejecutar el hecho con ánimo de lucro.
- Cometer el hecho para coaccionar, intimidar, acosar o producir menoscabo psíquico a quien sea o haya sido cónyuge o a persona que esté o haya estado ligada al autor por una análoga relación de afectividad, aun sin convivencia.
- Ejecutar el hecho en un evento público o difundirlo a través de tecnologías de la información o la comunicación.
- Utilizar veneno, medios explosivos u otros instrumentos o artes de similar eficacia destructiva o no selectiva.

Cuando, con ocasión de los hechos previstos en el apartado primero de este artículo 340 bis, se cause la muerte de un animal doméstico, amansado, domesticado o que viva temporal o permanentemente bajo el control humano, se impondrá la pena de prisión de doce a veinticuatro meses, además de la pena de inhabilitación especial de dos a cuatro años para el ejercicio de profesión, oficio o comercio que tenga relación con los animales y para la tenencia de animales.

Cuando, con ocasión de los hechos previstos en el apartado primero del art. 340 bis del CP, se cause muerte de un animal vertebrado no incluido en el apartado anterior, se impondrán las siguientes penas:

- Prisión de seis a dieciocho meses.
- O multa de dieciocho a veinticuatro meses.
- Y, además, la pena de inhabilitación especial de dos a cuatro años para el ejercicio de la profesión, oficio o comercio que tenga relación con los animales y para la tenencia de animales.
- Si el delito se hubiera cometido utilizando armas de fuego, el juez o tribunal podrá imponer motivadamente la pena de privación del derecho a tenencia y porte de armas por un tiempo de dos a cinco años.

> **A TENER EN CUENTA.** Cuando concurra alguna de las circunstancias agravantes ya mencionadas, el juez o tribunal impondrá las penas en su mitad superior.

CUESTIÓN

¿Cuándo a pesar de haber maltratado gravemente al animal no se le causan lesiones podría sancionarse al autor de los hechos?

Sí, en estos casos el art. 340 bis del CP dispone que: *«Si las lesiones producidas no requiriesen tratamiento veterinario o se hubiere maltratado gravemente al animal sin causarle lesiones, se impondrá una pena de multa de uno a dos meses o trabajos en beneficio de la comunidad de uno a treinta días. Asimismo, se impondrá la pena de inhabilitación especial de tres meses a un año para el ejercicio de profesión, oficio o comercio que tenga relación con los animales y para la tenencia de animales».*

Delito de abandono de animales

Continúa el art. 340 ter regulando el delito de abandono de animales, castigando a quien abandone a un animal vertebrado que se encuentre bajo su responsabilidad en condiciones en que pueda peligrar su vida o integridad será castigado con una pena de multa de uno a seis meses o de trabajos en beneficio de la comunidad de treinta y uno a noventa días. Asimismo, se impondrá la pena de inhabilitación especial de uno a tres años para el ejercicio de profesión, oficio o comercio que tenga relación con los animales y para la tenencia de animales.

La responsabilidad penal de las personas jurídicas en los delitos contra los animales

La **responsabilidad penal de las personas jurídicas en los delitos contra los animales aparece regulada en el art. 340 quater del CP**, castigando a las mismas con las siguientes penas que se impondrán en función de las penas previstas para las personas físicas:

a) Multa de uno a tres años, si el delito cometido por la persona física tiene prevista en la ley una pena de prisión superior a dos años.

b) Multa de seis meses a dos años, en el resto de los casos.

En todo caso, también se establece la posibilidad de jueces y tribunales de imponer las penas recogidas en el artículo 33.7, párrafos b) a g), que serían las siguientes:

- La disolución de la persona jurídica.

- La suspensión de sus actividades por un plazo no superior a 5 años.

- La clausura de sus locales y establecimientos por un plazo no superior a 5 años.

- La prohibición de realizar en el futuro las actividades en cuyo ejercicio se cometió el delito.

- La inhabilitación para obtener subvenciones y ayudas públicas, para contratar con el sector público y para gozar de beneficios e incentivos fiscales o de Seguridad Social, durante un plazo que no supere los 15 años.

- La intervención judicial para salvaguardar los derechos de los trabajadores o de los acreedores, por el tiempo necesario que no podrá superar los 5 años.

Medidas cautelares ante los delitos de maltrato y abandono de animales

Se prevén en el artículo 340 quinquies que se podrán adoptar motivadamente cualquier medida cautelar necesaria para la protección de los bienes tutelados en este título, **incluyendo cambios provisionales sobre la titularidad y cuidado del animal.**

Cuando la pena de inhabilitación especial para el ejercicio de profesión, oficio o comercio que tenga relación con los animales y para la tenencia de animales recaiga sobre la persona que tuviera a asignada la titularidad o cuidado del animal maltratado, el juez o tribunal, de oficio o a instancia de parte, adoptará las medidas pertinentes respecto a la titularidad y el cuidado del animal.

6.8.19. Delitos relativos a la radiaciones ionizantes

El art. 343 del Código Penal regula los delitos relacionados con las radiaciones ionizantes, castigando la conducta de aquellos que pongan en peligro la vida, integridad, salud o bienes de una o varias personas, mediante el vertido, la emisión o la introducción en el aire, el suelo o las aguas de una cantidad de materiales o de radiaciones ionizantes, o la exposición por cualquier otro medio a dichas radiaciones. Igualmente se castiga a los que mediante estas conductas pongan en peligro la calidad del aire, del suelo o de las aguas o a animales o plantas.

Las penas impuestas serán:

- Prisión de 6 a 12 años.

- E inhabilitación especial para empleo o cargo público, profesión u oficio por tiempo de seis a diez años.

CUESTIÓN

¿Qué ocurre cuando la conducta descrita en el mentado artículo produzca un resultado lesivo constitutivo de delito?

En estos casos, el art. 343.2 del CP dispone que los jueces o tribunales apreciarán tan sólo la infracción más gravemente penada, aplicando la pena en su mitad superior.

El tercer apartado de este artículo es el que reconoce la posibilidad de que nazca la responsabilidad penal de las personas jurídicas, recogiendo una pena para las mismas de multa de 2 a 5 años, además de facultar a los jueces para imponer las penas reguladas en las letras b) a g) del art. 33.7 del CP, es decir, podrán imponer alguna de las siguientes penas:

– La disolución de la persona jurídica.

– La suspensión de sus actividades por un plazo no superior a 5 años.

– La clausura de sus locales y establecimientos por un plazo no superior a 5 años.

– La prohibición de realizar en el futuro las actividades en cuyo ejercicio se cometió el delito.

– La inhabilitación para obtener subvenciones y ayudas públicas, para contratar con el sector público y para gozar de beneficios e incentivos fiscales o de Seguridad Social, durante un plazo que no supere los 15 años.

– La intervención judicial para salvaguardar los derechos de los trabajadores o de los acreedores, por el tiempo necesario que no podrá superar los 5 años.

6.8.20. Riesgos provocados por explosivos y otros agentes

Otro de los delitos que pueden conllevar la responsabilidad penal de las personas jurídicas es el regulado en los apartados 1 y 2 del art. 348 del CP, que regula los delitos de riesgo provocados por explosivos y otros agentes.

En el primer apartado se regula el delito consistente en la **fabricación, manipulación, transporte, tenencia o comercialización de explosivos, sustancias inflamables o corrosivas, tóxicas y asfixiantes**, o cualesquiera otras materias, aparatos o artificios que puedan causar estragos, contravinieran las normas de seguridad establecidas. En estos casos se exige que se ponga en concreto peligro la vida, la integridad física o la salud de las personas, o el medio ambiente.

También se recoge el delito consistente en producir, importar, exportar, comercializar o utilizar sustancias destructoras del ozono de forma ilegal.

La pena que se impondrá será de:

– Prisión de seis meses a tres años.

- Multa de doce a veinticuatro meses.
- E inhabilitación especial para empleo o cargo público, profesión u oficio por tiempo de seis a doce años.

CUESTIÓN

¿Quién puede ser sujeto cativo de este delito?

La **STS n.º 573/2019, de 25 de noviembre, ECLI:ES:TS:2019:3798,** nos da la repuesta a esta cuestión señalando que:

«Pues bien, respecto a la primera cuestión a analizar, esto es, si el art. 348 del Código Penal exige un sujeto activo del delito especial, entendiendo por tal un sujeto autorizado a manipular, transportar, etc. las sustancias inflamables o explosivas, o puede serlo cualquiera, la STS 828/2009, de 13 de julio, nos dice que «se trata de un delito común -puede cometerlo cualquiera-, de una norma penal en blanco en cuanto precisa la infracción de las normas de seguridad establecidas en cada caso-, de peligro concreto para la vida, la integridad o la salud de las personas, o el medio ambiente, suponiendo un adelantamiento de la intervención penal a momentos anteriores a la efectiva producción de los correspondientes resultados lesivos -de dimensiones catastróficas pues se exige que pueda causar estragos-, precisando una relación de causalidad entre la infracción de las normas citadas y el resultado de peligro concreto, y que sólo es penalmente punible su comisión dolosa (al no estar prevista en el Código su comisión por imprudencia)" ».

Por su parte en el apartado segundo se regula la conducta de los **responsables de la vigilancia, control y utilización de explosivos que puedan causar estragos**, consistente en facilitar su efectiva pérdida o sustracción, contraviniendo la normativa en materia de explosivos. En estos casos se castigarán con las ya mencionadas penas en el apartado primero.

Cuando de estos hechos fuese **responsable una persona jurídica**, en virtud de lo establecido en el art. 31 bis del CP, el art. 348.3 del citado código dispone que se le impondrán las siguientes penas:

- Multa de uno a tres años.
- En el caso de que el importe del perjuicio producido fuese mayor, la multa será del doble al cuádruple del montante de dicho perjuicio.

Además, nuevamente se faculta a jueces y tribunales a imponer alguna de las penas enumeradas a continuación:

- La disolución de la persona jurídica.
- La suspensión de sus actividades por un plazo no superior a 5 años.
- La clausura de sus locales y establecimientos por un plazo no superior a 5 años.
- La prohibición de realizar en el futuro las actividades en cuyo ejercicio se cometió el delito.
- La inhabilitación para obtener subvenciones y ayudas públicas, para contratar con el sector público y para gozar de beneficios e incentivos fiscales o de Seguridad Social, durante un plazo que no supere los 15 años.
- La intervención judicial para salvaguardar los derechos de los trabajadores o de los acreedores, por el tiempo necesario que no podrá superar los 5 años.

Es importante tener en cuenta que el Código Penal establece que en estos supuestos las penas se impondrán en su mitad superior cuando se trate de los directores, administradores o encargados de la sociedad, empresa, organización o explotación.

6.8.21. Delitos contra la salud pública

Los delitos contra la salud pública se encuentran tipificados a lo largo de los artículos 359 a 378 del Código Penal.

Elaboración o comercialización de productos químicos/sustancias nocivas para la salud

Según el artículo 359 del CP, el que, sin hallarse debidamente autorizado, elabore sustancias nocivas para la salud o productos químicos que puedan causar estragos, o los despache o suministre, o comercie con ellos, será castigado con la pena de prisión de seis meses a tres años y multa de seis a doce meses, e inhabilitación especial para profesión o industria por tiempo de seis meses a dos años.

Por otro lado, el artículo 360 del CP establece que el que, hallándose autorizado para el tráfico de las sustancias o productos a que se refiere el artículo anterior, los despache o suministre sin cumplir con las formalidades previstas en las leyes y reglamentos respectivos, será castigado con la pena de multa de seis a doce meses e inhabilitación para la profesión u oficio de seis meses a dos años.

Elaboración de medicamentos o productos sanitarios sin habilitación legal o de forma engañosa

Este delito se encuentra regulado en el artículo 361 del CP, según el cual el que fabrique, importe, exporte, suministre, intermedie, comercialice, ofrezca o ponga en el mercado, o almacene con estas finalidades, medicamentos, incluidos los de uso humano y veterinario, así como los medicamentos en investigación, que carezcan de la necesaria autorización exigida por la ley, o productos sanitarios que no dispongan de los documentos de conformidad exigidos por las disposiciones de carácter general, o que estuvieran deteriorados, caducados o incumplieran las exigencias técnicas relativas a su composición, estabilidad y eficacia, y con ello se genere un riesgo para la vida o la salud de las personas, será castigado con una pena de prisión de seis meses a tres años, multa de seis a doce meses e inhabilitación especial para profesión u oficio de seis meses a tres años.

Se introduce por la LO 8/2021, de 4 junio, de protección integral a la infancia y la adolescencia frente a la violencia, con entrada en vigor el 25 de junio de 2021, el artículo 361 bis al CP; dicho precepto dispone que la distribución o difusión pública a través de Internet, del teléfono o de cualquier otra tecnología de la información o de la comunicación de contenidos específicamente destinados a promover o facilitar, entre personas menores de edad o personas con discapacidad necesitadas de especial protección, el consumo de productos, preparados o sustancias o la utilización de técnicas de ingestión o eliminación de productos alimenticios cuyo uso sea susceptible de generar riesgo para la salud de las personas será castigado con la pena de multa de seis a doce meses o pena de prisión de uno a tres años. En estos supuestos las autoridades judiciales ordenarán la adopción de las medidas necesarias para la retirada de estos contenidos, para la interrupción de los servicios que ofrezcan predominantemente dichos contenidos o para el bloqueo de unos y otros cuando radiquen en el extranjero.

Distribución de medicamentos o productos sanitarios

El artículo 362 del Código Penal castiga con una pena de prisión de seis meses a cuatro años, multa de seis a dieciocho meses e inhabilitación especial para profesión u oficio de uno a tres años, el que elabore o produzca:

a) un medicamento, incluidos los de uso humano y veterinario, así como los medicamentos en investigación; o una sustancia activa o un excipiente de dicho medicamento;

b) un producto sanitario, así como los accesorios, elementos o materiales que sean esenciales para su integridad;

Además, continúa el artículo, disponiendo que esta elaboración o producción debe realizarse de modo que se presente engañosamente: su identidad, incluidos, en su caso, el envase y etiquetado, la fecha de caducidad, el nombre o composición de cualquiera de sus componentes, o, en su caso, la dosificación de los mismos; su origen, incluidos el fabricante, el país de fabricación, el país de origen y el titular de la autorización de comercialización o de los documentos de conformidad; datos relativos al cumplimiento de requisitos o exigencias legales, licencias, documentos de conformidad o autorizaciones; o su historial, incluidos los registros y documentos relativos a los canales de distribución empleados, siempre que estuvieran destinados al consumo público o al uso por terceras personas, y generen un riesgo para la vida o la salud de las personas.

En el apartado segundo del mentado art. 362 se regula la conducta de quien altere, al fabricarlo o elaborarlo o en un momento posterior, la cantidad, la dosis, la caducidad o la composición genuina, según lo autorizado o declarado, de cualquiera de los medicamentos, sustancias, excipientes, productos sanitarios, accesorios, elementos o materiales mencionados en el apartado anterior, de un modo que reduzca su seguridad, eficacia o calidad, generando un riesgo para la vida o la salud de las personas,

Las mismas penas se impondrán a quien altere, al fabricarlo o elaborarlo o en un momento posterior, la cantidad, la dosis, la caducidad o la composición genuina, según lo autorizado o declarado, de cualquiera de los medicamentos, sustancias, excipientes, productos sanitarios, accesorios, elementos o materiales mencionados en el apartado anterior, de un modo que reduzca su seguridad, eficacia o calidad, generando un riesgo para la vida o la salud de las personas, imponiendo en estos casos las mismas penas que en el apartado anterior (prisión de seis meses a cuatro años, multa de seis a dieciocho meses e inhabilitación especial para profesión u oficio de uno a tres años, el que elabore o produzca).

También el art. 362 bis del Código Penal castiga al que importe, exporte, anuncie o haga publicidad, ofrezca, exhiba, venda, facilite, expenda, despache, envase, suministre, incluyendo la intermediación, trafique, distribuya o ponga en el mercado, cualquiera de los medicamentos, sustancias activas, excipientes, productos sanitarios, accesorios, elementos o materiales a que se refiere el artículo anterior, señalando que en estos casos se exige el conocimiento de su falsificación o alteración, y que con ello se genere un riesgo para la vida o salud de las personas.

Además, también se castiga a quien los adquiera o tenga en depósito con la finalidad de destinarlos al consumo público, al uso por terceras personas o a cualquier otro uso que pueda afectar a la salud pública.

Las penas que se establecen en estos supuestos son las de prisión de seis meses a cuatro años, multa de seis a dieciocho meses e inhabilitación especial para profesión u oficio de uno a tres años.

Elaboración de documento falso con respecto a medicamentos o productos sanitarios

Este tipo penal se recoge en el artículo 362 ter del CP, que establece que el que elabore cualquier documento falso o de contenido mendaz referido a cualquiera de los medicamentos, sustancias activas, excipientes, productos sanitarios, accesorios, elementos o materiales a que se refiere el apartado 1 del artículo 362, incluidos su envase, etiquetado y modo de empleo, para cometer o facilitar la comisión de uno de los delitos del artículo 362, será castigado con la pena de seis meses a dos años de prisión, multa de seis a doce meses e inhabilitación especial para profesión u oficio de seis meses a dos años.

Tipo agravado para los delitos recogidos en los arts. 361, 362, 362 bis y 362 ter

Tal y como se regula en el art. 362 quater, se impondrán las penas superiores en grado a las señaladas en los artículos 361, 362, 362 bis o 362 ter, cuando el delito se perpetre concurriendo alguna de las circunstancias siguientes:

1.ª Que el culpable fuere autoridad, funcionario público, facultativo, profesional sanitario, docente, educador, entrenador físico o deportivo, y obrase en el ejercicio de su cargo, profesión u oficio.

2.ª Que los medicamentos, sustancias activas, excipientes, productos sanitarios, accesorios, elementos o materiales referidos en el artículo 362:

a) se hubieran ofrecido a través de medios de difusión a gran escala; o

b) se hubieran ofrecido o facilitado a menores de edad, personas con discapacidad necesitadas de especial protección, o personas especialmente vulnerables en relación con el producto facilitado.

3.ª Que el culpable perteneciera a una organización o grupo criminal que tuviera como finalidad la comisión de este tipo de delitos.

4.ª Que los hechos fuesen realizados en establecimientos abiertos al público por los responsables o empleados de los mismos.

Proporcionar a deportistas sustancias que mejoren su rendimiento y causen perjuicios a la salud («Dopaje deportivo»)

En el artículo 362 quinquies del CP se establece que los que, sin justificación terapéutica, prescriban, proporcionen, dispensen, suministren, administren, ofrezcan o faciliten a deportistas federados no competitivos, deportistas no federados que practiquen el deporte por recreo, o deportistas que participen en competiciones organizadas en España por entidades deportivas, sustancias o grupos farmacológicos prohibidos, así como métodos no reglamentarios, destinados a aumentar sus capacidades físicas o a modificar los resultados de las competiciones, que por su contenido, reiteración de la ingesta u otras circunstancias concurrentes, pongan en peligro la vida o la salud de los mismos, serán castigados con las penas de prisión de seis meses a dos años, multa de seis a dieciocho meses e inhabilitación especial para empleo o cargo público, profesión u oficio, de dos a cinco años.

En el apartado segundo del art. 362 quinquies del CP se recogen las circunstancias que conllevan la imposición de estas penas en su mitad superior:

– Que la víctima sea menor de edad.

– Que se haya empleado engaño o intimidación.

– Que el responsable se haya prevalido de una relación de superioridad laboral o profesional.

> **A TENER EN CUENTA.** El decomiso de las sustancias y productos a que se refieren los artículos 359 y siguientes del Código Penal, así como los bienes, medios, instrumentos y ganancias con sujeción a lo dispuesto en los artículos 127 a 128, es una consecuencia jurídica derivada de los delitos mencionados, establecida en el artículo 362 sexies del CP.

Adulterar alimentos, bebidas o sustancias de consumo humano

En el artículo 363 del CP se dispone que serán castigados con la pena de prisión de uno a cuatro años, multa de seis a doce meses e inhabilitación especial para profesión, oficio, industria o comercio por tiempo de tres a seis años, los productores, distribuidores o comerciantes que pongan en peligro la salud de los consumidores:

- Ofreciendo en el mercado productos alimentarios con omisión o alteración de los requisitos establecidos en las leyes o reglamentos sobre caducidad o composición.

- Fabricando o vendiendo bebidas o comestibles destinados al consumo público y nocivos para la salud.

- Traficando con géneros corrompidos.

- Elaborando productos cuyo uso no se halle autorizado y sea perjudicial para la salud, o comerciando con ellos.

- Ocultando o sustrayendo efectos destinados a ser inutilizados o desinfectados, para comerciar con ellos.

Envenenar o adulterar con sustancias nocivas para la salud las aguas o alimentos

En el artículo 364 del CP se dispone que el que adulterare con aditivos u otros agentes no autorizados susceptibles de causar daños a la salud de las personas los alimentos, sustancias o bebidas destinadas al comercio alimentario, será castigado con las penas del artículo anterior.

A continuación, se recoge una pena específica para cuando el reo fuera el propietario o el responsable de producción de una fábrica de productos alimenticios, consistente en que, además, se le impondrá la pena de inhabilitación especial para profesión, oficio, industria o comercio de seis a diez años.

Se impondrá la misma pena al que realice cualquiera de las siguientes conductas:

- Administrar a los animales cuyas carnes o productos se destinen al consumo humano sustancias no permitidas que generen riesgo para la salud de las personas, o en dosis superiores o para fines distintos a los autorizados.

- Sacrificar animales de abasto o destinar sus productos al consumo humano, sabiendo que se les ha administrado las sustancias mencionadas en el número anterior.

- Sacrificar animales de abasto a los que se hayan aplicado tratamientos terapéuticos mediante sustancias de las referidas en el apartado 1.

- Despachar al consumo público las carnes o productos de los animales de abasto sin respetar los períodos de espera en su caso reglamentariamente previstos.

CUESTIONES

1. ¿Podríamos decir que estamos ante un delito de peligro abstracto?

Sí, y así lo ha reconocido el Tribunal Supremo en su **STS n.º 1210/2001, de 22 de junio, ECLI:ES:TS:2001:5388**, en la que refiere que:

«(...) El art. 364.2º no tutela de modo inmediato la salud individual de un consumidor concreto, sino la salud pública, que no hay que equiparar meramente a la «suma de las saludes individuales» sino al conjunto de condiciones positivas y negativas que

> *garantizan la salud de los integrantes de una comunidad, y en el caso presente la seguridad alimenticia de los consumidores de productos alimentarios de origen animal.*
>
> *Pues bien para garantizar dicha salubridad del consumo frente a los preocupantes riesgos para la salud derivados de los residuos que determinadas sustancias químicas utilizadas ilegalmente dejan en los productos cárnicos, el legislador adelanta las barreras de protección, sancionando como delito de peligro abstracto la mera administración a los animales de sustancias que han sido prohibidas precisamente por el riesgo que su utilización genera para la salud de las personas. Sanción que se fundamenta en que desde el momento de la administración de una sustancia prohibida a animales cuyas carnes están destinadas al consumo humano, se introduce ya en la cadena alimenticia el producto nocivo y se genera ya el riesgo para la salud de los potenciales consumidores.*
>
> *Se trata, en consecuencia, de un delito de peligro abstracto (S.T.S. 4 de octubre y 6 de noviembre de 1999, 22 de marzo y 15 de diciembre de 2000 y 20 de marzo de 2001), o si se quiere, un delito de peligro hipotético o potencial -que no es más que una modalidad de peligro abstracto- en el sentido de que lo relevante para su perfeccionamiento es únicamente constatar: a) que se ha administrado la sustancia prohibida, y b) que dicha prohibición obedece precisamente al riesgo potencial que la utilización del producto genera para la salud de las personas».*
>
> **2. ¿Puede cometerse alguno de los delitos del art. 364.2 del CP por omisión?**
>
> Sí, el Tribunal Supremo en su **STS n.º 1442/2002, de 14 de septiembre, ECLI:ES:TS:2002:5856**, expresa que se trata de un delito que puede ser considerado de infracción de deber y que, como tal, se comete por quien está obligado a su cumplimiento. El deber que impone el art. 364.2.1 del CP no requiere que la infracción sea producto de un determinado movimiento corporal personal del destinatario de la norma, sino que puede ser cometido tanto en forma activa como omisiva, es decir, también cuando se omite impedir que quienes están a las órdenes del titular de la empresa cometan la acción infractora.

Por su parte, el art. 365 del CP condena con pena de prisión de 2 a 6 años al que envenene o adultere con sustancias infecciosas u otras que puedan ser gravemente nocivas para la salud, las aguas potables o las sustancias alimenticias destinadas al consumo de una colectividad de personas.

Responsabilidad penal de las personas jurídicas por delitos contra la salud pública

Con relación a la **responsabilidad penal de las personas jurídicas** en este tipo de delitos, hay que destacar que el artículo 366 del CP establece que cuando una persona jurídica sea responsable de los delitos regulados en los arts. 359 a 365 del CP, conforme a lo establecido en el art. 31 bis del código de referencia, se le impondrá la pena de entre las siguientes que resulte más elevada:

– Pena de multa de uno a tres años.

– O del doble al quíntuplo del valor de las sustancias.

– O del beneficio que se hubiera obtenido o podido obtener.

Además, en virtud de las reglas establecidas en el art. 66 bis del CP, los jueces y tribunales podrán decidir imponer alguna de las siguientes penas recogidas en las letras b) a g) del art. 33.7 del CP:

– La disolución de la persona jurídica.

- La suspensión de sus actividades por un plazo no superior a 5 años.

- La clausura de sus locales y establecimientos por un plazo no superior a 5 años.

- La prohibición de realizar en el futuro las actividades en cuyo ejercicio se cometió el delito.

- La inhabilitación para obtener subvenciones y ayudas públicas, para contratar con el sector público y para gozar de beneficios e incentivos fiscales o de Seguridad Social, durante un plazo que no supere los 15 años.

- La intervención judicial para salvaguardar los derechos de los trabajadores o de los acreedores, por el tiempo necesario que no podrá superar los 5 años.

6.8.22. Delitos contra la salud pública por tráfico de drogas

Otro de los posibles delitos de los que pueden resultar responsables las personas jurídicas es el tráfico de drogas tipificado en el art. 368 del CP. En él se castigan las conductas de los que ejecuten actos de cultivo, elaboración o tráfico, o de otro modo promuevan, favorezcan o faciliten el consumo ilegal de drogas tóxicas, estupefacientes o sustancias psicotrópicas, o las posean con aquellos fines. Estableciendo penas distintas en función de si se trata de sustancias que causen grave daño a la salud o no.

En el primero de los casos (sustancias o productos que causen grave daño a la salud) se impondrán penas de prisión de 3 a 6 años y multa de tanto al triplo del valor de la droga objeto del delito.

En los demás casos las penas serán de prisión de 1 a 3 años, y multa de tanto al duplo del valor de la droga objeto del delito.

CUESTIONES

1. ¿Cuándo se puede imponer la pena inferior a grado?

Los tribunales pueden imponer la pena inferior en grado atendiendo a la escasa entidad del hecho y a las circunstancias personales del culpable, siempre y cuando no concurra ninguna de las circunstancias que conllevan la imposición de la pena superior en grado. En esta cuestión podemos traer a colación la **STS n.º 413/2023, de 31 de mayo, ECLI:ES:TS:2023:2401**, que recuerda que:

«"Estos subtipos atenuados responden a la necesidad de facilitar a los jueces y tribunales mecanismos que puedan servir para una correcta respuesta con el principio de culpabilidad permitiendo la adopción de penas que se consideran más adecuadas y proporcionadas a las circunstancias de los hechos y a las personales del acusado".

De la misma se pueden extraer algunos aspectos de relevancia a modo de sistematización al objeto que ahora nos interesa, a saber:

1.- La "escasa entidad del hecho" debe relacionarse con la menor gravedad del injusto típico, por su escasa afectación o capacidad de lesión o puesta en peligro del bien jurídico protegido, salud pública colectiva.

2.- No se alude a la cantidad de droga, sino a la entidad del hecho. No estamos ante la contrapartida del subtipo agravado de "notoria importancia".

3.- Parece relevante el adjetivo elegido por el legislador: "escasa". La entidad -"importancia"- del hecho ha de ser "escasa". En otros subtipos atenuados se habla de "menor gravedad" (arts. 147 ó 242 del Código Penal) o "menor entidad" (arts. 351 o 385 ter) lo que parece contener una exigencia menos intensa. El calificativo "escasa" evoca la nimiedad de la conducta. La locución "menor gravedad o entidad" introduce un factor de comparación con el tipo básico: los hechos han de tener no una gravedad ínfima por sí, sino una gravedad inferior a la ordinaria del tipo básico.

4.- El subtipo atenuado es lo extraordinario por su escasa entidad».

2. ¿Cuándo procede imponer la pena superior en grado?

La pena superior en grado, y multa del tanto al cuádruplo, se impondrá cuando concurra alguna de las circunstancias reguladas en el art. 369.1 del CP:

- El culpable fuere autoridad, funcionario público, facultativo, trabajador social, docente o educador y obrase en el ejercicio de su cargo, profesión u oficio.
- El culpable participare en otras actividades organizadas o cuya ejecución se vea facilitada por la comisión del delito.
- Los hechos fueren realizados en establecimientos abiertos al público por los responsables o empleados de los mismos.
- Las sustancias se faciliten a menores de 18 años, a disminuidos psíquicos o a personas sometidas a tratamiento de deshabituación o rehabilitación.
- Fuere de notoria importancia la cantidad de las citadas sustancias.
- Las referidas sustancias se adulteren, manipulen o mezclen entre sí o con otras, incrementando el posible daño a la salud.
- Las conductas tengan lugar en centros docentes, en centros, establecimientos o unidades militares, en establecimientos penitenciarios o en centros de deshabituación o rehabilitación, o en sus proximidades.
- El culpable empleare violencia o exhibiere o hiciese uso de armas para cometer el hecho.

3. ¿Cuál es el bien jurídico protegido?

El bien jurídico protegido en este delito es la salud pública, colectiva y comunitaria.

Por su parte el artículo 369 bis contiene una previsión para cuando los delitos del art. 368 del CP se hayan cometido por quienes pertenecieran a una organización delictiva, imponiendo en estos casos penas de prisión de nueve a doce años y multa del tanto al cuádruplo del valor de la droga si se tratara de sustancias y productos que causen grave daño a la salud y de prisión de cuatro años y seis meses a diez años y la misma multa en los demás casos.

Además, con relación a la **responsabilidad penal de las personas jurídicas** cabe destacar que cuando una persona jurídica sea responsable penalmente de estos delitos se le impondrán las siguientes penas:

- Multa de dos a cinco años, o del triple al quíntuple del valor de la droga cuando la cantidad resultante fuese más elevada, si el delito cometido por la persona física tiene prevista una pena de prisión de más de cinco años.

– Multa de uno a tres años, o del doble al cuádruple del valor de la droga cuando la cantidad resultante fuese más elevada, si el delito cometido por la persona física tiene prevista una pena de prisión de más de dos años no incluida en el anterior inciso.

Además, el Código Penal también faculta a los jueces y tribunales a imponer alguna de las siguientes:

– La disolución de la persona jurídica.

– La suspensión de sus actividades por un plazo no superior a 5 años.

– La clausura de sus locales y establecimientos por un plazo no superior a 5 años.

– La prohibición de realizar en el futuro las actividades en cuyo ejercicio se cometió el delito.

– La inhabilitación para obtener subvenciones y ayudas públicas, para contratar con el sector público y para gozar de beneficios e incentivos fiscales o de Seguridad Social, durante un plazo que no supere los 15 años.

– La intervención judicial para salvaguardar los derechos de los trabajadores o de los acreedores, por el tiempo necesario que no podrá superar los 5 años.

A modo de ejemplo podemos citar aquí la **sentencia de la Audiencia Provincial de Zaragoza n.º 365/2020, de 10 de diciembre, ECLI:ES:APZ:2020:2164:**

«(...) El artículo 369 bis del Código Penal, introducido por el apartado centésimo sexto del artículo único de la Ley Orgánica 5/2010, de 22 de Junio, por la que se modifica la Ley Orgánica 10/1995, de 23 de Noviembre, del Código Penal, establece la responsabilidad penal de la persona jurídica conforme a lo establecido en el artículo 31 bis del Código Penal. (...) En palabras de la STS 154/2016, 29 de Marzo , "... el sistema de responsabilidad penal de la persona jurídica se basa, sobre la previa constatación de la comisión del delito por parte de la persona física integrante de la organización como presupuesto inicial de la referida responsabilidad, en la exigencia del establecimiento y correcta aplicación de medidas de control eficaces que prevengan e intenten evitar, en lo posible, la comisión de infracciones delictivas por quienes integran la organización.(...). Núcleo de la responsabilidad de la persona jurídica que no es otro que el de la ausencia de las medidas de control adecuadas para la evitación de la comisión de delitos que evidencien una voluntad seria de reforzar la virtualidad de la norma, independientemente de aquellos requisitos, más concretados legalmente en forma de las denominadas "compliances" o "modelos de cumplimiento" exigidos para la aplicación de la eximente (STS 221/2016, de 16 de Marzo).

Lo que no admite duda, visto el texto legal contenido en el artículo 31 bis del Código Penal, especialmente tras la reforma operada por la Ley Orgánica 1/2015, de 22 de Junio, es el hecho de que el sistema de responsabilidad penal de la persona jurídica se basa en la previa constatación de la comisión del delito por parte de la persona física integrante de la organización como presupuesto inicial de la referida responsabilidad, en la exigencia del establecimiento y correcta aplicación de medidas de control eficaces (la denominada "compliance") que prevengan e intenten evitar en lo posible la comisión de infracciones delictivas por quienes integran la organización. (...). **La ausencia de un control de tal actividad conlleva a considerar a la citada mercantil como autora responsable del delito cometido por dos de sus socios** al amparo de lo dispuesto en el artículo 31 bis del Código Penal, y sujeta a la penalidad que se expresará más adelante».

6.8.23. Delito de falsificación de moneda

El artículo 386 del CP regula otro de los delitos de los puede ser responsable penal la persona jurídica: el delito de falsificación de moneda.

El Código Penal castiga con la pena de prisión de ocho a doce años y multa del tanto al décuplo del valor aparente de la moneda, al que:

- Altere la moneda o fabrique moneda falsa.
- El que exporte moneda falsa o alterada o la importe a España o a cualquier otro Estado miembro de la Unión Europea.
- El que transporte, expenda o distribuya moneda falsa o alterada con conocimiento de su falsedad.

CUESTIÓN

¿Qué se entiende por moneda a los efectos del art. 386 del CP?

El propio Código Penal nos da la respuesta a esta cuestión en su art. 387, en el que dispone que: «(...) *se entiende por moneda la metálica y el papel moneda de curso legal y aquella que no ha sido todavía emitida o puesta en circulación oficialmente pero que está destinada a su circulación como moneda de curso legal. Se equipararán a la moneda nacional las de otros países de la Unión Europea y las extranjeras*».

La conducta castigada en el apartado 1 es múltiple, castigando:

- La alteración de la moneda, que consiste en la manipulación de moneda legítima con la finalidad de darle una apariencia distinta de la originaria. Esta alteración tendrá por objeto otorgarle a la moneda un valor mayor del que le correspondería, induciendo a error.
- La fabricación de la moneda falsa, que supone su creación mediante una técnica de imitación de la misma, y que con ella se induzca a error.
- La exportación e introducción, de moneda falsa o alterada o la importación a España o a cualquier otro Estado miembro de la UE. Esta conducta puede llevarla a cabo una persona que no haya sido la falsificadora y consiga introducirla para ponerlas en circulación, a sabiendas de su falsedad.
- Distribuir, que consiste en poner en circulación la moneda falsificada, por persona distinta del falsificador, alterador e introductor, pero a sabiendas de su falsedad.

El apartado dos habla de un **subtipo agravado** que impone la pena en su mitad superior, que se aplica cuando la moneda falsa fuera puesta en circulación.

A continuación, el propio apartado 2 habla de un **subtipo atenuado** y, en su segundo párrafo se habla de que la tenencia, recepción u obtención de moneda falsa para su expedición o distribución o puesta en circulación será castigada con la pena inferior en uno o dos grados, atendiendo al valor de aquélla y al grado de connivencia con el falsificador, alterador, introductor o exportador.

En estos casos puede haber sido adquirida de su falsificador o introductor o de un tercero que la hubiese adquirido previamente, pero es exigible conocer su no autenticidad. Para determinar la pena se prestará atención a:

– Valor de la moneda.

– Grado de connivencia con el falsificador, alterador, introductor o exportador.

Otro subtipo atenuado es el del apartado 3, que establece que el que recibiendo de buena fe moneda falsa la expenda o distribuya después de constarle su falsedad será castigado con la pena de prisión de tres a seis meses o multa de seis a veinticuatro meses. No obstante, si el valor aparente de la moneda no excediera de 400 euros, se impondrá la pena de multa de uno a tres meses.

Por tanto, los elementos necesarios para la aplicación de este tipo penal son:

– Adquisición de buena fe, de moneda falsa o alterada, lo que implica que el adquiriente haya sido engañado por el expendedor o éste se la ha entregado desconociendo igualmente su falta de autenticidad. De esta forma, lo más importante es el desconocimiento de la falsedad, siendo indiferente que la posesión haya sido adquirida en virtud de una transacción lícita o ilícita, pues la buena fe se predica de la moneda en sí misma pero no del título de su adquisición.

– Debe existir un conocimiento de la falsedad que sea posterior a dicho momento de la adquisición.

– Y, la moneda debe ser expendida o distribuida a un tercero, introduciéndola en el tráfico monetario.

CUESTIÓN

¿Puede cometerse este delito en su modalidad imprudente?

No, todos los tipos de este delito necesitan de un dolo, con un ánimo tendencial, ya que la simple tenencia de moneda falsa, no fabricada por ti, y sin intención de expedirla o distribuirla sería atípica. Por lo tanto, no se admite su comisión imprudente, necesitando de un dolo falsario, consistente en la conciencia de la falsedad de la moneda, sello o efecto timbrado. Además, se necesitará del ánimo tendencial de ponerlos en circulación.

A TENER EN CUENTA. Cuando el culpable perteneciere a una sociedad, organización o asociación, incluso de carácter transitorio, que se dedicare a la realización de estas actividades, el juez o tribunal podrá imponer alguna o algunas de las consecuencias previstas en el artículo 129 del CP, que contiene especialidades para el caso de delitos cometidos en el seno, con la colaboración, a través o por medio de empresas, organizaciones, grupos o cualquier otra clase de entidades o agrupaciones de personas que, por carecer de personalidad jurídica, no estén comprendidas en el artículo 31 bis.

En lo que a la **responsabilidad penal de las personas jurídicas** corresponde, el art. 386.5 del CP establece que en el caso de que sean responsables conforme al art. 31 bis del CP, se le impondrá una multa del triple al décuplo del valor aparente de la moneda.

Además, en virtud de las reglas establecidas en el artículo 66 bis, los jueces y tribunales podrán asimismo imponer las penas recogidas en las letras b) a g) del apartado 7 del artículo 33.

Estas penas son: la disolución de la persona jurídica; la suspensión de las actividades; clausura de locales; prohibición de realizar en el futuro las actividades en cuyo ejercicio se haya cometido, favorecido o encubierto el delito; y la intervención judicial para salvaguardar los derechos de los trabajadores o de los acreedores por el tiempo que se estime necesario.

> **A TENER EN CUENTA.** La Ley Orgánica 1/2019, de 20 de febrero, en vigor desde el 13 de marzo de 2019 subsana la ausencia de la referencia a la posibilidad de imponer las penas del artículo 33.7 del b) al g), añadiendo la misma al final del art. 386.5 del CP.

6.8.24. Delito de falsificación de tarjetas de crédito y débito, cheques de viaje y demás instrumentos de pago distintos al efectivo

El artículo 399 bis del Código Penal castiga al que altere, copie, reproduzca o de cualquier otro modo falsifique tarjetas de crédito o débito, cheques de viaje o cualquier otro instrumento de pago distinto del efectivo, será castigado con la pena de prisión de cuatro a ocho años.

> **CUESTIÓN**
>
> **¿Qué se entiende por instrumento de pago distinto del efectivo?**
>
> La LO 14/2022, de 22 de diciembre, añade un nuevo artículo 399 ter al Código Penal (entrada en vigor el 12/01/2023), para definir qué se entiende por instrumento de pago distinto del efectivo, y señala: «*A los efectos de este Código, se entiende por instrumento de pago distinto del efectivo cualquier dispositivo, objeto o registro protegido, material o inmaterial, o una combinación de estos, exceptuada la moneda de curso legal, que, por sí solo o en combinación con un procedimiento o conjunto de procedimientos, permite al titular o usuario transferir dinero o valor monetario incluso a través de medios digitales de intercambio*».

Se impondrá la pena en su mitad superior cuando los efectos falsificados afecten a una generalidad de personas o cuando los hechos se cometan en el marco de una organización criminal dedicada a estas actividades.

Con relación a la **responsabilidad penal de las personas jurídicas,** el tercer párrafo del art. 399 bis regula que cuando de acuerdo con lo establecido en el artículo 31 bis una persona jurídica sea responsable de los anteriores delitos, se le impondrá la pena de multa de dos a cinco años.

También se establece, que atendidas las reglas establecidas en el artículo 66 bis, los jueces y tribunales podrán asimismo imponer las penas recogidas en las letras b) a g) del apartado 7 del artículo 33, es decir, están facultados para imponer alguna de las siguientes penas:

- La disolución de la persona jurídica.
- La suspensión de sus actividades por un plazo no superior a 5 años.
- La clausura de sus locales y establecimientos por un plazo no superior a 5 años.
- La prohibición de realizar en el futuro las actividades en cuyo ejercicio se cometió el delito.
- La inhabilitación para obtener subvenciones y ayudas públicas, para contratar con el sector público y para gozar de beneficios e incentivos fiscales o de Seguridad Social, durante un plazo que no supere los 15 años.
- La intervención judicial para salvaguardar los derechos de los trabajadores o de los acreedores, por el tiempo necesario que no podrá superar los 5 años.

CUESTIÓN

¿Las personas jurídicas pueden cometer algún otro delito de los regulados en el título XVIII del libro II del Código Penal?

No, tal y como se señala en el **auto de la Audiencia Provincial de Barcelona n.º 330/2023, de 2 de mayo, ECLI:ES:APB:2023:4424A**: «(...) *Los únicos delitos enunciados en el Título XVIII del libro II del Código Penal, bajo la rúbrica "De las Falsedades", donde está prevista la comisión por personas jurídicas, son los descritos en el artículo 399 bis), es decir, los delitos de falsificación de tarjetas de crédito y débito y cheques de viaje*».

A TENER EN CUENTA. La rúbrica de la sección 4.ª del capítulo II del título XVIII del libro II, así como el artículo 399 bis del Código Penal, se han visto modificados por la Ley Orgánica 14/2022, de 22 de diciembre, con entrada en vigor el 12/01/2023.

6.8.25. Delito de cohecho

El cohecho constituye otra de las diversas figuras que configuran los delitos contra la Administración Pública. Su regulación se dispone desde el art. 419 al 427 bis del Código Penal.

La comisión del delito de cohecho puede realizarse:

- Por funcionario público. (Denominado cohecho pasivo. Arts. 419 a 423 del CP).
- Por particular. (Denominado cohecho activo. Arts. 424 a 426 del CP).
- Por persona jurídica. (Art. 427 bis del CP).

El artículo 419 del Código Penal castiga a la autoridad o funcionario público que, en provecho propio o de un tercero, recibiere o solicitare, por sí o por persona interpuesta, dádiva, favor o retribución de cualquier clase o aceptare ofrecimiento o promesa para realizar en el ejercicio de su cargo un acto contrario a los deberes inherentes al mismo o para no realizar o retrasar injustificadamente el que debiera practicar.

Al que cometa este delito se le impondrá una pena de prisión de tres a seis años, multa de doce a veinticuatro meses, e inhabilitación especial para empleo o cargo público y para el ejercicio del derecho de sufragio pasivo por tiempo de nueve a doce años, sin perjuicio de la pena correspondiente al acto realizado, omitido o retrasado en razón de la retribución o promesa, si fuera constitutivo de delito.

El Tribunal Supremo en su **STS n.º 626/2019, de 18 de diciembre, ECLI:ES:TS:2019:4216** recoge un análisis del delito de cohecho señalando que:

> «a.- Protege ante todo el prestigio y eficacia de la Administración Pública, garantizando la probidad e imparcialidad de sus funcionarios y asimismo la eficacia del servicio público encomendado a éstos.
>
> b.- Se trata, pues, de un delito con el que se trata de asegurar no sólo la rectitud y eficacia de la función pública, sino también de garantizar la incolumidad del prestigio de esta función y de los funcionarios que la desempeñan, a quienes hay, que mantener a salvo de cualquier injusta sospecha de actuación venal.
>
> c.- El bien jurídico protegido en el delito de cohecho es la recta imparcialidad en el ejercicio de la función pública y el consiguiente prestigio de la función.
>
> d.- Son infracciones contra la integridad de la gestión administrativa al dejarse llevar el funcionario por móviles ajenos a su misión pública como lo es el hecho ilícito y, por su parte, el particular ataca el bien jurídico consistente en el respeto que debe al normal funcionamiento de los órganos del Estado».

CUESTIÓN

¿Cuándo se consuma este delito de cohecho?

En palabras de nuestro Alto Tribunal, en la ya mentada **STS n.º 626/2019, de 18 de diciembre, ECLI:ES:TS:2019:4216**:

> *«1.- Es un delito unilateral que se consuma por la mera 'solicitud' u 'ofrecimiento' de la dádiva 'sin que sea necesario para la sanción ni la aceptación de la solicitud ni el abono de la dádiva, ni la realización del acto delictivo ofrecido como contraprestación, ni tampoco evidentemente la condena del que hace o recibe el ofrecimiento, que caso de producirse, se sancionaría separadamente su concurso con el cohecho.*
>
> *2.- El tipo delictivo se produce desde el momento en que la conducta tipificada por la ley se cumple por el sujeto, es decir, a partir del instante en que el funcionario solicita la dádiva o bien desde el momento en el que recibe o acepta el ofrecimiento o la promesa.*
>
> *3.- La dinámica de la conducta típica pone de manifiesto que el cohecho pasivo propio es un delito unilateral, de mera actividad que se consuma con la mera solicitud, no siendo necesaria la producción de resultado material externo alguno para la consumación, esto es la aceptación de la solicitud, en el abono de la dádiva, en la realización del acto delictivo o injusto ofrecido o solicitado como contraprestación.*

> *4.- No es tampoco preciso para la consumación de esta modalidad típica del cohecho que el funcionario ejecute efectivamente el comportamiento contrario a derecho que de él se pretende o que el mismo se propone realizar con tal de recibir la dádiva, no se requiere que el funcionario cometa realmente el acto delictivo o injusto'».*

El delito de cohecho ha sido estudiado doctrinalmente desde diferentes clasificaciones:

- **Cohecho activo y pasivo**, el primero es el cometido por el particular que corrompe o intenta corromper al funcionario público o autoridad con sus dádivas, presentes, ofrecimientos o promesas. El segundo es el realizado por el funcionario que solicita, recibe o acepta el soborno.

- **Cohecho propio e impropio**, el primero se relaciona porque su finalidad es la consecución de un acto propio del cargo contrario al ordenamiento jurídico. En el segundo el acto es también propio del cargo, pero adecuado al ordenamiento jurídico.

- **Cohecho antecedente y subsiguiente**, en el antecedente el soborno se realiza antes de adoptarse el acto administrativo correspondiente. En el subsiguiente, el soborno o intento de soborno se concreta una vez que se ha producido el acto propio.

Las conductas que se recogen en este grupo de delitos son **solicitar, recibir y aceptar**. Solicitar es pedir, supone una declaración unilateral de voluntad dirigida a otra persona, por la que, en este caso, el funcionario o autoridad pide recibir una dádiva o presente para realizar a cambio un acto en el ejercicio de su cargo.

La **petición** puede ser de manera expresa o tácita, oral o escrita, por sí o por persona interpuesta, y por el propio significado de verbo no se requiere un real acuerdo entre el funcionario o autoridad y el tercero, solo la manifestación externa de la voluntad por parte del sujeto.

Recibir es tomar uno lo que le dan o envían, en consecuencia, el funcionario o autoridad toma la dádiva o presente y aquí si se produce, a diferencia de la forma anterior, un previo acuerdo entre el funcionario y el tercero.

En cuanto a los **medios empleados**, el tipo se refiere a dádivas, presentes, ofrecimientos o promesas. Se plantea en la doctrina si los medios empleados han de tener un contenido exclusivamente patrimonial o admiten otras dimensiones como favores sexuales, amistad, participación en ámbitos de influencia, relaciones, etc.

Dádiva es cosa que se da graciosamente; presente obsequio, regalo; ofrecimiento, decir o exponer una cantidad o presente que se está dispuesto a dar o pagar; promesa, expresión de voluntad de dar o hacer algo. La cuantía de dichos medios no viene expresamente establecida por lo que cabe entender que puede ser cualquiera, aunque como se señala por la doctrina habrá que exigir que la misma tenga al menos una cierta capacidad de corromper, con exclusión de los claramente insignificantes.

Ahora bien, la persona beneficiada puede ser tanto el funcionario público como alguien de su familia o incluso un tercero, pero éste ha de estar vinculado de alguna manera al sujeto principal, esto es, siempre que el funcionario obtenga de algún modo un goce o beneficio de ello.

El artículo 420 del Código Penal dispone que la autoridad o funcionario público que, en provecho propio o de un tercero, recibiere o solicitare, por sí o por persona interpuesta, dádiva, favor o retribución de cualquier clase o aceptare ofrecimiento o promesa para realizar un acto propio de su cargo, incurrirá en la pena de prisión de dos a cuatro años, multa de doce a veinticuatro meses e inhabilitación especial para empleo o cargo público y para el ejercicio del derecho de sufragio pasivo por tiempo de cinco a nueve años.

Como se estipula en el artículo 421 del Código Penal, las penas señaladas en los artículos precedentes se impondrán también cuando la dádiva, favor o retribución se recibiere o solicitare por la autoridad o funcionario público, en sus respectivos casos, como recompensa por la conducta descrita en dichos artículos.

El artículo 422 del Código Penal regula que la autoridad o funcionario público que, en provecho propio o de un tercero, admitiera, por sí o por persona interpuesta, dádiva o regalo que le fueren ofrecidos en consideración a su cargo o función, incurrirá en la pena de prisión de seis meses a un año y suspensión de empleo y cargo público de uno a tres años.

Por su parte, el artículo 423 del Código Penal dispone que lo dispuesto en los artículos precedentes será igualmente aplicable a los jurados y árbitros, nacionales o internacionales, así como a mediadores, peritos, administradores o interventores designados judicialmente, administradores concursales o a cualesquiera personas que participen en el ejercicio de la función pública.

Es importante tener en cuenta que el particular que ofrezca o entregue dádiva o retribución de cualquier otra clase a una autoridad, funcionario público o persona que participe en el ejercicio de la función pública para que realice un acto contrario a los deberes inherentes a su cargo o un acto propio de su cargo, para que no realice o retrase el que debiera practicar, o en consideración a su cargo o función, será castigado en sus respectivos casos, con las mismas penas de prisión y multa que la autoridad, funcionario o persona corrompida (art. 424.1 del Código Penal).

También los casos en los que un particular entregare la dádiva o retribución atendiendo la solicitud de la autoridad, funcionario público o persona que participe en el ejercicio de la función pública, se le impondrán las mismas penas de prisión y multa que a ellos les correspondan.

> **A TENER EN CUENTA.** Si la actuación conseguida o pretendida de la autoridad o funcionario tuviera relación con un procedimiento de contratación, de subvenciones o de subastas convocados por las Administraciones o entes públicos, se impondrá al particular y, en su caso, a la sociedad, asociación u organización a que representare la pena de inhabilitación para obtener subvenciones y ayudas públicas, para contratar con entes, organismos o entidades que formen parte del sector público y para gozar de beneficios o incentivos fiscales y de la Seguridad Social por un tiempo de cinco a diez años.

El artículo 425 del Código Penal dice que cuando el soborno mediare en **causa criminal** a favor del reo por parte de su cónyuge u otra persona a la que se halle ligado de forma estable por análoga relación de afectividad, o de algún ascendiente, descendiente o hermano por naturaleza, por adopción o afines en los mismos grados, se impondrá al sobornador la pena de prisión de seis meses a un año.

CUESTIÓN

El particular que accede a la solicitud de dádiva u otra retribución, ¿puede quedar exento de responsabilidad si denuncia el hecho?

Sí, el art. 426 del CP recoge esta posibilidad, y establece que «*Quedará exento de pena por el delito de cohecho el particular que, habiendo accedido ocasionalmente a la solicitud de dádiva u otra retribución realizada por autoridad o funcionario público, denunciare el hecho a la autoridad que tenga el deber de proceder a su averiguación antes de la apertura del procedimiento, siempre que no haya transcurrido más de dos meses desde la fecha de los hechos*».

Según el artículo 427 del Código Penal, lo dispuesto en los artículos precedentes será también aplicable cuando las conductas descritas sean realizadas por o afecten a:

- Cualquier persona que ostente un cargo o empleo legislativo, administrativo o judicial de un país de la Unión Europea o de cualquier otro país extranjero, tanto por nombramiento como por elección.

- Cualquier persona que ejerza una función pública para un país de la Unión Europea o cualquier otro país extranjero, incluido un organismo público o una empresa pública, para la Unión Europea o para otra organización internacional pública.

- Cualquier funcionario o agente de la Unión Europea o de una organización internacional pública.

- Cualquier persona a la que se haya asignado y que esté ejerciendo una función de servicio público que consista en la gestión, en los Estados miembros o en terceros países, de intereses financieros de la Unión Europea o en tomar decisiones sobre esos intereses.

Con relación a la **responsabilidad penal de las personas jurídicas**, el 427 bis del Código Penal dice que cuando de acuerdo con lo establecido en el artículo 31 bis una persona jurídica sea responsable de los delitos recogidos en este capítulo, se le impondrán las siguientes penas:

- Multa de dos a cinco años, o del triple al quíntuple del beneficio obtenido cuando la cantidad resultante fuese más elevada, si el delito cometido por la persona física tiene prevista una pena de prisión de más de cinco años.

- Multa de uno a tres años, o del doble al cuádruple del beneficio obtenido cuando la cantidad resultante fuese más elevada, si el delito cometido por la persona física tiene prevista una pena de más de dos años de privación de libertad no incluida en el anterior inciso.

- Multa de seis meses a dos años, o del doble al triple del beneficio obtenido si la cantidad resultante fuese más elevada, en el resto de los casos.

Además, siguiendo la línea de otros delitos en los que se admite esta responsabilidad de las personas jurídicas, también se reconoce la facultad a los jueces y tribunales de imponer las penas recogidas en las letras b) a g) del apartado 7 del artículo 33, es decir:

– La disolución de la persona jurídica.

– La suspensión de sus actividades por un plazo no superior a 5 años.

– La clausura de sus locales y establecimientos por un plazo no superior a 5 años.

– La prohibición de realizar en el futuro las actividades en cuyo ejercicio se cometió el delito.

– La inhabilitación para obtener subvenciones y ayudas públicas, para contratar con el sector público y para gozar de beneficios e incentivos fiscales o de Seguridad Social, durante un plazo que no supere los 15 años.

– La intervención judicial para salvaguardar los derechos de los trabajadores o de los acreedores, por el tiempo necesario que no podrá superar los 5 años.

CUESTIÓN

¿Cuál es el plazo de prescripción de estos delitos cuando se cometen por personas jurídicas?

La respuesta a esta cuestión nos la da el **auto de la Audiencia Nacional n.º 584/2022, de 15 de noviembre, ECLI:ES:AN:2022:9958A,** que analiza este plazo de prescripción en los siguientes términos:

*«Ateniéndonos, por lo tanto, al plazo de prescripción correspondiente al delito de cohecho activo que, en su caso, hubiera podido cometer IBERDROLA RENOVABLES, hemos de recordar que el art. 427.2 del texto punitivo, en la redacción vigente en el momento de los hechos, esto es, la introducida por la Ley Orgánica 5/2010, de 22 de junio, prevé, en todos los supuestos de comisión del delito por una persona jurídica, penas de multa de imposición obligatoria y contempla la posibilidad de imponer también, con carácter facultativo, atendiendo a las reglas del art. 66 bis, las penas recogidas en las letras b) a g) del apartado 7 del artículo 33 (disolución de la persona jurídica; suspensión de actividades; clausura de locales y establecimientos; inhabilitación para obtener subvenciones y ayudas públicas, para contratar con el sector público y para gozar de beneficios e incentivos fiscales o de la Seguridad Social; intervención judicial para salvaguardar los derechos de los trabajadores o de los acreedores). Si nos atenemos a las penas de imposición obligatoria (las de multa), **el plazo de prescripción sería de cinco años**, conforme al art. 131 del Código Penal. Lo mismo ocurre con las penas de imposición facultativa. Es preciso señalar, a este respecto, que el mencionado art. 131 solo establece plazos de prescripción superiores a cinco años para los delitos castigados con penas de prisión e inhabilitación superiores a cinco años de duración, y que el art. 66 bis antes citado únicamente permite imponer por un plazo superior a dos años las penas previstas en las letras c) a g) del apartado 7 del art. 33, entre las que se encuentra la inhabilitación del apartado f), cuando la persona jurídica sea reincidente o se utilice instrumentalmente para la comisión de ilícitos penales, disponiendo que se entenderá que se está en este último supuesto siempre que la actividad legal de la persona jurídica sea menos relevante que su actividad ilegal. Siendo indiscutible que, en el presente caso, no se da ninguno de estos*

supuestos, la pena de inhabilitación no podría ir más allá de dos años. Igual sucedería con el resto de las penas facultativas, para las cuales el art. 131 no contempla plazos de prescripción específicos, por lo que quedarían sujetas al plazo residual de cinco años que dicho artículo establece, con las excepciones de los delitos de injurias y calumnias y de los delitos leves, debiendo tenerse en cuenta, además, respecto de la pena de disolución de la letra b) del apartado 7 del art. 33, que tal pena no podría imponerse tampoco en este supuesto, pues el Tribunal Supremo ha declarado (STS 154/2016, de 29 de febrero) que: «Para la imposición de la pena de disolución, al margen de los casos de "multirreincidencia" de la regla 5ª del art. 66 CP , que no es la que nos ocupa, se requiere "Que la persona jurídica se utilice instrumentalmente para la comisión de ilícitos penales", añadiendo el precepto que "Se entenderá que se está ante este último supuesto siempre que la actividad legal de la persona jurídica sea menos relevante que su actividad ilegal" (art. 66 bis b) "in fine" CP)"».

6.8.26. Delito de tráfico de influencias

El artículo 428 del Código Penal castiga al funcionario público o autoridad que influyere en otro funcionario público o autoridad prevaliéndose del ejercicio de las facultades de su cargo o de cualquier otra situación derivada de su relación personal o jerárquica con éste o con otro funcionario o autoridad para conseguir una resolución que le pueda generar directa o indirectamente un beneficio económico para sí o para un tercero.

Este delito se castiga con las penas de prisión de seis meses a dos años, multa del tanto al duplo del beneficio perseguido u obtenido e inhabilitación especial para empleo o cargo público y para el ejercicio del derecho de sufragio pasivo por tiempo de cinco a nueve años, y si obtuviere el beneficio perseguido, estas penas se impondrán en su mitad superior.

El **bien jurídico protegido** es la defensa de la objetividad e imparcialidad en el ejercicio de la función pública. La conducta consiste en influir en otra autoridad o funcionario aprovechándose de las facultades del cargo o de cualquier otra situación derivada de su relación personal o jerárquica con este u otro funcionario o autoridad.

La sentencia **STS n.º 311/2019, de 14 de junio, ECLI:ES:TS:2019:1886**, marca una seria de circunstancias que deben concurrir para que se pueda apreciar este delito:

- La influencia, que debe estar orientada a conseguir una resolución, (excluyendo la persecución de otra clase de actuación administrativa, como informes, actos de mero trámite, etc.).
- La resolución debe poder generar para el autor un beneficio.
- El beneficio ha de ser de naturaleza económica.

La acción tiene que estar dirigida a conseguir una resolución beneficiosa. La inclusión por el legislador de la expresión resolución, que tiene un significado técnico específico, deja fuera del ámbito de este tipo delictivo aquellas gestiones que, aunque ejerzan una presión moral indebida, no se dirijan a la obtención de una verdadera resolución, sino a actos de trámite, informes, consultas o dictámenes, aceleración de expedientes, información sobre datos, actos preparatorios, etc. que no constituyen resolución en sentido técnico, aun cuando se trate de conductas moralmente reprochables y que pueden constituir infracciones disciplinarias u otros tipos delictivos (**STS n.º 507/2020, de 14 de octubre, ECLI: ES:TS:2020:3191**).

> **CUESTIÓN**
>
> **A estos efectos, ¿qué se entiende por resolución?**
>
> Nuestros tribunales han señalado en numerosas ocasiones que «(…) *Por resolución ha de entenderse cualquier acto administrativo que suponga una declaración de voluntad de contenido decisorio, que afecte a los derechos de los administrados o a la colectividad en general, bien sea de forma expresa o tácita, escrita u oral, con exclusión de los actos políticos o de gobierno así como los denominados actos de trámite (vgr. los informes, consultas, dictámenes o diligencias) que instrumentan y ordenan el procedimiento para hacer viable la resolución definitiva*». A modo de ejemplo podemos citar la STS n.º 772/2023, de 18 de octubre, ECLI:ES:TS:2023:4418.

Desde el punto de vista de la culpabilidad, nos encontramos con un **tipo exclusivamente doloso,** en el que no cabe las formas imprudentes de ejecución. Naturaleza que se puede inferir de las palabras «influyere» y «prevalimiento» que implican una intención.

Por otra parte, el artículo 429 del Código Penal regula la comisión por particular, castigando al particular que influya en un funcionario público o autoridad prevaliéndose de cualquier situación derivada de su relación personal con éste o con otro funcionario público o autoridad para conseguir una resolución que le pueda generar directa o indirectamente un beneficio económico para sí o para un tercero.

Al particular que cometa este delito se le impondrán las penas de prisión de seis meses a dos años, multa del tanto al duplo del beneficio perseguido u obtenido, y prohibición de contratar con el sector público, así como la pérdida de la posibilidad de obtener subvenciones o ayudas públicas y del derecho a gozar de beneficios o incentivos fiscales y de la Seguridad Social por tiempo de seis a diez años. Cuando se obtenga el beneficio perseguido, estas penas se impondrán en su mitad superior.

Además, el art. 430 del CP también castiga la conducta de los que, ofreciéndose a realizar las conductas descritas en los dos artículos anteriores, solicitaren de terceros dádivas, presentes o cualquier otra remuneración, o aceptaren ofrecimiento o promesa, serán castigados con la pena de prisión de seis meses a un año. Si el delito fuere cometido por autoridad o funcionario público se le impondrá, además, la pena de inhabilitación especial para cargo o empleo público y para el ejercicio del derecho de sufragio pasivo por tiempo de uno a cuatro años.

En cuanto a la **responsabilidad penal de las personas jurídicas** hay que hacer mención del art. 430 en sus párrafos segundo y tercero, que recogen que en los casos en los que una persona jurídica resulte responsable de los delitos recogidos en el capítulo dedicado al tráfico de influencias, se le impondrá una pena de multa de 6 meses a 2 años.

En estos supuestos también se establece la posibilidad de que jueces y tribunales, en virtud de lo establecido en el art. 66 bis del CP, impongan alguna de las penas recogidas en las letras b) a g) del apartado 7 del artículo 33, que serían las siguientes:

- La disolución de la persona jurídica.
- La suspensión de sus actividades por un plazo no superior a 5 años.
- La clausura de sus locales y establecimientos por un plazo no superior a 5 años.
- La prohibición de realizar en el futuro las actividades en cuyo ejercicio se cometió el delito.
- La inhabilitación para obtener subvenciones y ayudas públicas, para contratar con el sector público y para gozar de beneficios e incentivos fiscales o de Seguridad Social, durante un plazo que no supere los 15 años.
- La intervención judicial para salvaguardar los derechos de los trabajadores o de los acreedores, por el tiempo necesario que no podrá superar los 5 años.

6.8.27. Delito de malversación de caudales públicos

Otros de los delitos de los que pueden resultar penalmente responsables las personas jurídicas son aquellos recogidos en el capítulo VII, del título XIX, del libro II del CP, que se refiere a la malversación.

El artículo 432 del Código Penal castiga a la autoridad o funcionario público que, con ánimo de lucro, se apropiare o consintiere que un tercero, con igual ánimo, se apropie del patrimonio público que tenga a su cargo por razón de sus funciones o con ocasión de las mismas, estableciendo una pena de prisión de dos a seis años, inhabilitación especial para cargo o empleo público y para el ejercicio del derecho de sufragio pasivo por tiempo de seis a diez años.

Se regula un **subtipo agravado**, en el que se impondrán las penas de prisión de cuatro a ocho años e inhabilitación absoluta por tiempo de diez a veinte años si en los hechos concurre alguna de las siguientes circunstancias:

- Se hubiera causado un daño o entorpecimiento graves al servicio público.
- El valor del perjuicio causado o del patrimonio público apropiado excediere de 50.000 euros.
- Las cosas malversadas fueran de valor artístico, histórico, cultural o científico; o si se tratare de efectos destinados a aliviar alguna calamidad pública.

Este artículo contiene además dos especialidades en las penas atendiendo a la cuantía:

- Cuando el valor del perjuicio causado o del patrimonio público apropiado excediere de 250.000 euros, se impondrá la pena de prisión en su mitad superior, pudiéndose llegar hasta la superior en grado.

– Cuando el perjuicio causado o el valor del patrimonio público sea inferior a 4.000 euros, los hechos serán castigados con una pena de prisión de uno a dos años y multa de tres meses y un día a doce meses, y en todo caso inhabilitación especial para cargo o empleo público y derecho de sufragio pasivo por tiempo de uno a cinco años.

Por la LO 14/2022, de 22 de diciembre, se introduce desde el 12/01/2023, un nuevo artículo 432 bis en el que se regula este delito de malversación para el caso de que no exista un ánimo de lucro, que señala lo siguiente:

«La autoridad o funcionario público que, sin ánimo de apropiárselo, destinare a usos privados el patrimonio público puesto a su cargo por razón de sus funciones o con ocasión de las mismas, incurrirá en la pena de prisión de seis meses a tres años, y suspensión de empleo o cargo público de uno a cuatro años.

Si el culpable no reintegrara los mismos elementos del patrimonio público distraídos dentro de los diez días siguientes al de la incoación del proceso, se le impondrán las penas del artículo anterior».

El artículo 433 del Código Penal tipifica el caso en que, la autoridad o funcionario público que, sin estar comprendido en los artículos anteriores, diere al patrimonio público que administrare una aplicación pública diferente de aquélla a la que estuviere destinado, incurrirá en las penas de prisión de uno a cuatro años e inhabilitación especial de empleo o cargo público de dos a seis años, si resultare daño o entorpecimiento graves del servicio al que estuviere consignado, y de inhabilitación de empleo o cargo público de uno a tres años y multa de tres a doce meses, si no resultare.

Por su parte, el artículo 433 bis castiga a la autoridad o funcionario público que, de forma idónea para causar un perjuicio económico a la entidad pública de la que dependa, y fuera de los supuestos previstos en el artículo 390, falseare su contabilidad, los documentos que deban reflejar su situación económica o la información contenida en los mismos, imponiéndole una pena de inhabilitación especial para empleo o cargo público por tiempo de uno a diez años y multa de doce a veinticuatro meses.

También se castigará con estas penas a la autoridad o funcionario público, que de forma idónea para causar un perjuicio económico a la entidad pública de la que dependa, facilite a terceros información mendaz relativa a la situación económica de la misma o alguno de los documentos o informaciones a que se refiere el art. 433 bis.1 del CP.

En el caso de que se llegue a causar el perjuicio económico a la entidad, se impondrán las penas de prisión de uno a cuatro años, inhabilitación especial para empleo o cargo público por tiempo de tres a diez años y multa de doce a veinticuatro meses.

CUESTIÓN

¿Qué se entiende por patrimonio público?

Con la reforma realizada por la LO 14/2022, de 22 de diciembre, se introduce un nuevo artículo 433 ter para definir qué se entiende por «patrimonio público» a los efectos del Código Penal:

«A los efectos del presente Código, se entenderá por patrimonio público todo el conjunto de bienes y derechos, de contenido económico-patrimonial, pertenecientes a las Administraciones públicas».

Respecto a la **reparación del perjuicio ocasionado** por la comisión de cualquiera de los hechos tipificados en el capítulo regulador de la malversación, dispone el artículo 434 del Código Penal que:

> «Si el culpable de cualquiera de los hechos tipificados en este capítulo hubiere reparado de modo efectivo e íntegro el perjuicio causado al patrimonio público antes del inicio del juicio oral, o hubiera colaborado activa y eficazmente con las autoridades o sus agentes para obtener pruebas decisivas para la identificación o captura de otros responsables o para el completo esclarecimiento de los hechos delictivos, los jueces y tribunales impondrán al responsable de este delito la pena inferior en uno o dos grados».

El artículo 435 del Código Penal dice que las disposiciones de este capítulo son extensivas:

- A los que se hallen encargados por cualquier concepto de fondos, rentas o efectos de las Administraciones públicas.

- A los particulares legalmente designados como depositarios de caudales o efectos públicos.

- A los administradores o depositarios de dinero o bienes embargados, secuestrados o depositados por autoridad pública, aunque pertenezcan a particulares.

- A los administradores concursales, con relación a la masa concursal o los intereses económicos de los acreedores. En particular, se considerarán afectados los intereses de los acreedores cuando de manera dolosa se alterará el orden de pagos de los créditos establecido en la ley.

- A las personas jurídicas que de acuerdo con lo establecido en el artículo 31 bis sean responsables de los delitos recogidos en este capítulo.

Centrándonos en el supuesto de las **personas jurídicas**, destacar que el apartado 5.º del art. 435 recoge que cuando resulten responsables de los delitos de malversación se impondrán las siguientes penas:

- Multa de dos a cinco años, o del triple al quíntuple del valor del perjuicio causado o de los bienes o efectos apropiados cuando la cantidad resultante fuese más elevada, si el delito cometido por la persona física tiene prevista una pena de prisión de más de cinco años.

- Multa de uno a tres años, o del doble al cuádruple del valor del perjuicio causado o de los bienes o efectos apropiados cuando la cantidad resultante fuese más elevada, si el delito cometido por la persona física tiene prevista una pena de más de dos años de privación de libertad no incluida en el anterior inciso.

- Multa de seis meses a dos años, o del doble al triple del valor del perjuicio causado o de los bienes o efectos apropiados si la cantidad resultante fuese más elevada, en el resto de los casos.

Añadiendo nuevamente la posibilidad de que los jueces y tribunales puedan imponer las penas recogidas en las letras b) a g) del apartado 7 del artículo 33, es decir:

- La disolución de la persona jurídica.

- La suspensión de sus actividades por un plazo no superior a 5 años.
- La clausura de sus locales y establecimientos por un plazo no superior a 5 años.
- La prohibición de realizar en el futuro las actividades en cuyo ejercicio se cometió el delito.
- La inhabilitación para obtener subvenciones y ayudas públicas, para contratar con el sector público y para gozar de beneficios e incentivos fiscales o de Seguridad Social, durante un plazo que no supere los 15 años.
- La intervención judicial para salvaguardar los derechos de los trabajadores o de los acreedores, por el tiempo necesario que no podrá superar los 5 años.

6.8.28. Delitos de odio y enaltecimiento

El artículo 510 del Código Penal regula los conocidos como delitos de odio y enaltecimiento, que son otros de los que pueden conllevar la responsabilidad penal de las personas jurídicas.

La Ley Orgánica 1/2015, de 30 de marzo de reforma del Código Penal, amplía notablemente el art. 510 del Código Penal, que castiga los «delitos de odio»: la provocación a la discriminación, el odio o la violencia.

El mentado artículo 510 del Código Penal, en su apartado primero, castiga con prisión de 1 a 4 años y multa de 6 a 12 meses a:

«a) Quienes públicamente fomenten, promuevan o inciten directa o indirectamente al odio, hostilidad, discriminación o violencia contra un grupo, una parte del mismo o contra una persona determinada por razón de su pertenencia a aquel, por motivos racistas, antisemitas, antigitanos u otros referentes a la ideología, religión o creencias, situación familiar, la pertenencia de sus miembros a una etnia, raza o nación, su origen nacional, su sexo, orientación o identidad sexual, por razones de género, aporofobia, enfermedad o discapacidad.

b) Quienes produzcan, elaboren, posean con la finalidad de distribuir, faciliten a terceras personas el acceso, distribuyan, difundan o vendan escritos o cualquier otra clase de material o soportes que por su contenido sean idóneos para fomentar, promover, o incitar directa o indirectamente al odio, hostilidad, discriminación o violencia contra un grupo, una parte del mismo, o contra una persona determinada por razón de su pertenencia a aquel, por motivos racistas, antisemitas, antigitanos u otros referentes a la ideología, religión o creencias, situación familiar, la pertenencia de sus miembros a una etnia, raza o nación, su origen nacional, su sexo, orientación o identidad sexual, por razones de género, aporofobia, enfermedad o discapacidad.

c) Quienes públicamente nieguen, trivialicen gravemente o enaltezcan los delitos de genocidio, de lesa humanidad o contra las personas y bienes protegidos en caso de conflicto armado, o enaltezcan a sus autores, cuando se hubieran cometido contra un grupo o una parte del mismo, o contra una persona determinada por razón de su pertenencia al mismo, por motivos racistas, antisemitas, antigitanos, u otros referentes a la ideología, religión o creencias, la situación familiar o la pertenencia de sus miembros a una etnia, raza o nación, su origen nacional, su sexo, orientación o identidad sexual, por razones de género, aporofobia, enfermedad o discapacidad, cuando de este modo se promueva o favorezca un clima de violencia, hostilidad, odio o discriminación contra los mismos».

En el siguiente apartado, el art. 510.2 del Código Penal castiga con pena de prisión de 6 meses a 2 años y multa de 6 a 12 meses a:

«a) Quienes lesionen la dignidad de las personas mediante acciones que entrañen humillación, menosprecio o descrédito de alguno de los grupos a que se refiere el apartado anterior, o de una parte de los mismos, o de cualquier persona determinada por razón de su pertenencia a ellos por motivos racistas, antisemitas, antigitanos u otros referentes a la ideología, religión o creencias, situación familiar, la pertenencia de sus miembros a una etnia, raza o nación, su origen nacional, su sexo, orientación o identidad sexual, por razones de género, aporofobia, enfermedad o discapacidad, o produzcan, elaboren, posean con la finalidad de distribuir, faciliten a terceras personas el acceso, distribuyan, difundan o vendan escritos o cualquier otra clase de material o soportes que por su contenido sean idóneos para lesionar la dignidad de las personas por representar una grave humillación, menosprecio o descrédito de alguno de los grupos mencionados, de una parte de ellos, o de cualquier persona determinada por razón de su pertenencia a los mismos.

b) Quienes enaltezcan o justifiquen por cualquier medio de expresión pública o de difusión los delitos que hubieran sido cometidos contra un grupo, una parte del mismo, o contra una persona determinada por razón de su pertenencia a aquel por motivos racistas, antisemitas, antigitanos u otros referentes a la ideología, religión o creencias, situación familiar, la pertenencia de sus miembros a una etnia, raza o nación, su origen nacional, su sexo, orientación o identidad sexual, por razones de género, aporofobia, enfermedad o discapacidad, o a quienes hayan participado en su ejecución».

Prevé el último párrafo del art. 510.2 una pena de 1 a 4 años de prisión y multa de 6 a 12 meses cuando de este modo se promueva o favorezca un clima de violencia, hostilidad, odio o discriminación contra los mencionados grupos.

A TENER EN CUENTA. El art. 510, apartados 1 y 2, del Código Penal, han sido modificados por la Ley Orgánica 6/2022, de 12 de julio, complementaria de la Ley 15/2022, de 12 de julio, integral para la igualdad de trato y la no discriminación, con entrada en vigor el 14/07/2022.

El apartado 3 del artículo 510 prevé que se impongan las penas en su mitad superior si se cometen los hechos a través de **medios de comunicación, internet o tecnologías de la comunicación** de modo que se hagan accesibles a un elevado número de personas.

Por su parte, el apartado 4 establece que si los hechos, son idóneos para **alterar la paz pública** o si creare un **grave sentimiento de inseguridad o temor entre los integrantes del grupo**, se impondrán las penas en su mitad superior, pudiendo llegar al grado superior.

El apartado 5 establece que estos delitos llevarán aparejada la **inhabilitación especial para profesión u oficio educativos**, en el ámbito docente, deportivo y de tiempo libre, por un tiempo superior entre tres y diez años al de la duración de la pena de privación de libertad impuesta en su caso en la sentencia, atendiendo proporcionalmente a la gravedad del delito, el número de los cometidos y a las circunstancias que concurran en el delincuente.

CUESTIÓN

¿Qué ocurre con los soportes por medio de los cuales se hubiese cometido el delito?

El Código Penal establece que en el juez acordará la destrucción, borrado o inutilización de libros, archivos, documentos, artículos y cualquier clase de soporte objeto del delito, o por medio de los cuales se hubiera cometido, además de acordar la retirada de contenidos o bloqueo de acceso a los mismos cuando se hubiesen empleado tecnologías de la información y la comunicación.

La **responsabilidad de las personas jurídicas** en estos delitos es añadida al Código Penal por la Ley Orgánica 1/2015, de 30 de marzo, que añade el artículo 510 bis, en el que se dispone que:

«Cuando de acuerdo con lo establecido en el artículo 31 bis una persona jurídica sea responsable de los delitos comprendidos en los dos artículos anteriores, se le impondrá la pena de multa de dos a cinco años. Atendidas las reglas establecidas en el artículo 66 bis, los jueces y tribunales podrán asimismo imponer las penas recogidas en las letras b) a g) del apartado 7 del artículo 33.

En este caso será igualmente aplicable lo dispuesto en el número 3 del artículo 510 del Código Penal».

Hay que tener en cuenta, que en virtud de este último inciso las penas previstas se impondrán en su mitad superior cuando los hechos se hubieran llevado a cabo a través de un medio de comunicación social, por medio de internet o mediante el uso de tecnologías de la información, de modo que, aquel se hiciera accesible a un elevado número de personas.

6.8.29. Delitos de terrorismo

El capítulo VII, «De las organizaciones y grupos terroristas y de los delitos de terrorismo» del título XXII relativo a «Delitos contra el orden público» del libro II del Código Penal, contiene dos secciones, la primera, dedicada a definir lo que son las organizaciones y grupos terroristas, artículos 571 y 572 del CP, la segunda, regula las distintas modalidades de delitos de terrorismo, artículos 573 al 580 del CP, los cuales podemos clasificar en dos grandes grupos, de una parte, aquellos delitos graves que se llevan a cabo con alguna de las finalidades que menciona el artículo 573.1 del CP que contempla los elementos subjetivos del injusto, esto es, delitos comunes que se diferencian de los de terrorismo por los motivos que animan a su autor a cometerlos, pero no por el resultado, de otro lado, los específicamente relacionados con el terrorismo, regulados en los siguientes preceptos.

La definición de lo que se entiende por **organización criminal** en el Código Penal se encuentra en el art. 570 bis de Código Penal que establece que: *«A los efectos de este Código se entiende por organización criminal la agrupación formada por más de dos personas con carácter estable o por tiempo indefinido, que de manera concertada y coordinada se repartan diversas tareas o funciones con el fin de cometer delitos».*

Es precisamente a este artículo al que se refiere el art. 571 del CP para definir a las organizaciones o grupos terroristas, añadiendo que deberán tener por finalidad o por objeto la comisión de alguno de los delitos de terrorismo recogidos en la sección segunda del ya mentado capítulo VII.

A estos efectos, para determinar la existencia de organización o grupo terrorista es necesario que exista un colectivo organizado, banda armada o grupo que tenga, y esto es lo importante, el ánimo tendencial de subvertir el orden constitucional o alterar la paz pública.

No es preciso que se lesionen efectivamente los bienes jurídicos, sino que con el riesgo es ya suficiente para tener tal consideración.

Así, los actos terroristas han de ser graves y ejecutarse por medios especialmente violentos, aptos para causar terror en la población, suponiendo un peligro para los bienes jurídicos más básicos y que se dirijan a subvertir el orden público constituido.

Se busca difundir una situación de alarma e inseguridad social a través de su actividad violenta sistemática y reiterada.

El terrorismo consiste en una forma de delincuencia organizada integrada por una pluralidad de actividades que podrán equipararse con la actividad empresarial salvo por la naturaleza delictiva. No es la única forma de delincuencia organizada (ejemplo: organizaciones o grupos criminales). Así, el terrorismo es una forma de delincuencia organizada caracterizada por la férrea identidad y cohesión ideológica que une a todos los miembros que integran el grupo terrorista. Esta cohesión ideológica es lo que orienta y justifica el actuar terrorista y es el elemento diferenciador de unas organizaciones y grupos terroristas de otros.

El Código Penal condena con penas de prisión de ocho a quince años e inhabilitación absoluta durante el tiempo de la condena a quienes promovieran, constituyeran, organizaran o dirigieran una organización o grupo terrorista, y con penas de prisión de seis a doce años e inhabilitación absoluta durante el tiempo de la condena a quienes participaran activamente en la organización o grupo, o formaran parte de ellos (art. 572 del CP).

Se consideran delitos de terrorismo (ex. art. 573.1 del CP) cualquier delito grave:

- Contra la vida o la integridad física.
- Contra la libertad.

- Contra la integridad moral.
- Contra la libertad e indemnidad sexuales.
- Contra el patrimonio.
- Contra los recursos naturales o el medio ambiente.
- Contra la salud pública.
- De riesgo catastrófico.
- Incendio.
- De falsedad documental.
- Contra la Corona.
- De atentado y tenencia, tráfico y depósito de armas, municiones o explosivos.
- Y el apoderamiento de aeronaves, buques u otros medios de transporte colectivo o de mercancías.

Tendrán esta consideración siempre y cuando tenga como finalidad:

«1.ª Subvertir el orden constitucional, o suprimir o desestabilizar gravemente el funcionamiento de las instituciones políticas o de las estructuras económicas o sociales del Estado, u obligar a los poderes públicos a realizar un acto o a abstenerse de hacerlo.

2.ª Alterar gravemente la paz pública.

3.ª Desestabilizar gravemente el funcionamiento de una organización internacional.

4.ª Provocar un estado de terror en la población o en una parte de ella.En cuanto a las penas, establece las mismas el art. 573 bis CP, no obstante, se indica en el apartado primero que se castigará con la pena de prisión por el tiempo máximo previsto en el CP para el caso de la muerte de una persona, por lo que se establece la posibilidad de aplicación de la prisión permanente revisable de conformidad con lo establecido en el art. 140 CP y concordantes, si bien se debe considerar que en ningún caso la misma podrá superar los 40 años de prisión de conformidad con lo dispuesto en el art. 76 CP».

CUESTIÓN

¿Cuándo podemos hablar de terrorismo informático?

Se considerarán delitos de terrorismo informático, las conductas tipificadas en los arts. 197 bis; 197 ter; 264 a 264 quater del CP, siempre y cuando se busque alguna de las finalidades descritas anteriormente.

El Código Penal contiene una amplia regulación de los delitos de terrorismo, dedicando los artículos siguientes a las conductas enumeradas a continuación:

- Artículo 574 del CP: Depósito de armas, municiones, explosivos y otras sustancias.
- Artículo 575 del CP: Adoctrinamiento y adiestramiento militar.
- Artículo 576 del CP: Financiación del terrorismo.

- Artículo 577 del CP: Colaboración con banda armada.
- Artículo 578 del CP: Enaltecimiento del terrorismo.
- Artículo 579 del CP: Difusión del terrorismo.

Armas, municiones y/o explosivos

Se consideran delitos de terrorismo (*ex*. art. 574 del CP) el depósito de armas o municiones, la tenencia o depósito de sustancias o aparatos explosivos, inflamables, incendiarios, asfixiantes, nucleares, radiológicos, químicos o biológicos, o de similar potencia destructiva o de sus componentes, así como su fabricación, tráfico, transporte o suministro de cualquier forma, y la mera colocación o empleo de tales sustancias o de los medios o artificios adecuados; como también el desarrollo de armas químicas o biológicas, o se apoderen, posean, transporten, faciliten a otros o manipulen materiales nucleares, elementos radioactivos o materiales o equipos productores de radiaciones ionizantes.

Adoctrinamiento

Regulado en el art. 575 del CP, condena la conducta de quien reciba adoctrinamiento o adiestramiento militar o de combate, o en técnicas de desarrollo de armas químicas o biológicas, de elaboración o preparación de sustancias o aparatos explosivos, inflamables, incendiarios o asfixiantes, o específicamente destinados a facilitar la comisión de alguna de tales infracciones, con el fin de capacitarse para llevar a cabo delitos de terrorismo.

El precepto admite la posibilidad de prueba indiciaria con respecto al acceso de manera habitual a través de internet de contenidos idóneos para incitar a la incorporación a una organización o grupo terrorista, con lo que se castiga al «autodidacta», así como la tenencia de documentos que estén dirigidos a la incorporación a una organización o grupo terrorista o a colaborar con cualquiera de ellos o en sus fines.

El apartado 2 del art. 577 del CP castiga a quienes efectúen las actividades de captación, adoctrinamiento o adiestramiento, para incitar a la incorporación a organización o grupo terrorista, y también a quienes faciliten el adiestramiento o instrucción sobre la fabricación o uso de explosivos, armas de fuego u otras armas o sustancias nocivas o peligrosas, o sobre métodos o técnicas especialmente adecuados para la comisión de alguno de los delitos del artículo 573, con la intención o conocimiento de que van a ser utilizados para ello.

Recoge también la posibilidad del tipo agravado cuando se hubieran dirigido a menores de edad o personas con discapacidad necesitadas de especial protección o a mujeres víctimas de trata con el fin de convertirlas en cónyuges, compañeras o esclavas sexuales de los autores del delito, sin perjuicio de imponer las que además procedan por los delitos contra la libertad sexual cometidos.

Se establece un tipo por imprudencia grave con pena de prisión de seis a dieciocho meses y multa de seis a doce meses.

Actividades con bienes o valores

El art. 576 del CP castiga el recabar, adquirir, poseer, utilizar, convertir, trasmitir o realizar cualquier actividad con bienes o valores de cualquier clase con la intención de que se utilicen para cometer cualquiera de los delitos de terrorismo.

Si los bienes o valores son puestos a disposición del responsable del delito de terrorismo se podrá imponer la pena superior en grado, y además si se emplean para la ejecución de actos terroristas, el hecho se castigará como coautoría o complicidad, según los casos.

Se establece un tipo agravado para el caso de que se hubiera llevado a cabo atentando contra el patrimonio, cometiendo extorsión, falsedad documental o mediante la comisión de cualquier otro delito, así como un tipo atenuado por imprudencia grave.

Colaboración con terroristas

Son actos de colaboración:

- La información o vigilancia de personas, bienes o instalaciones.
- La construcción, acondicionamiento, cesión o utilización de alojamientos o depósitos.
- La ocultación, acogimiento o traslado de personas.
- La organización de prácticas de entrenamiento o la asistencia a ellas.
- La prestación de servicios tecnológicos.
- Y cualquier otra forma equivalente de cooperación a las actividades de las organizaciones o grupos terroristas, grupos o personas.

Se castiga la coautoría o complicidad en caso de que lesionen la vida, la integridad física, la libertad o el patrimonio de las personas vigiladas, que para el caso de ser puestas en peligro, revestirían la pena en su mitad superior.

Enaltecimiento del terrorismo

El art. 578 del CP castiga:

- El enaltecimiento o la justificación públicos de los delitos de terrorismo o de quienes hayan participado en su ejecución.
- La realización de actos que entrañen descrédito, menosprecio o humillación de las víctimas de los delitos terroristas o de sus familiares.

La pena por la realización de las anteriores conductas se impondrá en su mitad superior cuando los hechos se hubieran llevado a cabo:

- Mediante la difusión de servicios o contenidos accesibles al público a través de medios de comunicación.
- Por internet.
- Por medio de servicios de comunicaciones electrónicas.

- O mediante el uso de tecnologías de la información.

Podrá aplicarse el tipo agravado cuando los hechos, a la vista de sus circunstancias, resulten idóneos para alterar gravemente la paz pública o crear un grave sentimiento de inseguridad o temor a la sociedad o parte de ella.

En este tipo, cuando el delito se hubiera cometido a través de tecnologías de la información y la comunicación, se acordará la retirada de los contenidos.

Si los hechos se hubieran cometido a través de servicios o contenidos accesibles a través de internet o de servicios de comunicaciones electrónicas, el juez o tribunal podrá ordenar la retirada de los contenidos o servicios ilícitos. Subsidiariamente, podrá ordenar a los prestadores de servicios de alojamiento que retiren los contenidos ilícitos, a los motores de búsqueda que supriman los enlaces que apunten a ellos y a los proveedores de servicios de comunicaciones electrónicas que impidan el acceso a los contenidos o servicios ilícitos siempre que concurra alguno de los siguientes supuestos:

a) Cuando la medida resulte proporcionada a la gravedad de los hechos y a la relevancia de la información y necesaria para evitar su difusión.

b) Cuando se difundan exclusiva o preponderantemente los contenidos a los que se refieren los apartados del art. 578 del CP.

Difusión de mensajes o consignas

El art. 579 del CP castiga la difusión pública de mensajes o consignas que tengan como finalidad o que, por su contenido, sean idóneos para incitar a otros a la comisión de alguno de los delitos de terrorismo.

Se castiga también:

- La incitación pública a la comisión de delitos de terrorismo.
- La solicitud a un tercero para que lo cometa.
- La provocación, conspiración y proposición para cometerlos.

A TENER EN CUENTA. En el caso de delitos de terrorismo, tal y como reseña el art. 580 del CP la condena de cualquier tribunal extranjero se equiparará a la de los españoles a los efectos de aplicar la agravante de reincidencia.

Autoría por persona jurídica

La responsabilidad criminal de las personas jurídicas se ha visto afectada por la Ley Orgánica 1/2019, de 20 de febrero, que añade un nuevo artículo 580 bis para incriminarlas por todos los delitos de terrorismo (antes solo respondían por la financiación) señalando el citado precepto, siempre respetando el principio de proporcionalidad:

> «Cuando de acuerdo con lo establecido en el artículo 31 bis una persona jurídica sea responsable de los delitos recogidos en este Capítulo, se le impondrán las siguientes penas:
> a) Multa de dos a cinco años, o del doble al cuádruple del perjuicio causado cuando la cantidad resultante fuese más elevada, si el delito co-

metido por la persona física tiene prevista una pena de más de dos años de privación de libertad.

b) Multa de seis meses a dos años, o del doble al triple del perjuicio causado si la cantidad resultante fuese más elevada, en el resto de los casos.

Atendidas las reglas establecidas en el artículo 66 bis, los jueces y tribunales podrán asimismo imponer las penas recogidas en las letras b) a g) del apartado 7 del artículo 33».

6.8.30. Delito de contrabando

Con relación a los delitos de contrabando regulados en la Ley Orgánica 12/1995, de 12 de diciembre, de represión del contrabando, es importante destacar que los artículos 2.6 y 3 de la misma, reconocen la responsabilidad penal de la persona jurídica.

El delito de contrabando lo cometen aquellos que realicen alguna de las siguientes conductas, siempre que el valor de los bienes sea igual o superior a 150.000 euros:

- Importen o exporten mercancías de lícito comercio sin presentarlas para su despacho en las oficinas de aduanas o en los lugares habilitados por la Administración aduanera. La ocultación o sustracción de cualquier clase de mercancías a la acción de la Administración aduanera dentro de los recintos o lugares habilitados equivaldrá a la no presentación.

- Realicen operaciones de comercio, tenencia o circulación de mercancías no comunitarias de lícito comercio sin cumplir los requisitos legalmente establecidos para acreditar su lícita importación.

- Destinen al consumo las mercancías en tránsito con incumplimiento de la normativa reguladora de este régimen aduanero, establecida en los artículos 62, 63, 103, 136, 140, 143, 144, 145, 146 y 147 del Reglamento (CE) n.º 450/2008, del Parlamento Europeo y del Consejo, de 23 de abril de 2008, por el que se establece el Código Aduanero Comunitario (Código Aduanero Modernizado), y sus disposiciones de aplicación, así como en el Convenio TIR de 14 de noviembre de 1975.

- Importen o exporten, mercancías sujetas a medidas de política comercial sin cumplir las disposiciones vigentes aplicables; o cuando la operación estuviera sujeta a una previa autorización administrativa y ésta fuese obtenida bien mediante su solicitud con datos o documentos falsos en relación con la naturaleza o el destino último de tales productos, o bien de cualquier otro modo ilícito.

- Obtengan, o pretendan obtener, mediante alegación de causa falsa o de cualquier otro modo ilícito, el levante definido de conformidad con lo establecido en el artículo 123 del Reglamento (CE) n.º 450/2008, del Parlamento Europeo y del Consejo, de 23 de abril de 2008, por el que se establece el Código Aduanero Comunitario (Código Aduanero Modernizado), y sus disposiciones de aplicación o la autorización para los actos a que se refieren los apartados anteriores.

- Conduzcan en buque de porte menor que el permitido por los reglamentos, salvo autorización para ello, mercancías no comunitarias en cualquier puerto o lugar de las costas no habilitado a efectos aduaneros, o en cualquier punto de las aguas interiores o del mar territorial español o zona contigua.

- Alijen o transborden de un buque clandestinamente cualquier clase de mercancías, géneros o efectos dentro de las aguas interiores o del mar territorial español o zona contigua, o en las circunstancias previstas por el artículo 111 de la Convención de Naciones Unidas sobre el Derecho del Mar, hecha en Montego Bay, Jamaica, el 10 de diciembre de 1982.

Cuando el valor de los bienes sea igual o superior a 50.000 euros, cometerán delito de contrabando los que realicen los siguientes hechos (art. 2.2 de la LO 12/1995, de 12 de diciembre):

- Exporten o expidan bienes que integren el Patrimonio Histórico Español sin la autorización de la Administración competente cuando ésta sea necesaria, o habiéndola obtenido bien mediante su solicitud con datos o documentos falsos en relación con la naturaleza o el destino último de tales productos o bien de cualquier otro modo ilícito.

- Realicen operaciones de importación, exportación, comercio, tenencia, circulación de:

  • Géneros estancados o prohibidos, incluyendo su producción o rehabilitación, sin cumplir los requisitos establecidos en las leyes.

  • Especímenes de fauna y flora silvestres y sus partes y productos, de especies recogidas en el Convenio de Washington, de 3 de marzo de 1973, o en el Reglamento (CE) n.º 338/1997 del Consejo, de 9 de diciembre de 1996, sin cumplir los requisitos legalmente establecidos.

- Importen, exporten, introduzcan, expidan o realicen cualquier otra operación sujeta al control previsto en la normativa correspondiente referido a las mercancías sometidas al mismo por alguna de las disposiciones siguientes:

  • 1.º La normativa reguladora del comercio exterior de material de defensa, de otro material o de productos y tecnologías de doble uso sin la autorización a la que hace referencia el capítulo II de la Ley 53/2007, o habiéndola obtenido bien mediante su solicitud con datos o documentos falsos en relación con la naturaleza o el destino último de tales productos o bien de cualquier otro modo ilícito.

  • 2.º El Reglamento (CE) n.º 1236/2005 del Consejo, de 27 de junio de 2005, sobre el comercio de determinados productos que pueden utilizarse para aplicar la pena de muerte o infligir tortura u otros tratos o penas crueles, inhumanos o degradantes con productos incluidos en el anexo III del citado Reglamento, sin la autorización a la que hace referencia el capítulo II de la Ley 53/2007, o habiéndola obtenido bien mediante su solicitud con datos o documentos falsos en relación con la naturaleza o el destino último de tales productos o bien de cualquier otro modo ilícito.

> **A TENER EN CUENTA.** Este reglamento ha sido derogado por el Reglamento (UE) 2019/125 del parlamento europeo y del consejo de 16 de enero de 2019 sobre el comercio de determinados productos que pueden utilizarse para aplicar la pena de muerte o infligir tortura u otros tratos o penas crueles, inhumanos o degradantes.

- 3.º La normativa reguladora del comercio exterior de precursores de drogas sin las autorizaciones a las que se refiere el Reglamento (CE) n.º 111/2005 del Consejo, de 22 de diciembre de 2004, por el que se establecen normas para la vigilancia del comercio de precursores de drogas entre la Comunidad y terceros países, o habiéndolas obtenido bien mediante su solicitud con datos o documentos falsos en relación con la naturaleza o el destino de tales productos o bien de cualquier otro modo ilícito.

- Obtengan, o pretendan obtener, mediante alegación de causa falsa o de cualquier otro modo ilícito, el levante definido de conformidad con lo establecido en el artículo 123 del Reglamento (CE) n.º 450/2008, del Parlamento Europeo y del Consejo, de 23 de abril de 2008, por el que se establece el Código Aduanero Comunitario (Código Aduanero Modernizado), y sus disposiciones de aplicación.

En el apartado tercero se establece que también se cometerá delito de contrabando en los supuestos siguientes:

- Cuando el objeto del contrabando sean drogas tóxicas, estupefacientes, etc., o cualquier otro bien cuya tenencia sea delito, independientemente de la cuantía.

- Cuando el contrabando se realice a través de una organización, también independientemente de la cuantía.

- Cuando se trate de contrabando de tabaco y su valor sea igual o superior a 15.000 euros.

> **CUESTIÓN**
>
> **¿Cómo se valorará el tabaco para determinar su valor?**
>
> Tal y como se recoge en la sentencia de la Audiencia Provincial de A Coruña n.º 60/2019, de 29 de marzo, ECLI:ES:APC:2019:1021: «*Como premisa mayor hemos de tener en cuenta que, tratándose de géneros estancados, es de aplicación el artículo 10.1 de la LO 12/1995, a tenor del cual "La fijación del valor de los bienes, mercancías, géneros o efectos objeto de contrabando se hará conforme a las siguientes reglas: 1. Si se trata de géneros estancados, por el precio máximo de venta al público. De no estar señalado dicho precio, se adoptará la valoración establecida para la clase más similar. Si no fuera posible la asimilación, el juez fijará la valoración previa tasación pericial*»».

> **A TENER EN CUENTA.** En el art. 2.4 de la Ley Orgánica 12/1995, de 12 de diciembre se establece que «(...) *comete delito de contrabando quien, en ejecución de un plan preconcebido o aprovechando idéntica ocasión, realizare una pluralidad de acciones u omisiones previstas en los apartados 1 y 2 de este artículo en las que el valor de los bienes, mercancías, géneros o efectos aisladamente considerados no alcance los límites cuantitativos de 150.000, 50.000 ó 15.000 euros establecidos en los apartados anteriores de este artículo, pero cuyo valor acumulado sea igual o superior a dichos importes*».

Con relación a la **responsabilidad penal de las personas jurídicas** el art. 2.6 de la mentada Ley dispone que las personas jurídicas serán penalmente responsables de los delitos de contrabando cuando concurran las circunstancias previstas en el art. 31 bis del Código Penal.

> **CUESTIÓN**
>
> **¿Qué ocurre cuando el delito se comete en el seno de empresas sin personalidad jurídica?**
>
> En estos casos, cuando el delito se cometa en el seno, en colaboración, a través o por medio de empresas, organizaciones, grupos, entidades o agrupaciones carentes de personalidad jurídica, le será de aplicación lo previsto en el artículo 129 del CP.

En estos casos a las personas jurídicas se les impondrán las siguientes multas:

- En todos los casos, multa proporcional del duplo al cuádruplo del valor de los bienes, mercancías, géneros o efectos objeto del contrabando, y prohibición de obtener subvenciones y ayudas públicas para contratar con las Administraciones públicas y para gozar de beneficios e incentivos fiscales o de la Seguridad Social por un plazo de entre uno y tres años.

- Adicionalmente, en los supuestos previstos en el artículo 2.2, suspensión por un plazo de entre seis meses y dos años de las actividades de importación, exportación o comercio de la categoría de bienes, mercancías, géneros o efectos objeto del contrabando; en los supuestos previstos en el artículo 2.3, clausura de los locales o establecimientos en los que se realice el comercio de los mismos.

ANEXO.
FORMULARIOS

Acta de designación del órgano de prevención penal

EMPRESA [NOMBRE_EMPRESA]

CIF [NUMERO]

Dirección [DIRECCIÓN]

Para dar cumplimiento a lo estipulado en el art. 31 bis. 2. 2º del Código Penal, se designa un órgano de prevención penal responsable del cumplimiento del marco regulatorio y normativo en el ámbito penal que afecta a las empresas, asegurando el debido control con el fin de evitar las conductas delictivas que puedan surgir en el seno de una entidad jurídica.

Las funciones básicas que deberá realizar dicho órgano se encuentran recogidas en el programa de *compliance* de la persona jurídica, pudiendo sintetizarlas del siguiente modo:

1. Gestionar el modelo de prevención:
   - Supervisar su funcionamiento
   - Vigilar y controlar al personal sometido al Compliance.
2. Informar y formar sobre el modelo de gestión.
3. Revisar y modificar el modelo.
4. Gestionar el canal de denuncias e investigaciones internas.

DATOS DE LOS INTEGRANTES DEL ÓRGANO DE PREVENCIÓN

1. Nombre y apellidos: [NOMBRE]

Cargo que ocupa en la empresa: [CARGO]

DNI: [NUMERO]

Empresa a la que pertenece: [NOMBRE_EMPRESA]

2. Nombre y apellidos: [NOMBRE]

Cargo que ocupa en la empresa: [CARGO]

DNI: [NUMERO]

Empresa a la que pertenece: [NOMBRE_EMPRESA]

3. Nombre y apellidos: [NOMBRE]

Cargo que ocupa en la empresa: [CARGO]

DNI: [NUMERO]

Empresa a la que pertenece: [NOMBRE_EMPRESA]

4. Nombre y apellidos: [NOMBRE]

Cargo que ocupa en la empresa: [CARGO]

DNI: [NUMERO]

Empresa a la que pertenece: [NOMBRE_EMPRESA]

Para que conste lo expuesto, se firma la presente acta de designación,

En [LUGAR], a [DÍA] de [MES] de [AÑO]

[FIRMA _REPRESENTANTE_TRABAJADORES] [FIRMA_INTEGRANTES_ORGANO]
[FIRMA_REPRESENTANTE_EMPRESA]

Escrito de defensa de persona jurídica aportando plan de *compliance* penal

Procedimiento [ESPECIFICAR]

Autos n.º [NÚMERO]

AL JUZGADO DE INSTRUCCIÓN NÚMERO [NÚMERO] DE [LUGAR]

Don/ Doña [NOMBRE_PROCURADOR_CLIENTE], procurador de los tribunales, en nombre y representación de [RAZÓN_SOCIAL], con domicilio en esta ciudad [DOMICILIO_CLIENTE], y provisto de CIF número [CIF_CLIENTE] lo que acredito mediante escritura de poder general para pleitos (1), para su unión a los autos por copia testimoniada con devolución de aquélla, previo testimonio en autos, con la asistencia del/ de la letrado/a **don/doña** [NOMBRE_ABOGADO_CLIENTE], con núm. de colegiado/a [NUMEROCOLEGIADO_ABOGADO_CLIENTE] del ICA de [LUGAR], ante el juzgado comparezco y como mejor proceda en derecho,

DIGO

Que por medio del presente escrito intereso el derecho de mi defendida a aportar el plan de prevención de delitos que está implantado en esta empresa desde el día [FECHA] en el que se diseñó y comenzó a aplicar.

El referido plan de prevención penal fue elaborado por [ESPECIFICAR] y se está ejecutando por don/doña [NOMBRE_COMPLIANCEOFFICER], *compliance officer* (o representante del órgano de cumplimiento) con domicilio en [ESPECIFICAR] cuya declaración si así se entendiere procedente se ofrece ante este juzgado para cuando se desee citarlo judicialmente, o trasladarlo a esta parte para hacerlo comparecer ante la judicial presencia.

Dado que la persona física que cometió el delito ostenta el cargo de [ESPECIFICAR] (deberá ser empleado) de esta empresa, en base al art. 31 bis. 4 CP **(2)**, en esta empresa se ha adoptado y ejecutado con eficacia un modelo de organización y gestión que resulta adecuado para prevenir delitos de la naturaleza del que fue cometido o para reducir de forma significativa el riesgo de su comisión, lo que se acredita fehacientemente con el plan de prevención de delitos que se adjunta.

Por todo lo expuesto,

SUPLICO AL JUZGADO:

Que tenga por presentado este escrito, lo admita y se incluya en las diligencias previas el plan de prevención de delitos a los efectos de declarar la inexistencia de responsabilidad penal de la empresa investigada en estos autos.

Es Justicia que pido en [LOCALIDAD] a [FECHA]

[FIRMA_ABOGADO]   [FIRMA_PROCURADOR]

(1) Tras la reforma llevado a cabo por el Real Decreto-ley 6/2023, de 19 de diciembre (entrada en vigor el 20 de marzo de 2024), el art. 24 de la LEC establece que el poder en que la parte otorgue su representación al procurador se podrá conferir:

«a) Por comparecencia electrónica, a través de una sede judicial electrónica, en el registro electrónico de apoderamientos judiciales apud acta.

b) Ante notario o por comparecencia personal, sea presencial o por medios electrónicos, ante el letrado o letrada de la Administración de Justicia de cualquier oficina judicial. En estos casos, se procederá a la inscripción en el registro electrónico de apoderamientos judiciales dependiente del Ministerio de la Presidencia, Justicia y Relaciones con las Cortes».

(2) Para el caso de que el responsable fuera un representante de la empresa debe referirse al art. 31bis. 2 del CP.

Recurso de apelación interpuesto por persona jurídica contra sentencia condenatoria

> **A TENER EN CUENTA**. Tras la reforma del art. 458 de la LEC, por Real Decreto-ley 6/2023, de 19 de diciembre, los recursos de apelación se interpondrán ante el tribunal competente para conocer del mismo. Esta reforma entrará en vigor el 20 de marzo de 2024, hasta ese momento los recursos de apelación continuarán presentándose ante el órgano que haya dictado la resolución que se impugna. Este formulario se encuentra actualizado a dicha reforma.

Procedimiento [ESPECIFICAR]

Autos n.º [NÚMERO]

A LA AUDIENCIA PROVINCIAL DE [LUGAR] (1)

Don/ Doña [NOMBRE_PROCURADOR_CLIENTE], procurador de los tribunales, en nombre y representación de **don/ doña** [NOMBRE_CLIENTE], con domicilio en esta ciudad [DOMICILIO_CLIENTE], y provisto de DNI número [NIF_CIF_DNI_CLIENTE] lo que acredito mediante escritura de poder general para pleitos **(2)**, para su unión a los autos por copia testimoniada con devolución de aquélla, previo testimonio en autos, con la asistencia del/de la letrado/a **don/doña** [NOMBRE_ABOGADO_CLIENTE], **con núm. de colegiado/a** [NUMEROCOLEGIADO_ABOGADO_CLIENTE] del ICA de [LUGAR], ante la Audiencia comparezco y como mejor proceda en derecho,

DIGO

Que con fecha [FECHA] se le ha notificado a esta parte la sentencia recaída en fecha de [ESPECIFICAR] y, por no considerarla ajustada a derecho, dicho con todo respeto en términos de estricta defensa, dentro del término legal interpongo contra la misma **RECURSO DE APELACIÓN** en ambos efectos, conforme a lo prevenido en el artículo 790 de la Ley de Enjuiciamiento Criminal en base a las siguientes,

ALEGACIONES

PRIMERA.- Se alega la existencia de error en la valoración de la prueba por cuanto no se han tenido en cuenta las pruebas practicadas con respecto a la aportación e implementación en la empresa del plan de prevención de riesgos penales (*compliance* penal) que ha sido la clave y objeto de la defensa de esta representación, en base a la cobertura dada por el art. 31 bis del CP que declara exenta a la persona jurídica de toda responsabilidad penal si, antes de la comisión del delito, ha adoptado y ejecutado eficazmente un modelo de organización y gestión que resulte adecuado para prevenir delitos de la naturaleza del que fue cometido o para reducir de forma significativa el riesgo de su comisión. En la sentencia que ahora se apela esta circunstancia no se ha valorado debidamente y tan sólo califica el plan de prevención de «insuficiente».

SEGUNDA.- No concurre responsabilidad penal alguna de la persona jurídica en contra de lo que afirma la sentencia ahora recurrida.

En fecha [FECHA] aportamos el plan de prevención de riesgos penales (programa de *compliance* penal) que está implantado en esta empresa desde el día [FECHA] en el que se diseñó y comenzó a aplicar tanto el dirigido a directivos y representantes legales como a empleados, distinguiéndolos en base a las distintas actividades que unos y otros ejercen en la empresa.

El plan de prevención fue elaborado por don/doña [NOMBRE] y su gestión y revisión corrió a cargo de don/doña [NOMBRE] *compliance officer* (o representante del comité de cumplimiento).

Aunque, en base a la **Sentencia del Tribunal Supremo 154/2016, de 29 de febrero, ECLI:ES:TS:2016:613**, la carga de la prueba de la inexistencia y ejecución del programa es de la acusación, sin embargo, esta defensa ha probado sobradamente que la empresa ha instaurado una cultura de cumplimiento normativo desde que era obligatorio en el año 2010.

La realidad de la aplicación de un plan de prevención penal fue acreditada en el plenario por:

1. La declaración del encargado de la elaboración e implementación del plan don/doña [NOMBRE] que contestó a las preguntas que le hicieron tanto SSª como la fiscalía y la acusación particular, explicando de forma razonada y coherente no solo que el plan de prevención existía, sino que el mismo fue implementado y revisado de forma periódica.

2. La documental consistente en la aportación del plan de prevención jurídica y de las siguientes evidencias: [ESPECIFICAR].

TERCERA.- Dado que la acusación hacia la persona física, autora material del hecho delictivo, se dirige a [ESPECIFICAR] de esta empresa, en base al art. 31 bis 2.1° CP se comunica que el órgano de administración ha adoptado y ejecutado con eficacia, antes de la comisión del delito, modelos de organización y gestión que incluyen las medidas de vigilancia y control idóneas para prevenir delitos de la misma naturaleza o para reducir de forma significativa el riesgo de su comisión, extremo que ha quedado demostrado debidamente.

CUARTA.- Dado que ni la fiscalía ni la acusación particular han acreditado la inexistencia de la puesta en marcha y ejecución por la empresa [DENOMINACION] del plan de prevención y su ejecución, ni su ineficacia, se interesa se proceda a la revocación de la condena, absolviendo a mi representada.

En su virtud,

SUPLICO A LA AUDIENCIA:

Que se sirva tener por interpuesto en tiempo y forma **RECURSO DE APELACIÓN** en ambos efectos contra la sentencia de fecha [FECHA] recaída en los precitados autos, lo admita a trámite, y previos los trámites legales oportunos dicte sentencia en la que se revoque la recurrida y se absuelva a mi representado de la condena impuesta.

Es justicia que pido en [LUGAR] a [FECHA]

[FIRMA_ABOGADO]   [FIRMA_PROCURADOR]

---

(1) Tras la reforma del art. 458 de la LEC, por Real Decreto-ley 6/2023, de 19 de diciembre, los recursos de apelación se interpondrán ante el tribunal competente para conocer del mismo. Esta reforma entrará en vigor el 20 de marzo de 2024, hasta ese momento los recursos de apelación continuarán presentándose ante el órgano que haya dictado la resolución que se impugna.

(2) Tras la reforma llevado a cabo por el Real Decreto-ley 6/2023, de 19 de diciembre (entrada en vigor el 20 de marzo de 2024), el art. 24 de la LEC establece que el poder en que la parte otorgue su representación al procurador se podrá conferir:

«a) Por comparecencia electrónica, a través de una sede judicial electrónica, en el registro electrónico de apoderamientos judiciales apud acta.

b) Ante notario o por comparecencia personal, sea presencial o por medios electrónicos, ante el letrado o letrada de la Administración de Justicia de cualquier oficina judicial. En estos casos, se procederá a la inscripción en el registro electrónico de apoderamientos judiciales dependiente del Ministerio de la Presidencia, Justicia y Relaciones con las Cortes».

Escrito de defensa de persona jurídica solicitando el archivo de las actuaciones con diversas opciones

Procedimiento [ESPECIFICAR]

Autos n.º [NÚMERO]

AL JUZGADO DE INSTRUCCIÓN NÚMERO
[NÚMERO] **DE** [DESCRIPCIÓN]

Don/ Doña [NOMBRE_PROCURADOR_CLIENTE], procurador de los tribunales, en nombre y representación de [RAZÓN_SOCIAL], con domicilio en esta ciudad [DOMI-CILIO_CLIENTE], y provisto de CIF número [CIF_CLIENTE] lo que acredito mediante escritura de poder general para pleitos **(1)**, para su unión a los autos por copia testimoniada con devolución de aquélla, previo testimonio en autos, con la asistencia del/ de la letrado/a **don/doña** [NOMBRE_ABOGADO_CLIENTE], con núm. de colegiado/a [NUMEROCOLEGIADO_ABOGADO_CLIENTE] del ICA de [LUGAR] ante el juzgado comparezco y como mejor proceda en derecho,

DIGO

Que, conforme a lo preceptuado por el **artículo 637 LECRIM**, intereso el archivo de las diligencias previas para con respecto a mi representada, en base a las siguientes,

ALEGACIONES

PRIMERA.- En fecha [FECHA] se presentó en este juzgado el plan de prevención de riesgos penales (programa de *compliance* penal) que fue elaborado por don/doña [NOMBRE] y que se gestiona y ejecuta por el oficial de cumplimiento (*compliance officer)* don/doña [NOMBRE] quien ya prestó declaración en este juzgado en fecha [FE-CHA] explicando su implantación.

SEGUNDA.- Con fecha [FECHA] se requirió a instancia de la querellante que por el representante legal de la empresa investigada en las presentes actuaciones se faci-litase la identidad de la persona que llevó a cabo físicamente el hecho delictivo, y en concreto [CONDUCTA_DELICTIVA].

La empresa, tras realizar las oportunas investigaciones internas, comunicó la iden-tidad de la persona que llevó a efecto la conducta delictiva y, a tal efecto, se le citó para prestar declaración, que tuvo lugar en fecha [FECHA].

TERCERA.- Dado que la investigación hacia la persona física se dirige a:

OPCIÓN 1º:

Don/Doña [NOMBRE] trabajador/a de esta empresa que ostenta el cargo de [ESPE-CIFICAR] y, en base al artículo 31bis. 1. b) del CP, por la acusación se dirigió la acción penal contra la empresa [DENOMINACION_SOCIAL], deben cumplirse las siguientes circunstancias:

1.- Tratarse de un delito de los que puede ser responsable la persona jurídica. El delito está tipificado en el artículo [ESPECIFICAR] del CP, cuyo artículo [ESPECIFICAR] prevé expresamente la responsabilidad penal para la persona jurídica.

2.- Haberse cometido el delito en el ejercicio de actividades sociales y por cuenta y en beneficio directo o indirecto de la empresa, por haberse incumplido gravemente por parte de los directivos(quien esté autorizado para tomar decisiones en nombre de la empresa o con facultades de organización y control dentro de la misma) o de los representantes legales los deberes de supervisión, vigilancia y control de su actividad atendidas las concretas circunstancias del caso.

3.- No haber adoptado y ejecutado la persona jurídica eficazmente un modelo de organización y gestión, antes de la comisión del delito, que resulte adecuado para prevenir delitos de la naturaleza del que fue cometido o para reducir de forma significativa el riesgo de su comisión.

OPCIÓN 2º:

Don/Doña [NOMBRE] que ostenta el cargo de [ESPECIFICAR], autorizado para tomar decisiones en nombre de la persona jurídica o con facultades de organización y control dentro de la misma o su representante legal y, en base al art. 31bis. 1. a), por la acusación se dirigió la acción penal contra la empresa [DENOMINACION], deben cumplirse las siguientes circunstancias:

1.- Tratarse de un delito de los que puede ser responsable la persona jurídica. El delito está tipificado en el artículo [ARTICULO] del CP, que prevé expresamente la responsabilidad penal para la persona jurídica.

2.- Haber cometido el delito en nombre o por cuenta de la persona jurídica, y en su beneficio directo o indirecto.

3.- Que el órgano de administración no haya adoptado y ejecutado con eficacia, antes de la comisión del delito, modelos de organización y gestión que incluyen las medidas de vigilancia y control idóneas para prevenir delitos de la misma naturaleza o para reducir de forma significativa el riesgo de su comisión.

4.- En su caso, se haya producido una omisión o un ejercicio insuficiente de sus funciones de supervisión, vigilancia y control por parte del órgano de cumplimiento o *compliance officer.*

CUARTA.-

OPCIÓN 1º:

Dado que tras las diligencias practicadas en las presentes actuaciones se ha acreditado por la mercantil [DENOMINACION_SOCIAL] la implantación del plan de prevención de riesgos penales (programa de compliance penal) se interesa el archivo de las actuaciones, no incluyendo a mi representada en el posible auto de transformación de las diligencias previas en procedimiento abreviado que, en su caso, pudiera dictarse ya que, aunque este extremo sea prueba de cargo que corresponde demostrar a la acusación, como mantiene la **STS n.º 154/2016, de 29 de Febrero, ECLI:ES:TS:2016:613,** y de la que directamente se deriva la posible responsabilidad penal de la persona jurídica, no existe prueba alguna de esta circunstancia en los autos y sí, en cambio, de haber cumplido con los deberes de supervisión, vigilancia y control de su actividad, en este sentido la mentada sentencia establece :

> *«Constituye una regla general probatoria, consolidada en nuestra doctrina jurisprudencial, que las circunstancias eximentes, y concretamente aquellas que excluyen la culpabilidad, han de estar tan acreditadas como el hecho delictivo. En cuanto pretensiones obstativas de la responsabilidad, y una vez acreditada la concurrencia de los elementos integradores del tipo delictivo objeto de acusación, corresponde a quien las alega aportar una base racional suficiente para su apreciación, y en el caso de que no se constate su concurrencia, la consecuencia no es la exención de responsabilidad penal sino la plena asunción de la misma (STS 1068/2012, de 13 de noviembre , entre otras muchas)»*

OPCIÓN 2º:

El delito por el que se investiga al mando (o empleado) está regulado en el art. [ESPECIFICAR] del CP que no está dentro la lista tasada de los que generan responsabilidad penal para la persona jurídica, por lo que no se cumple el requisito impuesto por el art. 31 bis CP.

OPCIÓN 3º:

No se ha acreditado que, con la comisión de la conducta delictiva, se haya producido un beneficio directo o indirecto para la empresa, con lo que no se cumple el elemento del tipo que exige el art. 31bis.1. a) (o 31bis.1.b) del CP (según haya cometido el delito un mando o un empleado), sino sólo y exclusivamente un enriquecimiento personal de don/doña [NOMBRE], como consta en [ESPECIFICAR].

OPCIÓN 4º:

Como consta en las declaraciones efectuadas ante este juzgado por don/doña [NOMBRE] responsable de la empresa en elaborar e implantar el plan de prevención de riesgos penales (*compliance* penal) y de los testigos que declararon en sede judicial don/doña [NOMBRE] y don/doña [NOMBRE], el directivo autor del delito ha eludido el plan de prevención en reiteradas ocasiones, haciendo caso omiso a las directrices de quienes ejecutan dicho plan y, por ello, eludiendo fraudulentamente estos modelos, aunque sin poder detectarlo el *compliance officer* precisamente por el carácter fraudulento de su conducta, con lo que la empresa debe quedar exenta de responsabilidad penal, como recoge el art. 31 bis.2.3º del CP.

OPCIÓN 5º:

Don/Doña [NOMBRE] cometió los hechos delictivos mientras realizaba la actividad de [ACTIVIDAD_DELICTIVA] y, por tanto, se trata de una actividad que no realiza en nombre de la empresa ni en su representación, sino en el suyo propio y no por cuenta de la misma, ya que excede de sus cometidos, como consta en [ESPECIFICAR], con lo que no se cumple el elemento del tipo relativo a la comisión del delito «en nombre o por cuenta» de la empresa, exigido en el art. 31bis. 1. a) del CP.

OPCIÓN 6º:

Don/Doña [NOMBRE] cometió los hechos delictivos mientras realizaba la actividad de [ACTIVIDAD_DELICTIVA] que excede de sus cometidos laborales dentro de la empresa, puesto que su categoría es de [ESPECIFICAR] y, por tanto, no estaba dentro de sus funciones la de [ESPECIFICAR], con lo que no se cumple el elemento del tipo relativo a la comisión del delito «en el ejercicio de sus actividades sociales» exigido en el art. 31bis. 1. b) del CP.

Por todo lo expuesto,

SUPLICO AL JUZGADO:

Que tenga por presentado este escrito, lo admita y se proceda al archivo de las actuaciones para con respecto a la empresa [ESPECIFICAR].

Es Justicia que pido en [LOCALIDAD] a [FECHA]

[FIRMA_ABOGADO]   [FIRMA_PROCURADOR]

---

(1) Tras la reforma llevada a cabo por el Real Decreto-ley 6/2023, de 19 de diciembre (entrada en vigor el 20 de marzo de 2024), el art. 24 de la LEC establece que el poder en que la parte otorgue su representación al procurador se podrá conferir:

«a) Por comparecencia electrónica, a través de una sede judicial electrónica, en el registro electrónico de apoderamientos judiciales apud acta.

b) Ante notario o por comparecencia personal, sea presencial o por medios electrónicos, ante el letrado o letrada de la Administración de Justicia de cualquier oficina judicial. En estos casos, se procederá a la inscripción en el registro electrónico de apoderamientos judiciales dependiente del Ministerio de la Presidencia, Justicia y Relaciones con las Cortes».

Escrito de acusación solicitando la aportación del plan de *compliance* penal a la otra parte

Procedimiento [ESPECIFICAR]

Autos n.º [NÚMERO]

AL JUZGADO DE INSTRUCCIÓN NÚMERO [NUMERO] **DE** [LOCALIDAD]

Don/ Doña [NOMBRE_PROCURADOR_CLIENTE], Procurador de los Tribunales, en nombre y representación de don/doña [NOMBRE_CLIENTE], mayor de edad, con DNI [NÚMERO], con domicilio a efectos de notificación [DOMICILIO_CLIENTE] según consta acreditado en los presentes autos, con la asistencia del/de la letrado/a **don/ doña** [NOMBRE_ABOGADO_CLIENTE], ante el juzgado comparezco y como mejor proceda en derecho,

DIGO

PRIMERO.- Que al tratarse de un procedimiento por delito de [ESPECIFICAR] del artículo [ESPECIFICAR] del Código Penal cometido por don/doña [NOMBRE] que ostenta el cargo de [ESPECIFICAR] mando (o empleado) en la empresa [ESPECIFICAR], y estando en situación procesal de investigados ambos, se interesa se requiera a la citada empresa para que:

1. Aporte al juzgado el programa de prevención de delitos que acredita la implantación del mismo en la empresa antes de la comisión del delito, acreditando así la «cultura de cumplimiento normativo».

2. Identifique a la persona responsable del cumplimiento del referido programa (*compliance officer*) para que se le tome declaración.

SEGUNDO.- Siendo la carga de la prueba de esta acusación la acreditación de que la empresa ha adoptado y además ejecutado de manera eficaz un modelo de organización y gestión para prevenir delitos, intereso que se lleve a cabo el requerimiento solicitado.

Por ello,

SUPLICO AL JUZGADO:

Que admita el presente escrito y se requiera a la mercantil [ESPECIFICAR] para que:

– Aporte el programa de prevención de delitos

– Identifique a la persona encargada de ejecutar el programa de prevención de su cumplimiento y se le tome declaración.

Es Justicia que pido en [LUGAR] a [FECHA]

[FIRMA_ABOGADO]   [FIRMA_PROCURADOR]

Escrito de defensa de persona jurídica solicitando atenuación de la responsabilidad penal por aplicación del art. 31 quater CP

Procedimiento [ESPECIFICAR]

Autos n.° [NÚMERO]

AL JUZGADO DE INSTRUCCIÓN NÚMERO [NUMERO] DE [LUGAR]

Don/ Doña [NOMBRE_PROCURADOR_CLIENTE], procurador de los tribunales, en nombre y representación de [RAZÓN_SOCIAL], con domicilio en esta ciudad [DO-MICILIO_CLIENTE], y provisto de CIF número [CIF_CLIENTE], y provisto de DNI número [NIF_CIF_DNI_CLIENTE] lo que acredito mediante escritura de poder general para pleitos (1), para su unión a los autos por copia testimoniada con devolución de aquélla, previo testimonio en autos, con la asistencia del/de la letrado/a don/doña [NOMBRE_ABOGADO_CLIENTE], con núm. de colegiado/a [NUMEROCOLEGIADO_ABOGADO_CLIENTE] del ICA de [LUGAR] ante el juzgado comparezco y como mejor proceda en derecho,

DIGO

Que, conforme a lo preceptuado en el **artículo 784.1 de la Ley de Enjuiciamiento Criminal**, manifiesto mi disconformidad con los escritos de acusación y formulo ESCRITO DE DEFENSA, en base a las siguientes:

ALEGACIONES

PRIMERA.- Disconforme con la correlativa del Ministerio Fiscal y del acusador particular.

Si bien mi representada realizó los actos que se le imputan, su responsabilidad debe ser matizada ya que con posterioridad a la comisión del delito y a través de sus representantes legales, ha procedido, antes de conocer que el procedimiento judicial se dirige contra ella, a confesar la infracción a las autoridades, como se acredita con la denuncia de los hechos en dependencias policiales de fecha [FECHA]que se aporta como **documento n.° [NUMERO]**.

Por tanto, concurre en ella una circunstancia atenuante conforme al art. 31 quater del CP.

A mayor abundamiento, ha colaborado en todo momento en la investigación aportando las siguientes pruebas:

[ESPECIFICAR]

Y además ha procedido a reparar el daño causado por el delito cometido depositando en [CUENTA_CORRIENTE], cuenta de depósitos y consignaciones del juzgado la suma de [CANTIDAD] euros objeto de la reclamación como responsabilidad civil por la acusación.

Mi mandante tiene elaborado un plan de prevención de riesgos penales (*compliance penal*) que fue presentado en el juzgado en fecha [ESPECIFICAR] y que adjuntamos a este escrito como **documento n.º** [NUMERO], con lo que ha de entenderse que ha cumplido con las medidas eficaces para prevenir y descubrir los delitos que en el futuro pudieran cometerse con los medios o bajo la cobertura de la persona jurídica.

SEGUNDA.- Los hechos son constitutivos de un delito de [ESPECIFICAR] del artículo [ESPECIFICAR] CP, que da lugar a la responsabilidad penal de la persona jurídica en base al artículo [ESPECIFICAR] del CP.

TERCERA.- Mi representada es responsable penal del delito, pero con atenuación de la responsabilidad.

CUARTA.- Concurre la específica atenuación de la responsabilidad penal por aplicación del art. 31 quater CP.

QUINTA.- Disconforme con las correlativas. Procede la aplicación de la atenuante y además como muy cualificada por haber abonado la total de la cantidad que es objeto de reparación lo que conlleva la rebaja de la pena prevista en el art [ESPECIFICAR] del CP en dos grados por aplicación del art. 66.1.2º CP y procedería le pena de [ESPECIFICAR].

SEXTA.- No hay responsabilidad civil por cuanto se ha abonado íntegramente la suma reclamada.

Por todo lo expuesto,

SUPLICO AL JUZGADO:

Que tenga por presentado este escrito lo admita y tenga por formulada la disconformidad al escrito de acusación del Ministerio Fiscal y la acusación particular y adopte la calificación de la conducta como [ESPECIFICAR].

Es Justicia en [LOCALIDAD] a [FECHA]

[FIRMA_ABOGADO]   [FIRMA_PROCURADOR]

OTROSÍ DIGO: para el acto del juicio oral propongo los siguientes medios de prueba todos los propuestos por el Ministerio Fiscal y el acusador particular y además los siguientes:

1- TESTIFICAL: A cuyo fin deberán ser citados a través de la oficina judicial (o mediante exhorto) las siguientes personas **(2)** :

[ESPECIFICAR]

2.- DOCUMENTAL consistente en aportación:

[ESPECIFICAR]

Por lo expuesto,

SUPLICO AL JUZGADO:

Que declare pertinentes las pruebas interesadas y acuerde su práctica.

Es Justicia que reitero en el lugar y fecha *ut supra*.

[FIRMA_ABOGADO] [FIRMA_PROCURADOR]

---

(1) Tras la reforma llevada a cabo por el Real Decreto-ley 6/2023, de 19 de diciembre (entrada en vigor el 20 de marzo de 2024), el art. 24 de la LEC establece que el poder en que la parte otorgue su representación al procurador se podrá conferir:

«a) Por comparecencia electrónica, a través de una sede judicial electrónica, en el registro electrónico de apoderamientos judiciales apud acta.

b) Ante notario o por comparecencia personal, sea presencial o por medios electrónicos, ante el letrado o letrada de la Administración de Justicia de cualquier oficina judicial. En estos casos, se procederá a la inscripción en el registro electrónico de apoderamientos judiciales dependiente del Ministerio de la Presidencia, Justicia y Relaciones con las Cortes».

(2) Téngase en cuenta lo que dice el art. 656 de la LECrim, que dispone que hay que identificar bien a los testigos.

Formulario genérico de querella contra persona jurídica

A TENER EN CUENTA. Dispone el nuevo art. 258 bis, introducido en la LECrim vía Real Decreto-ley 6/2023, de 19 de diciembre, que las actuaciones procesales se realizarán preferentemente mediante presencia telemática, incluyendo las que se celebren ante los/las letrados/as de la Administración de Justicia o ante el Ministerio fiscal. En las citaciones se informará de la posibilidad de declarar de forma telemática en las condiciones establecidas en el citado precepto. Esta novedad entrará en vigor el 20 de marzo de 2024, de modo que hasta ese momento, el art. 258bis LECrim no resulta de aplicación. El siguiente formulario se halla actualizado a la citada reforma.

AL JUZGADO DE INSTRUCCIÓN DE [LOCALIDAD] QUE POR TURNO DE REPARTO CORRESPONDA

Don/Doña [NOMBRE_PROCURADOR_CLIENTE] procurador/a de los tribunales, colegiado/a núm. [NÚMERO_COLEGIADO/A] en nombre y representación de don/doña [NOMBRE_CLIENTE], mayor de edad, con DNI/NIE [NÚMERO], con domicilio a efectos de notificación [DOMICILIO_CLIENTE], según se acredita mediante la copia de la escritura de poder especial para pleitos **(1)** que, debidamente bastanteada, acompaño y cuya devolución intereso para otros usos, ante el Juzgado comparezco y, como mejor proceda en Derecho,

DIGO

Que en la citada representación y mediante el presente escrito, al amparo de los arts. 270 y ss. LECrim, formulo QUERELLA frente a [RAZÓN SOCIAL] con NIF [NÚMERO] y domicilio [DOMICILIO_PARTE_CONTRARIA] por presunto delito de [ESPECIFICAR] tipificado y penado en el artículo [ESPECIFICAR] del CP, todo ello con base a los siguientes,

HECHOS (2)

PRIMERO.- [ESPECIFICAR]

SEGUNDO.- [ESPECIFICAR]

TECERO.- Que lo descrito ha supuesto [ESPECIFICAR] siendo estos hechos constitutivos de un delito [ESPECIFICAR] y tipificado en el artículo [ESPECIFICAR] del CP.

Todo ello con base a los siguientes,

FUNDAMENTOS DE DERECHO

PRIMERO. Juez o Tribunal ante quien se presenta

Se presenta esta querella ante el Juzgado de Instrucción de [LUGAR] por ser el competente objetiva, funcional y territorialmente, conforme a las reglas de competencia establecidas en los arts. 14 y ss. LECrim,

SEGUNDO. Nombre, apellidos y vecindad del querellante

Formula la presente querella don/doña [NOMBRE_CLIENTE], vecino de [LUGAR].

Con arreglo a lo establecido en los artículos 280 y 281, apartado 1 de la LECrim, mi representado queda exento de la obligación de prestar fianza.

TERCERO. Denominación social, domicilio social y demás datos de la entidad querellada

Son querellados:

La empresa «[NOMBRE_EMPRESA]», con domicilio social en [DIRECCION], provista con CIF [NUMERO], inscrita en el Registro Mercantil de [LUGAR], Hoja [NUMERO], Folio [NUMERO].

(En su caso) Y contra su administrador único (o administradores solidarios o mancomunados, o miembros del Consejo de Administración), don/doña [NOMBRE_ADMINISTRADOR], con domicilio en [DOMICILIO], provisto con NIF [NUMERO].

CUARTO. Tipicidad. Norma aplicable

Estos hechos son presuntamente constitutivos de un delito [ESPECIFICAR] regulado en el artículo [ESPECIFICAR].

(3)

QUINTO. Diligencias a practicar para la comprobación del hecho

Para el esclarecimiento de los hechos interesa al derecho de esta parte querellante la práctica de las siguientes diligencias de investigación (4):

1. Traslado de la querella a la persona jurídica querellada y a su representante legal, ambos querellados.

2. Interrogatorio de la mercantil querellada en la persona de su representante legal, y en su caso también el interrogatorio de este como persona física también querellada, en ambos casos asistidos de abogado en ejercicio. Los investigados habrán de ser citados en [LUGAR]

3. Que se recaben los antecedentes penales de los querellados.

4. Documental aportada con el presente escrito inicial de querella.

5. Que se reciba declaración en calidad de testigos a: don/doña [NOMBRE_TESTIGO].

6. Las demás diligencias que se deriven de las anteriores.

Por todo lo expuesto

SUPLICO AL JUZGADO:

Que teniendo por presentado este escrito, con sus copias y documentos que se acompañan, se admita y se acuerde tener por formulada QUERELLA por don/doña [NOMBRE_CLIENTE] frente a [NOMBRE_EMPRESA], por un presunto delito [ESPECIFICAR] previsto en el artículo [ESPECIFICAR] y se acuerde incoar las diligencias oportunas, se cite a los implicados y a los testigos al juicio oral y, en su caso, se practiquen el resto de diligencias interesadas de [DESCRIPCIÓN].

Es justicia que pido en [LUGAR], a [DIA] de [MES] de [AÑO].

[FIRMA_ABOGADO]   [FIRMA_PROCURADOR]

OTROSÍ DIGO: al derecho de esta parte interesa la celebración de la comparecencia prevista en el art. 544 quater de la Ley de Enjuiciamiento Criminal, al objeto de interesar medidas cautelares contra la mercantil querellada, sobre la base del art. 33.7 del Código Penal, para evitar la destrucción, ocultación y manipulación de pruebas, así como para impedir la reiteración o la persistencia en la conducta delictiva y en su caso las personales que procedan frente a su representante legal querellado, por esas mismas circunstancias y para impedir su posible fuga.

Por ello,

SUPLICO AL JUZGADO:

Que convoque al Ministerio Fiscal y a las partes a la comparecencia prevista en la LECrim para la adopción de medidas cautelares.

Por ser justicia que pido en fecha y lugar *ut supra*.

[FIRMA_ABOGADO] [FIRMA_PROCURADOR]

SEGUNDO OTROSÍ DIGO: para asegurar las responsabilidades pecuniarias en las que eventualmente pudiera incurrir la mercantil querellada, se exija fianza a la misma por importe de [CANTIDAD] euros, y en caso de no prestarse en el plazo que se señale, se acuerde el embargo de sus bienes en la cantidad que resulte precisa para cubrir las citadas responsabilidades.

Por lo que,

SUPLICO AL JUZGADO:

Acuerde de conformidad con lo solicitado en el presente otrosí.

Por ser justicia que pido en fecha y lugar *ut supra*.

[FIRMA_ABOGADO] [FIRMA_PROCURADOR]

---

(1) Tras la reforma llevado a cabo por el Real Decreto-ley 6/2023, de 19 de diciembre (entrada en vigor el 20 de marzo de 2024), el art. 24 de la LEC establece que el poder en que la parte otorgue su representación al procurador se podrá conferir:
«a) Por comparecencia electrónica, a través de una sede judicial electrónica, en el registro electrónico de apoderamientos judiciales apud acta.
b) Ante notario o por comparecencia personal, sea presencial o por medios electrónicos, ante el letrado o letrada de la Administración de Justicia de cualquier oficina judicial. En estos casos, se procederá a la inscripción en el registro electrónico de apoderamientos judiciales dependiente del Ministerio de la Presidencia, Justicia y Relaciones con las Cortes».

(2) En este apartado deben relacionarse con la mayor precisión posibles los hechos que han dado lugar al presunto delito.

(3) Es recomendable extractar los artículos aplicables, así como acompañar con jurisprudencia relacionada con el caso.

(4) Tras la introducción en la LECrim del nuevo art. 258bis a través del Real Decreto-ley 6/2023, de 19 de diciembre, las actuaciones procesales se realizarán preferentemente, salvo que el juez o jueza o tribunal, en atención a las circunstancias, disponga otra cosa, mediante presencia telemática, incluyendo las que se celebren ante los/las letrados/as de la Administración de Justicia o ante el Ministerio fiscal. En las citaciones se informará de la posibilidad de declarar de forma telemática en las condiciones establecidas en el citado precepto. Esta reforma entrará en vigor el 20 de marzo de 2024, hasta ese momento el art. 258bis LECrim no se aplicará.

Solicitud de cambio de multa, personas jurídicas

Procedimiento [ESPECIFICAR]

Autos n.º [ESPECIFICAR]

AL JUZGADO DE LO PENAL N.º [NUMERO] DE [CIUDAD]

Don/Doña [NOMBRE_PROCURADOR_CLIENTE], procurador/a de los tribunales, en nombre y representación de [RAZÓN_SOCIAL], con domicilio en esta ciudad [DOMICILIO_CLIENTE], y provisto de CIF número [CIF_CLIENTE] según consta acreditado en los presentes autos, con la asistencia del/de la letrado/a don/doña [NOMBRE_ABOGADO_CLIENTE], con n.º de colegiado/a [NUMEROCOLEGIADO_ABOGADO_CLIENTE] ante el juzgado comparezco y como mejor proceda en derecho,

DIGO

PRIMERO.- Mi representada ha sido condenada por la sentencia [SENTENCIA_NUMERO], emitida por este juzgado, a una pena multa de [CANTIDAD] euros, que se divide en [CANTIDAD] cuotas diarias durante [NUMERO] días. Mi representada es una sociedad dedicada a [DESCRIPCION], como actividad económica y que tiene [NUMERO] número de trabajadores.

SEGUNDO.- Hasta la fecha de hoy ha pagado la [CANTIDAD] euros, correspondiente a [NUMERO] cuotas diarias.

TERCERO.- Su situación económica ha empeorado, actualmente sufre una situación de [DESCRIPCION]. Que le impide seguir haciendo frente al pago de la cuota. La situación económica compleja puede afectar a los puestos de trabajo de la sociedad.

CUARTO.- Es intención de mi representada hacer frente a la condena, por lo que solicita el cambio de la pena multa de [CANTIDAD] euros de cuota diaria a [CANTIDAD] euros diarios, por lo que deberá llevar a cabo el pago en [NUMERO] días durante [PLAZO_AÑOS] años, para que no se perjudique la situación de los trabajadores y para poder continuar con la labor de la sociedad.

Esta solicitud se basa en la posibilidad de adaptación de la pena multa a la situación económica del penado que se determina en el artículo 53.5 del Código Penal. En este artículo se habla de la situación del culpable cuando éste es una persona jurídica. En este caso la pena multa se puede fraccionar hasta un máximo de cinco años si pone en peligro el puesto de trabajo de las personas que existen en la sociedad. Es por ello que se solicita dicho cambio en las cuotas en este caso, ya que, la situación económica complicada puede provocar daños graves en la estructura de la sociedad en cuanto a los trabajadores se refiere.

Por ello,

SUPLICO AL JUZGADO:

Tenga por presentado este escrito y los documentos que se acompañan, sea admitido y se proceda al cambio solicitado de la pena multa.

Es justicia que pido en [LOCALIDAD] a [DIA] de [MES] de [AÑO].

[FIRMA_ABOGADO]   [FIRMA_PROCURADOR]

Escrito al juzgado solicitando el fraccionamiento del pago de una multa impuesta a persona jurídica

Procedimiento [ESPECIFICAR]

Autos n.º [NÚMERO]

AL JUZGADO DE LO PENAL N.º [NUMERO] DE [LOCALIDAD]

Don/Doña [NOMBRE_PROCURADOR_CLIENTE], procurador/a de los tribunales, en nombre y representación de la mercantil [NOMBRE] con domicilio [DOMICILIO] a efectos de notificación y NIF [NIF] según consta acreditado en los presentes autos, con la asistencia del/de la letrado/a **don/doña** [NOMBRE_ABOGADO_CLIENTE], con núm. de colegiado/a [NUMERO_COLEGIADO_ABOGADO_CLIENTE] como más procedente sea en derecho ante el juzgado comparezco y,

DIGO

En la causa de referencia se ha dictado la sentencia de fecha [FECHA], en la que se ha impuesto a mi representada, la persona jurídica [DENOMINACIÓN], una pena de multa de [CANTIDAD] euros.

De conformidad con lo dispuesto en el **artículo 53.5 del Código Penal**, se interesa del juzgado un fraccionamiento en el pago de la multa, por resultar indispensable por las siguientes razones:

1.- La cuantía de la multa impuesta pone en peligro de supervivencia a la mercantil, lo que se acredita dado que [ESPECIFICAR].

2.- Es necesario para garantizar el mantenimiento de los puestos de trabajo existentes en la empresa, dado que [ESPECIFICAR].

3.- El fraccionamiento viene aconsejado por el interés general, dado que [ESPECIFICAR].

Por todo ello, solicita esta parte el fraccionamiento de la multa impuesta con los siguientes plazos y cantidades:

[ESPECIFICAR]

Por todo lo expuesto,

SUPLICO AL JUZGADO:

Que, tenga por hechas las anteriores manifestaciones contenidas en el presente escrito y acceda a la petición formulada, dándose al procedimiento el curso legal que corresponda.

Es Justicia que pido en [LOCALIDAD], a [FECHA]

[FIRMA_ABOGADO] [FIRMA_PROCURADOR]

Solicitud de adopción de medidas cautelares frente a persona jurídica

Procedimiento [ESPECIFICAR]

Autos n.º [NÚMERO]

AL JUZGADO DE INSTRUCCION NUMERO [NUMERO] **DE** [CIUDAD]

Don/Doña [NOMBRE_PROCURADOR_CLIENTE], procurador de los Tribunales, en nombre y representación de **don/doña** [NOMBRE_CLIENTE], con domicilio en esta ciudad [DOMICILIO_CLIENTE], y provisto de DNI número [NIF_CIF_DNI_CLIENTE] según consta acreditado en los presentes autos, con la asistencia del/de la letrado/a **don/doña** [NOMBRE_ABOGADO_CLIENTE], con núm. de colegiado/a [NUMEROCOLEGIADO_ABOGADO_CLIENTE] ante el juzgado comparezco y como mejor proceda en derecho,

DIGO

Que mediante el presente escrito y siguiendo lo previsto por el artículo 544 quater de la Ley de Enjuiciamiento Criminal, en relación con el artículo 33.7 del Código Penal, pido que se adopte frente a la persona jurídica [NOMBRE_PARTECONTRARIA] la medida cautelar de [ESPECIFICAR] (1) en base a las siguientes,

ALEGACIONES

PRIMERA. Contra [RAZÓN_SOCIAL] se está siguiendo causa por un presunto delito de [ESPECIFICAR] del [NUM_ARTICULO] del Código Penal.

SEGUNDA. Existen en el momento procesal actual indicios suficientes para considerar que la persona jurídica investigada pudiera ser autora del delito de [ESPECIFICAR].

TERCERA. Por esas razones consideramos absolutamente necesario que se adopte frente a [NOMBRE_PARTECONTRARIA], la medida cautelar de [DESCRIPCION] prevista en el artículo 33.7 Código Penal, para garantizar la efectividad de la eventual sentencia que pudiera dictarse en este procedimiento penal ya que existe un importante riesgo de [SUTRAERSE AL PROCESO/DESTRUCCION DE PRUEBAS].

[DESARROLLAR]

Por lo expuesto,

SUPLICO AL JUZGADO:

Que tenga por presentado este escrito, junto con los documentos que se acompañan, lo admita a trámite y, previos los trámites legales oportunos, dicte auto por el que acuerde adoptar LA MEDIDA CAUTELAR solicitada frente a [RAZON_SOCIAL].

Es justicia que pido en [LOCALIDAD], a [DIA] de [MES] de [AÑO].

[FIRMA_ABOGADO]   [FIRMA_PROCURADOR]

(1) El artículo 33.7 del Código Penal establece que son tres las medidas cautelares que se pueden adoptar frente a las personas jurídicas:
- La clausura temporal de los locales o establecimientos,
- La suspensión de las actividades sociales y
- La intervención judicial.

Escrito designando representante legal de persona jurídica investigada por la supuesta comisión de un delito

Procedimiento [ESPECIFICAR]

Autos n.º [NÚMERO]

AL JUZGADO DE INSTRUCCIÓN NÚMERO [NÚMERO] DE [LUGAR]

Don/Doña [NOMBRE_PROCURADOR_CLIENTE] procurador/a de los tribunales, colegiado/a núm. [NÚMERO_COLEGIADO/A] en nombre y representación de la mercantil [NOMBRE_CLIENTE], con CIF núm. [NÚMERO], con domicilio a efectos de notificación [DOMICILIO_CLIENTE], según se acredita mediante la copia de la escritura de poder especial para pleitos **(1)** que, debidamente bastanteada, acompaño y cuya devolución intereso para otros usos, ante el juzgado comparezco y, como mejor proceda en Derecho,

DIGO

PRIMERO.- Mi patrocinada ha sido convocada, en calidad de investigada, a la comparecencia prevista en el artículo 119, en relación con el 775, ambos de la Ley de Enjuiciamiento Criminal, que tendrá lugar el día [FECHA].

SEGUNDO.- En la citada convocatoria mi mandante ha sido expresamente requerida para que designe representante de la entidad, a fin de ser informado de los hechos que se atribuyen a esta, mediante la entrega de la copia de la querella (o denuncia) presentada, y en definitiva, de entender con dicha persona física las diligencias sucesivas, incluida su comparecencia en juicio.

TERCERO.- En consecuencia, al amparo de lo dispuesto en el artículo 119 de la norma procesal penal, por medio del presente escrito vengo a designar de forma expresa como representante legal de la entidad investigada a don/doña [NOMBRE_RE-PRESENTANTE], con domicilio en [DIRECCION].

Por cuanto antecede,

SUPLICO AL JUZGADO:

Que tenga por presentado el presente escrito, con sus copias, y en su virtud, tenga por designados para que defiendan y representen a la empresa investigada [NOM-BRE_ENTIDAD] en las presentes diligencias al letrado/a Don/Doña [NOMBRE_ABO-GADO_CLIENTE], con las sustituciones indicadas, y al Procurador/a Don/Doña [NOM-BRE_PROCURADOR_CLIENTE], dándoles vista inmediata y copia de todo lo actuado. Así mismo que tenga por designado como representante legal de la entidad a don/doña [NOMBRE_REPRESENTANTE].

Por ser de Justicia que pido en [LUGAR], a [DIA] de [MES] de [AÑO].

Firma Abogado   Firma Procurador   Firma Representante

[FIRMA]   [FIRMA]   [FIRMA]

---

(1) Tras la reforma llevado a cabo por el Real Decreto-ley 6/2023, de 19 de diciembre (entrada en vigor el 20 de marzo de 2024), el art. 24 de la LEC establece que el poder en que la parte otorgue su representación al procurador se podrá conferir:

«a) Por comparecencia electrónica, a través de una sede judicial electrónica, en el registro electrónico de apoderamientos judiciales apud acta.

b) Ante notario o por comparecencia personal, sea presencial o por medios electrónicos, ante el letrado o letrada de la Administración de Justicia de cualquier oficina judicial. En estos casos, se procederá a la inscripción en el registro electrónico de apoderamientos judiciales dependiente del Ministerio de la Presidencia, Justicia y Relaciones con las Cortes».

Escrito de conformidad de las partes en procedimiento abreviado por delito cometido por persona jurídica

Procedimiento [ESPECIFICAR]

Autos n.º [NÚMERO]

AL JUZGADO DE INSTRUCCIÓN DE [LOCALIDAD] N.º [NÚMERO]

Don/ Doña [NOMBRE_PROCURADOR_CLIENTE], procurador de los tribunales, en nombre y representación de la mercantil [NOMBRE] con domicilio [DOMICILIO] a efectos de notificación y NIF [NIF] lo que acredito mediante escritura de poder general para pleitos (1), para su unión a los autos por copia testimoniada con devolución de aquélla, previo testimonio en autos, con la asistencia del/de la letrado/a don/doña [NOMBRE_ABOGADO_CLIENTE], con núm. de colegiado/a [NUMEROCOLEGIADO_ABOGADO_CLIENTE] como más procedente sea en Derecho ante el Juzgado comparezco y,

DIGO

Que conforme al **artículo 784.3 de la Ley de Enjuiciamiento Criminal**, en relación con el **artículo 787 de la Ley de Enjuiciamiento Criminal** se formula escrito de conformidad de los hechos considerados [ESPECIFICAR] del artículo [ESPECIFICAR] del Código Penal.

En este sentido, la defensa de la persona jurídica se conforma con la petición formulada por la fiscalía, en los términos del **artículo 787 de la Ley de Enjuiciamiento Criminal,** a la pena de [ESPECIFICAR] y la defensa de la persona física se conforma con la pena de [ESPECIFICAR].

Se ha procedido a la indemnización por las partes acusadas a la acusación particular en la cuantía de [CANTIDAD] euros.

Se solicita para la parte acusada persona física don/doña [ESPECIFICAR], se conceda la suspensión de la ejecución de la pena que por la defensa de la misma se interesa con ocasión del presente escrito del artículo 80 del Código Penal y siguientes, por concurrir los requisitos legales.

Por todo lo expuesto,

SUPLICO AL JUZGADO, que tenga por presentado este escrito, lo admita, tenga por evacuado el trámite por la conformidad de las defensas y acusaciones y por interesada la medida de suspensión de la ejecución de la pena.

Es Justicia que pido en [LOCALIDAD] a [FECHA]

[FIRMA_ABOGADO]   [FIRMA_PROCURADOR]

---

(1) Tras la reforma llevada a cabo por el Real Decreto-ley 6/2023, de 19 de diciembre (entrada en vigor el 20 de marzo de 2024), el art. 24 de la LEC establece que el poder en que la parte otorgue su representación al procurador se podrá conferir:

«a) Por comparecencia electrónica, a través de una sede judicial electrónica, en el registro electrónico de apoderamientos judiciales apud acta.

b) Ante notario o por comparecencia personal, sea presencial o por medios electrónicos, ante el letrado o letrada de la Administración de Justicia de cualquier oficina judicial. En estos casos, se procederá a la inscripción en el registro electrónico de apoderamientos judiciales dependiente del Ministerio de la Presidencia, Justicia y Relaciones con las Cortes».